Travesti

prostituição, sexo, gênero e cultura no Brasil

Travesti

prostituição, sexo, gênero e cultura no Brasil

Don Kulick

Tradução
Cesar Gordon

2ª reimpressão

EDITORA FIOCRUZ

ISBN: 978-85-7541-151-3

1ª edição: 2008 | 1ª reimpressão: 2013 | 2ª reimpressão: 2018

Projeto gráfico
Daniel Pose

Revisão
Irene Ernest Dias

Cotejamento
Miriam Junghans

Catalogação na fonte
Centro de Informação Científica e Tecnológica
Biblioteca da Escola Nacional de Saúde Pública Sergio Arouca

K96t Kulick, Don

Travesti: prostituição, sexo, gênero e cultura no Brasil. / Don Kulick; (tradução, Cesar Gordon). – Rio de Janeiro : Editora Fiocruz, 2008.

280 p., tab.

Tradução de: Travesti: sex, gender, and culture among Brazilian transgendered prostitutes.

1. Transexualismo. 2. Prostituição. 3. Sexo. 4. Identidade de gênero. 5. Cultura. I.Título.

CDD - 20.ed. – 306.766

2018
Editora Fiocruz
Av. Brasil, 4036 – 1º andar – sala 112 – Manguinhos
21040-361 – Rio de Janeiro – RJ
Tel.: (21) 3882-9007 / Telefax: (21) 3882-9006
editora@fiocruz.br
www.fiocruz.br/editora

Este livro é para você, Keila, com agradecimento, com
carinho e, acima de tudo, com admiração

Sumário

Apresentação à edição brasileira 9

Agradecimentos 11

Nota sobre as transcrições 15

Introdução 17

1 A Vida das Travestis em Contexto 37

2 Virando Travesti 63

3 Um Homem na Casa 113

4 O Prazer da Prostituição 149

5 Travesti, Gênero, Subjetividade 203

Notas 249

Referências 271

Apresentação à edição brasileira

Estou muito feliz e honrado em ver que minha etnografia sobre as travestis de Salvador foi traduzida para o português. O livro foi publicado originalmente em inglês há dez anos e baseia se em pesquisas de campo realizadas em 1996 e 1997. Lendo-o hoje, é importante levar em conta que a etnografia converte-se muito rapidamente em história, e compreender que tanto o contexto quanto alguns detalhes da vida das travestis (como, de resto, da vida de qualquer um) não são mais exatamente os mesmos de dez anos atrás. O clima político no Brasil mudou para melhor na década passada, e a opressão das travestis pelo Estado diminuiu significativamente, o que não quer dizer, infelizmente, que a violência contra elas por parte de policiais ou de outras pessoas intolerantes tenha terminado. Houve enorme melhoria no atendimento médico a travestis portadoras do HIV desde meados dos anos 1990. A emigração de travestis para a Europa expandiu-se com vigor. E o ativismo político floresceu. Na época de minha pesquisa, havia alguns poucos grupos ativistas nas grandes cidades como Rio de Janeiro e São Paulo, mas o ativismo político travesti era ainda embrionário no restante do país. Hoje existem mais de cinqüenta grupos de ativistas espalhados em diversas cidades. Minha professora e colaboradora Keila Simpson tornou-se presidente de muitos deles, incluindo se a Antra – Articulação Nacional de Travestis, Transexuais e Transgêneros (www.antrabrasil.com). Esses grupos têm feito um trabalho político importante, cujo efeito não se limita ao empoderamento e à maior aceitação social das travestis; o ativismo travesti vem alargando as fronteiras e a qualidade da cidadania no Brasil de maneira mais ampla.

Considerando que a vida das travestis no Brasil tornou-se mais politizada na última década, alguns temas por mim tratados no livro – por exemplo, os roubos praticados contra clientes ou o fato de que muitas travestis têm prazer em vender sexo e não deixariam de fazê-lo mesmo se tivessem a chance de arranjar outros empregos – podem hoje soar politicamente problemáticos para muita gente, como se fossem dimensões da experiência travesti que seria melhor deixar inexploradas ou mesmo negar. Durante todo o período de pesquisa, eu expliquei às travestis que meu livro não seria uma hagiografia. Afirmei que não as descreveria como santinhas, simplesmente porque, como todo mundo, elas não são santinhas e, além disso, as pessoas não iriam acreditar se eu tentasse convencê las do contrário. Todas as travestis com quem conversei sobre o assunto achavam graça e aceitavam prontamente o argumento. Elas concordavam comigo que uma descrição honesta da complexidade de suas vidas seria muito mais interessante – além de ter um valor mais duradouro – do que um retrato maquiado e unidimensional. Foi o interesse de, nesse projeto, documentar os prós e os contras que levou Banana, Pastinha, Mabel, Piupiu, Tina, Keila e todas as outras travestis com quem convivi a dividirem comigo de maneira tão generosa suas histórias de vida. Espero que os leitores possam reconhecer ao mesmo tempo o espírito de colaboração e o objetivo geral que norteou este livro.

As interpretações da subjetividade travesti e das noções e práticas de gênero e sexualidade no Brasil, que o leitor encontrará nas páginas seguintes, são reconhecida e francamente polêmicas. Não escrevi este livro para ter a palavra final sobre o tema, mas para inspirar discussões e provocar debates. Agora que o livro está disponível em português, tenho a esperança de que esses debates possam se expandir a ponto de incluir as próprias travestis, além de estudantes, jornalistas, políticos e todas as pessoas interessadas que ainda não haviam tido a oportunidade de conhecer o trabalho. Acima de tudo, espero que a publicação brasileira de *Travesti* sirva de inspiração para renovar o interesse no tema, gerar uma onda de novas pesquisas sobre as travestis e revigorar o debate sobre gênero, sexualidade, política, violência e cidadania no Brasil e alhures.

Estocolomo, abril de 2008

Agradecimentos

O financiamento para a pesquisa de campo que deu origem a este livro foi generosamente cedido pelo Conselho Sueco para a Pesquisa em Ciências Humanas e Sociais (HSFR) e pela Fundação Wenner-Gren para a Pesquisa Antropológica.

Sou muito grato a algumas pessoas que fizeram o grande favor de dedicar seu tempo à leitura de uma versão anterior do manuscrito. São elas: Inês Alfano, Anne Allison, Roger Andersen, Barbara Browning, Marcelo Fiorini, Sarah Franklin, Marjorie Harness Goodwin, Peter Gow, Cecilia McCallum, Stephen O. Murray, Christine Nuttall, Joceval Santana, Bambi Schieffelin, Michael Silverstein, Christina Toren e Margaret Willson. Os diversos comentários, correções, críticas e sugestões feitos por eles foram inestimáveis.

Deixo registrado meu reconhecimento e meu muito obrigado a Doug Mitchell, da University of Chicago Press, pelo sólido apoio e pelo incentivo desde o momento em que lhe entreguei o manuscrito. Gostaria de agradecer ainda a Matt Howard pelos préstimos na editora, e a Nancy Trotic pelo excelente trabalho de copidescagem.

Jonas Schild Tillberg, meu namorado, quase nunca lê as coisas que eu escrevo, mas, de todo modo, merece menção especial simplesmente porque ele é "meu coração". Sem ele nada disso teria a menor graça.

A troca de correspondência e as discussões que mantive com Annick Prieur sobre seu trabalho com os transgêneros da Cidade do México foram (e continuam sendo) inspiradoras, tendo servido para refinar minhas reflexões. Na Escandinávia, duas pessoas merecem todo o reconhecimento: Kent Hallberg e Anita Johansson, da Associação Sueca para a Educação Sexual (RFSU). Anita e Kent forneceram, sem custo, cerca de dez mil preservativos que eu distribuí às travestis de Salvador durante minha permanência naquela cidade. Mais do que isso, eles tiveram o cuidado de assegurar que os preservativos enviados fossem do tipo que as travestis mais gostam: da cor preta e com sabor de frutas.

No Brasil, contraí uma dívida enorme com Luiz Mott, que me guiou no ambiente homossexual de Salvador e teve a gentileza de me franquear o acesso às muitas caixas abarrotadas de recortes de jornal que o Grupo Gay da Bahia (GGB) armazena desde o início dos anos 80. Na minha primeira estadia, Nilton Dias era o coordenador do GGB que trabalhava diretamente com travestis. Por intermédio dele pude estabelecer contato com Keila Simpson, que veio a ser fundamental, e com algumas outras travestis que se tornaram minhas colaboradoras próximas. O fato de terem, tanto Keila quanto as outras, respondido tão pronta e gentilmente às demandas da minha pesquisa é um reflexo direto da verdadeira estima que elas nutrem por Nilton. Todos os outros coordenadores do GGB, em particular Marcelo Cerqueira, Jane Pantel e Zora Yonara, também foram sempre cordiais e prestimosos.

Joceval Santana deu contínua assistência e me ajudou a resolver algumas questões práticas quando cheguei a Salvador pela primeira vez. Na época eu precisava de todo tipo de indicação, até mesmo para me movimentar pela cidade. Também agradeço a Joceval por muito ter facilitado minha compreensão do cenário homossexual de Salvador e do Brasil como um todo. Durante minha estadia, Cecilia McCallum e o marido Edílson Teixeira receberam-me com hospitalidade e generosidade pródigas. Sua casa foi sempre um ambiente acolhedor, sobretudo nos momentos em que eu sentia a necessidade de fazer uma pequena pausa no trabalho de campo. Além disso, os almoços 'acadêmicos' com Cecilia, que ocorriam pelo menos uma vez por mês em bons restaurantes com ar-refrigerado, serviam de contexto para que eu tivesse livre acesso ao seu vasto conhecimento antropológico sobre o Brasil e sobre Salvador. Esses almoços eram como uma lufada fresca e deliciosa de prosa e fofoca antropológica.

Inês Alfano também deu importante contribuição à pesquisa. Foi ela quem executou a tarefa, bastante laboriosa por sinal, de transcrever a maioria das entrevistas que fiz. As longas conversas que mantivemos a respeito das transcrições garantiram ótimos *insights* sobre as concepções de gênero e as implicações mais amplas do modo de agir e pensar das travestis – que, de outro modo, talvez eu tivesse deixado escapar. Igualmente, ter mantido um diálogo com a psicóloga Marta Alfano, irmã de Inês, foi importante para aprofundar e matizar meu entendimento sobre a vida das travestis.

Não posso deixar de fazer uma menção especial a Margaret Willson, com quem já tenho uma história de amizade e colaboração iniciada há dez anos, na longínqua Papua-Nova Guiné, e que continua sendo uma fonte imprescindível de inspiração e força. O impulso inicial para realizar minha pesquisa com travestis surgiu de uma visita turística a um local de Salvador onde Margaret desenvolvia seu próprio trabalho de campo. Infelizmente, nossos respectivos períodos de campo não foram concomitantes, senão algumas poucas vezes. No entanto, quando Margaret estava em Salvador, sua presença criava, como de hábito, uma espécie de porto seguro onde eu podia me refugiar, relaxar um pouco, beber bastante e pensar em voz alta sobre as coisas que eu vinha aprendendo com as travestis. Por ser também antropóloga e por conhecer bem Salvador, tal como Cecilia McCallum, Margaret foi de importância fundamental quando eu precisava avaliar se minhas idéias e reflexões eram razoáveis, ou se, ao contrário, eu não estava entendendo coisa alguma.

Obviamente, as pessoas sem as quais este trabalho jamais teria sido realizado são as travestis, com quem convivi e trabalhei em Salvador. Quero expressar minha gratidão a todas que se permitiram entrevistar formalmente: Adriana, Angélica, Babalu, Banana, Carlinhos, a "finada" Cíntia, Elisabeth, Lia Hollywood, a "finada" Luciana, Mabel, Magdala, Martinha, Pastinha, e a "finada" Tina. Agradeço também a Edílson, o único namorado de travesti que cheguei a conhecer razoavelmente bem, e que se deixou entrevistar, mesmo passando por problemas pessoais difíceis. Gostaria de destacar que Adriana, Banana, Chica, a "finada" Cíntia, Roberta, Rosana, a "finada" Tina e Val, além de me darem seu testemunho, informações, *insights* e me colocarem a par das fofocas, brindaram-me com verdadeira amizade e afeição.

Por fim, desejo agradecer à pessoa mais importante por trás deste livro, a única sem a qual ele nunca teria sido escrito, minha parceira de trabalho, professora e amiga: travesti Keila Simpson. Jamais conheci uma pessoa que pudesse analisar com tanta precisão, e sem perder a sanidade, os contextos e condições de sua própria vida. Keila abrigou-me sob suas asas largas, ensinou-me português, integrou-me nas redes de relações e ajudou-me a enxergar e entender o valor da vida das travestis que eu procuro apresentar neste livro. De fato, me é impossível expressar plenamente toda a gratidão que sinto por Keila. Este livro é o que posso lhe oferecer, na esperança de que ela goste de encontrar nestas páginas os fragmentos da história de sua vida, e da vida de suas colegas e amigas de Salvador. Espero também que Keila possa reconhecer neste trabalho a marca indelével de suas próprias intuições, e quiçá descobrir que, apesar de eu ter sido um aluno vagaroso e não raro inoportuno e tolo, no fim das contas, cheguei a compreender uma coisinha ou outra.

Nota sobre as transcrições

As seguintes convenções foram utilizadas nas transcrições que aparecem ao longo do livro:

[fala atropelada (ou simultânea)

/ interrupção (no caso de dois falantes, indica que um deles foi interrompido pelo outro; em outros enunciados, indica auto-interrupção)

... indica pausa breve (quando aparece no meio de um enunciado) ou um som alongado (quando aparece no final)

[ ] comentários explicativos do autor, notas contextuais e ações não verbais

( ) trechos não audíveis na fita

: trechos suprimidos na transcrição

Nota do tradutor

Uma vez que a língua portuguesa não admite a forma neutra de gênero como a língua inglesa, foi preciso escolher entre o uso do masculino ou do feminino para travesti. Com o aval do autor, optei por utilizar o gênero feminino, que vem se tornando de emprego mais amplo no Brasil desde o final da década de 1990 e início da década atual (há também outras razões de ordem teórica, apresentadas por Kulick no capítulo 5). Assim, usei 'as travestis' (e não 'os travestis'), 'ela' (e não 'ele'), e suas derivações e flexões, em todas as passagens em que não há anotação explícita do autor. As transcrições de entrevistas e diálogos foram mantidas como no original. Nesses casos o leitor irá notar muitas vezes o emprego da forma masculina nas falas das próprias travestis entrevistadas por Don Kulick. Na época da pesquisa esse era o uso corrente em Salvador.

Introdução

Ao passar pelo quarto de Banana, voltando do banheiro coletivo nos fundos da casa, detive-me por um instante, pois parecia haver uma quantidade anormal de fumaça saindo lá de dentro. Enfiei a cara pelo vão da porta, querendo saber que fumaça era aquela, e a primeira coisa que vi foi a própria Banana – uma transgênero, ou travesti, prostituta, de trinta e poucos anos – em pé, nua, diante de um pequeno espelho preso na parede por um prego. Ela tinha acabado de tomar o banho da tarde e passava condicionador Neutrox nos cabelos ainda molhados. "Venha, Don", ela chamou, ao me ver na porta espiando. "Venha sentar aqui". Fez um gesto na direção do colchonete no chão, encostado em um canto do cômodo.

Entrei e caminhei até o colchão, feliz por arranjar uma desculpa e não ter que voltar ao quarto onde eu estivera por mais de uma hora, sentado em companhia de outras travestis, assistindo a uma novela insuportavelmente chata na TV. Quando passei por trás de Banana, percebi que a tal fumaça exalava de dois pequenos cones de incenso pousados sobre uma prateleira, a única do quarto. "Chama-freguês" era o nome do incenso, informou Banana antes que eu perguntasse. O aroma era agradável.

Minha presença no aposento desencadeou automaticamente o gesto de hospitalidade obrigatório de todas as travestis quando recebem visita – Banana esticou o braço para ligar a diminuta televisão de seis polegadas em preto e branco. Protestei, deixando claro que eu realmente não desejava ver televisão. Mas meu protesto teve como resultado um previsível motejo de incredulidade da parte dela. E num rápido giro de pulso, o ambiente foi invadido pelos gritos e prantos melodramáticos e *crescendos* cada vez mais altos da mesma novela medíocre da qual pensei ter me livrado. Vencido, sentei-me no colchonete, recostei na parede e fiz o possível para ignorar a televisão. Preferi admirar Banana enquanto se arrumava. Ainda não eram quatro da tarde, mas ela já se aprontava para o trabalho da noite.

A preparação era meticulosa. A grande preocupação era o cabelo, que batia abaixo dos ombros. Recentemente, Banana o havia tingido de preto, cansada que estava da cor natural, castanho. A tinta preta deixava o cabelo mais grosso, desviando nossa atenção da linha da testa onde começavam a aparecer entradas precoces. Tingido, o aspecto do cabelo era melhor, inegavelmente. Mas Banana deixava transparecer que ainda havia algo errado. Por mais que repartisse de todo jeito, e arrumasse o cabelo de um lado para o outro, ela continuava insatisfeita. Jogou o cabelo para o lado direito, ainda molhado, com o creme condicionador escorrendo; mas dois minutos depois voltou ao espelho e jogou o cabelo para o outro lado. Não, também não estava bom. Novamente para o lado direito. Depois para o esquerdo. E logo perdi a conta das vezes que o cabelo foi repartido, arrumado de um lado, de outro, penteado, retocado.

Eventualmente, no instante em que, na televisão, a protagonista da novela, escondida atrás de um vaso de palmeiras, entreouvia revelações chocantes sobre seu marido, o cabelo de Banana ficou pronto, ou pelo menos aceitável provisoriamente. Ela acendeu um cigarro. Ainda com o olhar fixo no espelho, pegou uma pinça e arrancou rapidamente alguns pêlos esparsos do lábio superior e do queixo. Satisfeita, passou uma base suave no rosto e começou a vasculhar o quarto atrás de uma gilete para apontar o lápis de sobrancelha. Banana procurou a lâmina em cada lugar, que eu me arrependi de ter entrado descalço no quarto. E quando ela começou a sacudir o travesseiro em cima do colchonete, desisti imediatamente da idéia de utilizá-lo como encosto contra a parede.

Após um breve momento de desespero, quando manifestou a suspeita de que alguma outra travesti pudesse ter roubado a gilete de seu quarto ("Tá vendo como são as bichas daqui?"), Banana afinal encontrou a lâmina na prateleira, esquecida embaixo de uma cebola, bem ao lado do frasco de desodorante.

Lápis apontado, Banana começou a desenhar as grossas sobrancelhas no estilo Ópera de Pequim – sua marca registrada. As sobrancelhas ficavam um tanto escondidas por trás dos cabelos, que pendiam em ambos os lados do rosto, mas eram realçadas pela sombra vermelha que Banana aplicava abaixo do supercílio e nas pálpebras. Nenhuma travesti que eu tenha conhecido em Salvador maquiava-se de modo tão idiossincrático. Quando, uma vez, perguntei-lhe sobre esse tipo de maquiagem, Banana explicou que é porque "chama atenção". Na época de minha pesquisa, Banana prostituía-se dentro de um cine pornô nas redondezas. A maquiagem carregada, segundo ela, servia para destacá-la de todas as outras travestis que circulavam pelos corredores do cinema, convidando os clientes para gozar.

Maquiagem pronta, cabelo ainda pingando e novamente repartido, Banana acendeu outro cigarro. Tomou um gole de café em um pote de margarina que fazia as vezes de copo e atravessou o quarto atrás de uma calcinha. Começou a revirar um monte de roupas amarrotadas em cima da cadeira, rindo, enquanto lançava as roupas para longe, por cima dos ombros. "Calcinha, calcinha, ave, Maria, nenhuma calcinha limpa, não acredito", ela grasnou. O comprimido de "Roupinol" – isto é, Rohypnol, um barbitúrico que misturado com álcool ou café pode ter resultado estimulante – ingerido pouco antes começava a fazer efeito.

Enfim, do meio da pilha de roupas, Banana fez surgir uma calcinha de renda preta e ato contínuo vestiu-a do modo característico das travestis: postando-se de pé, puxou a calcinha até a altura dos joelhos e depois se agachou com as pernas afastadas para manter a peça no lugar. Nessa posição, levou a mão atrás das costas, e daí por baixo das pernas, até conseguir alcançar o pênis e o saco escrotal. Puxando-os para trás, Banana pressionou-os firmemente contra o períneo, ao mesmo tempo que se punha de pé, ajeitando a calcinha para cima com a outra mão. Esticando a calcinha pela frente e puxando o pênis por trás, ela deslocava o peso do corpo de uma perna para a outra, até que a calcinha estivesse ajustada e o pênis acomodado segura e confortavelmente sob o períneo. Banana finalizou a operação alisando a calcinha com as duas mãos, certificando-se de que a parte da frente apresentava-se agora como uma superfície bem lisa e plana. Ergueu o rosto e percebeu que eu não olhava para a televisão. Deu uma leve palmada na parte da frente da calcinha: "Minha buceta", disse sorrindo.

"Buceta" no lugar, Banana caminhou na direção de um pequeno altar, semelhante a tantos outros que existem nos aposentos de muitas travestis. Na maioria dos casos, esse altar contém uma pequena estatueta ou gravura, representando uma figura religiosa católica, como Jesus ou Virgem Maria, ou um orixá do candomblé, por exemplo Iemanjá (deusa dos mares) ou Iansã (deusa dos ventos e tempestades). Ao lado das imagens, há geralmente uma vela acesa e talvez um copo d'água, um pratinho de comida ou folhas de alguma erva – tudo para atrair sorte, dinheiro e clientes, e para afastar o olho gordo (o mau-olhado ou olho grande). No entanto, diferentemente da maioria das travestis, Banana imagina travar uma luta incessante contra o olho gordo, convencida de que as outras travestis estão sempre tentando arruinar sua vida por meio de macumba e vibrações negativas. Assim, ela gasta boa parte do tempo (e uma quantidade não menos desprezível de dinheiro) preparando antídotos cujo objetivo é desviar o mau-olhado e impedir que a energia negativa prejudique sua capacidade de trabalhar e conseguir clientes. Um dos antídotos principais de Banana é recrutar em seu auxílio uma ampla legião de santos e orixás. Por isso, ao passo que a maioria das travestis possui um altar quase vazio, somente umas poucas figuras, o de Banana, ao contrário, é superpovoado: há imagens em cerâmica de São Jorge matando o dragão, de São José apoiado em seu cajado de pastor, de Nossa Senhora de Fátima segurando um imenso crucifixo de madeira, de Iemanjá deusa do mar (duas imagens), da Virgem da Conceição contemplando os céus com seu olhar pio, dos santos meninos Cosme e Damião – todos disputando o espaço do pequeno altar com velas votivas fumegantes, ervas, pratinhos de comida, oferendas de desodorantes, sabonetes e xampus (destinadas a Iemanjá, que é, conforme explica Banana, uma mulher muito vaidosa). Quando o assunto é proteção contra o olho grande, Banana faz questão de se cercar por todos os lados.

Da parte anterior do altar, Banana retirou um pacotinho feito em papel de jornal, contendo um pó verde pálido. Ela voltou ao canto onde ficava o espelho, molhou os dedos no pó verde e, mirando atentamente o próprio reflexo, fez o sinal da cruz no peito, na testa e na nuca. Salpicou também um pouquinho sobre a cabeça. Perguntei para que servia o pó, e ela respondeu, como eu já esperava, fazendo o gesto habitual de puxar a pálpebra inferior para baixo e lançando um olhar cúmplice: olho gordo.

Já protegida, Banana foi buscar, na prateleira, um pequeno frasco de desodorante. Esguichou pelo corpo, de baixo para cima: virilha, ânus, barriga, peito, axilas, pescoço, costas e cabelo. Depois, estendeu as mãos sobre a fumaça que exalava dos cones de incenso, procurando retê-la um pouco. Logo em seguida a espalhou na direção da virilha, da barriga e do rosto. Por último, pegou o vestido de *lycra* preto e verde que planejava vestir, minúsculo, além de um tanto encardido, e deixou que a fumaça do incenso se impregnasse nele também. Nessa noite, com toda certeza, Banana não queria dar a menor chance ao olho gordo. Nem ficar sem clientes.

Ela acendeu mais um cigarro e tomou outro gole de café ("para aumentar o efeito do Roupinol", me disse como num aparte). Agora lutava para se enfiar no vestido. Achei que o efeito do "Roupinol" já devia estar bem forte, porque, apesar de várias tentativas, Banana continuava enroscada no complexo entrelaçado de alças que faziam parte da roupa, e do qual ela precisava se desvencilhar antes de se meter dentro dela. Depois de mais duas tentativas, entre uma pausa para o café e o cigarro, Banana enfim conseguiu colocar o vestido, que foi devidamente alisado na altura dos quadris e levantado até acima das coxas. Ficou satisfeita. Só faltava passar creme hidratante nos braços e pernas, uma gota de perfume na virilha, nos bicos do peito, nos cabelos e nas narinas ("Quando eu passar, quero que as pessoas me notem pelo cheiro", ela disse uma vez). E o último retoque no cabelo. Finalmente, após uma derradeira e longa sessão de poses diante do espelho, examinando minuciosamente frente, costas, rosto e cabelo – por fim aprovados –, Banana achou um par de sapatos no meio da pilha de roupas e os calçou. Piscando o olho para mim, escondeu na calcinha uma tesourinha de ponta afiada e enfiou uma minúscula bolsa azul no decote do vestido.

Estava pronta.

Banana é uma das cerca de duzentas travestis que vivem e trabalham em Salvador (a terceira maior cidade do Brasil, com uma população de mais de dois milhões de habitantes). Como ela, a maioria esmagadora das travestis de Salvador vive em condições extremamente humildes, mora em pequenos quartos de 3 x 4 metros e sustenta-se basicamente da prostituição nas ruas da cidade. O termo 'travesti' deriva do verbo 'transvestir',[N.T.] que pode ter o sentido de vestir roupas do sexo oposto (ou *cross-dress*, em inglês). Porém, as travestis não se caracterizam apenas por usar roupas de mulher. A principal característica das travestis de Salvador, e de todo o Brasil, é que elas adotam nomes femininos, roupas femininas, penteados e maquiagem femininos, pronomes de tratamento femininos, além de consumirem grande quantidade de hormônios femininos e pagarem para que outras travestis injetem até vinte litros de silicone industrial em seus corpos, com o objetivo de adquirir aparência física feminina, com seios, quadris largos, coxas grossas e, o mais importante, bundas grandes. A despeito de todas essas transformações, muitas das quais irreversíveis, as travestis não se definem como mulheres.

[N.T.] Alguns dicionários da língua portuguesa registram também o verbo 'travestir' com o sentido mencionado pelo autor.

Isto é, apesar de viverem o tempo todo vestidas como mulher, referindo-se umas às outras por nomes femininos, e sofrendo dores atrozes para adquirir formas femininas, as travestis não desejam extrair o pênis e não pensam em 'ser' mulher. Elas não são transexuais. Ao contrário, afirmam elas, são homossexuais – homens que desejam outros homens ardentemente e que se modelam e se completam como objeto de desejo desses homens.

A combinação singular de atributos físicos femininos e subjetividade homossexual masculina é o que faz as travestis serem quase únicas no mundo. Embora existam muitas culturas em que indivíduos, em graus variados e por diferentes meios, cruzam as fronteiras de gênero, travestis parecem ser um dos poucos casos em que se altera o corpo irrevogavelmente para que este se assemelhe ao do sexo oposto, sem contudo reivindicar a subjetividade própria ao sexo oposto.[1] Longe de demandar uma subjetividade feminina, as travestis de Salvador manifestam, de maneira quase unânime, sua incompreensão diante de homens que o fazem. Há um consenso entre elas: qualquer indivíduo biologicamente masculino que pretenda ser uma mulher sofre de um desequilíbrio psicológico e, portanto, precisa de ajuda profissional.

A existência de travestis é registrada em toda a América Latina, mas em nenhum país elas são tão numerosas e conhecidas como no Brasil, onde alcançam visibilidade notável, tanto no espaço social quanto no imaginário cultural. Em qualquer cidade brasileira, pequena ou grande, existem travestis. Nos grandes centros urbanos, como Rio de Janeiro e São Paulo, a população de travestis chega aos milhares. Travestis são mais visíveis, e de modo exuberante, durante as festividades do famoso Carnaval brasileiro. Invariavelmente, todas as descrições ou análises sobre o Carnaval fazem pelo menos uma referência *en passant* a travestis, já que a inversão de gênero é representada quase sempre como a própria personificação do espírito carnavalesco.

No entanto, mesmo em contextos e discursos cotidianos, travestis ocupam um lugar marcante no Brasil. Por exemplo, um programa de televisão de grande audiência, transmitido nas tardes de sábado, mantinha um quadro fixo, onde se apresentavam homens vestidos de mulher – alguns dos quais, obviamente, travestis – que eram julgados pela beleza e pela qualidade das dublagens performáticas de cantoras que faziam. Outro programa televisivo semanal mostrava periodicamente uma travesti bastante conhecida chamada Valéria. A novela *Tieta*, uma das mais populares da época, contou com a participação especial de Rogéria, travesti muito famosa no país. E o sinal mais eloqüente da posição especialíssima reservada às travestis no imaginário popular brasileiro é o fato de que, em meados dos anos 80, a pessoa tida como a mulher mais bela do Brasil era... uma travesti! Roberta Close, a eleita, tornou-se um nome famoso em todo o território nacional. Ela aparecia com freqüência em programas de televisão, estrelou uma peça de teatro no Rio de Janeiro, posou nua para a revista *Playboy* (com as pernas cruzadas de maneira estratégica), foi entrevistada e fotografada por quase todas as revistas do país e homenageada em pelo menos três canções escritas por compositores e cantores populares. A fama de Roberta Close diminuiu no final dos anos 80, quando ela submeteu-se a uma operação de mudança de sexo e deixou o país para viver na Europa. Mesmo assim, continua sendo bastante conhecida. Em 1995, por exemplo, ela apareceu na televisão, estrelando uma propaganda de *lingerie* Duloren. No filme, a imagem do passaporte de Roberta, ressaltando seu nome masculino, era justaposta a uma fotografia em que aparecia muito *sexy* e elegante, vestindo apenas roupa íntima preta. A foto trazia a seguinte legenda: "Você não imagina do que uma Duloren é capaz".[2]

Pela posição de destaque ocupada por travestis, como Roberta Close, no imaginário cultural brasileiro, é de se esperar que haja um número considerável de textos e artigos dedicados ao tema. E de fato, é comum que travestis sejam descritas por alguns analistas sociais como símbolo do Brasil: "Hoje no Brasil, tudo parece o contrário do que é. Tudo é relativo. Até uma [definição de] mulher", observou a ex-deputada Sandra Cavalcanti, referindo-se a Roberta Close. O poeta Affonso Romano de Sant'Anna também vislumbra o Brasil ao olhar para as travestis: "Biologicamente, travestis são homens; psicologicamente, são mulheres", diz ele (incorretamente, por sinal). E prossegue: "Tudo isso se parece com o regime sob o qual vivemos: aparentemente é uma democracia irreversível, mas de repente, é como 'um arbítrio arrependido'. No Congresso, os deputados votam exatamente o que lhes apraz... desde que seja o que o governo quer". Alguns, como o jornalista Tarso de Castro, vêem o fascínio do Brasil por travestis como indicativo de uma "crise de virilidade" nacional. Outros, como o diretor de cinema Walter Hugo Khoury, acham que o fato de Roberta Close ter sido aclamada publicamente como "a nova paixão do brasileiro" indica apenas que "os brasileiros são um povo aberto, sem preconceitos".[3]

Esses comentários têm muito a ver com a idéia que se faz das travestis, porém estão absolutamente distantes da vida real das travestis de verdade. Infelizmente, o fato de que algumas poucas travestis conseguem acumular riqueza, admiração e, no caso de Roberta Close, um *status* cultural quase icônico significa muito pouco, na prática, para a imensa maioria delas. Essa maioria – que muitos brasileiros vêem apenas de relance, à noite, em pé ao longo de avenidas e nas esquinas de ruas mal iluminadas ou nas páginas policiais – forma um dos grupos mais marginalizados, temidos e menosprezados da sociedade brasileira. Em quase todas as cidades, incluindo Salvador, travestis são de tal forma discriminadas que muitas evitam aventurar-se nas ruas durante o dia. Elas são vítimas freqüentes de violência policial e de assassinatos. A maioria é proveniente de famílias muito pobres. Muitas continuam pobres por toda a vida, levando uma existência miserável, morrendo antes dos 50 anos em virtude da violência, do uso de drogas, de problemas de saúde relacionados a aplicações de silicone ou, em número cada vez maior, em decorrência da síndrome de imunodeficiência adquirida – Aids.

Este livro é sobre essas pessoas. É um relato da vida cotidiana das travestis de Salvador que procura enfocar o modo como vivem, agem, pensam e falam sobre a própria existência. Não é, certamente, a primeira descrição, tampouco um relato inédito sobre travestis. Pelo contrário, o fascínio brasileiro por elas resulta, como disse, na produção constante de matérias e artigos, veiculados na televisão, nos jornais e em revistas de todo o país.[4] No entanto, com raríssimas exceções, todo esse material não passa de um amontoado de tolices. Na melhor das hipóteses, as matérias sobre travestis publicadas na imprensa são superficiais e imprecisas; na pior, são mentirosas e sensacionalistas.

Felizmente, além do material jornalístico, existem dois estudos etnográficos feitos por pesquisadores brasileiros (Silva, 1993 e Oliveira, 1994).[5] São monografias pioneiras na medida em que procuraram atingir um certo grau de entendimento, ao invés do mero sensacionalismo ou do prejulgamento. Seus autores estabeleceram contato com muitas travestis, durante longos períodos, de maneira que as descrições, feitas com grande sensibilidade, representam uma ruptura importante em relação ao tratamento corriqueiro dispensado às travestis pela imprensa de massa. Apesar de sua importância inegável, esses trabalhos ressentem-se, todavia, do fato de que nenhum dos dois pesquisadores conviveu realmente com travestis. O contato foi feito quase sempre na rua, e apenas ocasionalmente em seus locais de moradia. Isso significa que tanto Silva como Oliveira testemunharam e escutaram apenas relatos do lado mais escandaloso da vida das travestis: a prostituição, as modificações corporais, a automutilação (realizada eventualmente quando elas são apanhadas pela polícia). Os dois livros focalizam primordialmente as práticas, digamos, mais espetaculares.

O resultado (embora involuntário) acaba contribuindo para fortalecer algumas idéias continuamente enfatizadas pelos textos jornalísticos, a saber, que travestis são, de certo modo, criaturas muito diferentes da maioria das pessoas: exóticas, estranhas, bizarras e ameaçadoras. A mensagem, no pior dos casos, é que devemos ter medo delas; no melhor, que devemos ter pena.

Neuza Maria de Oliveira, por exemplo, inicia sua monografia com um texto que parece mais uma expressão de pesar do que uma dedicatória: "Dedico este livro às 'monas' [travestis] da Casa Amarela [local onde residiam muitas de suas informantes] que, por razões diversas, transformaram seus corpos numa 'metamorfose ambulante', em busca da imagem ideal de uma mulher que não existe. Até hoje pagam por isso".

No decorrer deste livro, eu mesmo terei muito a dizer sobre a dimensão mais sensacionalista da vida das travestis que tanto perturbou Neuza Oliveira. De fato, dedico considerável espaço a temas como ingestão de hormônios, aplicação de silicone, primeiras experiências sexuais, prostituição, roubos cometidos por travestis, bem como aos discursos utilizados para explicar e justificar tais práticas. No entanto, o que espero ter feito aqui, e que ainda não se conseguiu em outros estudos, é contextualizar as práticas espetaculares em bases muito mais prosaicas. Concentrando-me no dia-a-dia das travestis, olhando de perto o modo como refletem sobre a vida, tentando explicar a lógica subjacente que lhes permite dar sentido à própria existência, pretendo mostrar que a prostituição, as modificações corporais, e todo o resto, não são em absoluto meras ilusões sombrias de pessoas desorientadas. Ao contrário, sugiro que tais práticas são perfeitamente razoáveis, ou, pelo menos, perfeitamente compreensíveis, no contexto do mundo social e cultural onde as travestis crescem e vivem.

Quando travestis aparecem em análises da sociedade brasileira, são representadas, na maioria das vezes, conforme mencionei, no contexto da inversão. Travestis, argumenta-se, invertem os papéis masculino e feminino, por meio de práticas que introduzem atributos femininos na aparência física masculina. Essa inversão de gênero é geralmente associada a outros exemplos de inversão: homens que se vestem de mulher no Carnaval, o componente de homossexualidade masculina no candomblé afro-brasileiro, a *persona* andrógina de alguns cantores e compositores brasileiros famosos. Conclui-se, então, nessas análises, que a sociedade brasileira subverte continuamente – e transcende – a rígida herança patriarcal católica, dando mostras de tolerância em relação a determinados comportamentos e pessoas que contestam, precisamente, essa herança (DaMatta, 1997b, 1991b, 1984; Kottak, 1990; Parker, 1991).

Embora tais conclusões possam ser defendidas sob certos aspectos, e ainda que se possa, sem dúvida, analisar produtivamente o travestismo como exemplo de um fenômeno mais geral de inversão, o argumento que pretendo seguir neste livro é outro. A meu ver, o foco no problema da inversão é um subterfúgio. Ele faz parte de um complexo mito que os brasileiros gostam de contar sobre si mesmos na tentativa de se convencer, e de convencer os outros, de que são mais liberais, tolerantes e modernos do que realmente são. Trata-se de uma cortina de fumaça que consegue, de maneira eficaz, desviar a atenção e obscurecer o fato de que travestis são 'condensações' de determinadas idéias gerais, representações e práticas do masculino e do feminino. Meu argumento, portanto, é que ao invés de simplesmente inverter um conjunto de idéias, representações e práticas, virando-os de cabeça para baixo carnavalescamente, o que as travestis fazem é elaborar determinadas configurações de sexo, gênero e sexualidade que sustentam e dão significado às concepções de 'homem' e 'mulher' no Brasil. Travestis cristalizam tais noções; aperfeiçoam e completam tais noções, para usar um termo utilizado pelas próprias travestis ao se referirem a suas práticas corporais.

Dizer que travestis completam e aperfeiçoam as mensagens ou os discursos de gênero presentes na sociedade brasileira é muito diferente de dizer que travestis invertem tais mensagens. A noção de inversão tem uma trajetória longa e infame na história da psicologia, sendo usada ainda hoje, por exemplo, para dizer se uma pessoa é portadora de perturbação mental e se necessita de intervenção médica. Por outro lado, quando utilizada no contexto da descrição e análise dos fenômenos sociais, a noção de inversão não é necessariamente uma ameaça; sobretudo em uma cultura que se orgulha da capacidade de inverter, de forma lúdica, seus próprios estereótipos e suas preocupações morais. A natureza não ameaçadora da inversão parece-me, mesmo, ser uma das razões para o uso generalizado dessa noção no entendimento que os brasileiros têm de travestis. O problema, entretanto, é que as travestis 'são' ameaçadoras. Os meios de comunicação no Brasil retratam-nas como marginais, isto é, delinqüentes perigosas ou criminosas. Durante toda minha permanência no país, fui seguidamente advertido por algumas pessoas para que não me aproximasse das travestis, não confiasse nelas, não permitisse que elas chegassem perto de meus pertences, não acreditasse em nada do que elas porventura me dissessem, enfim, e de modo geral, que eu ficasse longe delas (o problema de como conduzir uma pesquisa sobre travestis seguindo tais conselhos nunca foi cogitado por essas pessoas, malgrado suas boas intenções). A caracterização das travestis meramente como 'invertidos' é incapaz de transmitir ou descrever adequadamente a repulsa e o medo profundos que elas podem despertar em muitos brasileiros. É incapaz, tampouco, de explicar a atração eletrizante que as travestis provocam, onde quer que estejam.

No decorrer deste livro, estarei menos interessado na questão de saber como travestis invertem idéias, representações e práticas do masculino e do feminino, e mais preocupado em investigar como elas esclarecem e refinam essas mesmas idéias e práticas: de que modos as travestis extraem conclusões lógicas desse conjunto de representações, de que modo o purificam a ponto de ser possível enxergar nele os elementos centrais que formam as configurações culturais de sexualidade, sexo e gênero. Ao elaborar meu argumento nessa direção, estou lançando mão de dois tipos de trabalho acadêmico que se inter-relacionam.

O primeiro pode ser encontrado em textos de pesquisadores de orientação etnometodológica. Eles argumentam que o transgenderismo representa um ponto privilegiado de observação dos modos como sexo e gênero são concebidos e praticados na vida cotidiana. Antecipando em pelo menos uma década certas preocupações teóricas contemporâneas, os etnometodólogos sempre insistiram que sexo e gênero não são estados ontológicos, e sim realizações contingentes, decorrentes da prática (Garfinkel, 1967: 181; ver também Kessler & McKenna, 1985: 163). Assim, os indivíduos transgêneros

> precisam esforçar-se para estabelecer, de forma mais ou menos consciente, suas credenciais como homem ou mulher – ao passo que o resto de nós vive sob a ilusão de estar apenas seguindo o curso natural das coisas –, eles acabam trazendo à tona e explicitando muitos pressupostos que regulam a produção e manutenção das diferenças de gênero no fluxo da vida social. (Shapiro, 1991: 252-253)

Tal perspectiva tem um importante corolário, defendido não só pelos etnometodólogos como também por algumas feministas (p. ex., Raymond, 1979), a saber, a idéia de que o transgenderismo não ocorre 'naturalmente' ou arbitrariamente, mas emerge em contextos sociais específicos, tomando formas sociais específicas – formas que refletem as estruturas que as estruturam.

O segundo conjunto de estudos em que se baseiam os argumentos desenvolvidos neste livro vem da recente produção histórica e feminista que sustenta que o conceito de sexo biológico já é, ele mesmo, um conceito generizado. Ele depende de noções culturalmente construídas da diferença, para delas extrair seus significados e sua capacidade de parecer natural (Butler, 1990, 1993; Hausman 1995; Laqueur, 1990; Lauretis, 1987). A percepção de que tudo que é dito sobre sexo já está necessariamente implicado em concepções de gênero e só pode ser interpretado com base nelas fez com que as discussões teóricas se afastassem decisivamente das noções de que o gênero é apenas uma leitura, ou elaboração, cultural do sexo biológico. Com isso, ressaltou-se a possibilidade de estudar o gênero como conjuntos de idéias e categorizações que não se restringem às categorias biológicas de 'homem' e 'mulher'. No que concerne às análises sobre travestis, a importância desse movimento teórico é que ele nos incita a investigar as práticas de gênero das travestis sem pressupor que sabemos de antemão o que são 'homens' e 'mulheres' (ou mesmo se essas categorias existem como tais); sem pressupor, portanto, que já conhecemos o ponto de referência, o objetivo deliberado ou o ponto final do projeto travesti. Um estudo que tome o gênero como um conjunto de idéias, processos, subjetividades e práticas não necessariamente gerados pelos órgãos reprodutivos, ou a eles relacionados, distancia-se da abordagem que vê as práticas travestis simplesmente como inversão, desvio ou tentativa vã (e trágica, errática, agressiva etc.) de homens querendo ser mulher.

Se pudermos suspender todas as pressuposições de que o gênero baseia-se no sexo biológico, concentrando-nos detidamente nas vidas, nos amores e no trabalho das travestis – nas várias formas pelas quais travestis moldam a si mesmas como pessoas generizadas –, então torna-se possível fazer a pergunta que este livro persegue, a saber: o que as práticas travestis nos ensinam sobre o modo como o gênero é concebido e constituído na sociedade brasileira?

Trabalho de Campo com Travestis

Os argumentos desenvolvidos neste livro baseiam-se em 12 meses de trabalho de campo com travestis de Salvador. Em oito dos 12 meses, morei em um pequeno quarto alugado em uma casa onde viviam 13 travestis, em uma rua no centro de Salvador onde moravam cerca de 35 delas.[6] Durante o período, tive contato estreito e contínuo com as travestis:

tomava café-da-manhã com elas (café muito adoçado e pão com manteiga), quando acordavam por volta do meio-dia; batia papo, enquanto elas, sentadas na porta de casa, arrancavam pelinhos do queixo, ao sol do fim da tarde; amontoava-me com elas nos colchonetes, assistindo a filmes de ação nas madrugadas, enquanto elas fumavam baseados da espessura de um charuto. Todas as noites, desde cerca das 20 horas até 1 ou 2 horas da manhã, eu andava pelas ruas onde trabalham as travestis, visitando-as nos diversos pontos de prostituição. Mesmo quando deixei de residir com elas e aluguei um apartamento para escrever o primeiro esboço do livro, eu as visitava com freqüência, muitas vezes permanecendo pelo menos cinco ou seis horas por dia em sua companhia.

O que começou como trabalho de campo pouco a pouco se transformou em amizade. Se no início da pesquisa eu me sentia obrigado a passar todo o tempo com as travestis pelo fato de as estar estudando, o relacionamento que foi se desenvolvendo depois, com muitas delas, tornou-se tão íntimo que, na época em que deixei Salvador, em 1997, eu me pegava visitando-as justamente quando queria relaxar e 'esquecer' o trabalho.

A primeira vez que tomei conhecimento das travestis foi durante uma temporada de três semanas, em que estive de férias em Salvador, visitando minha colega antropóloga Margaret Willson. Isso foi em meados de 1993. Margaret descobrira Salvador alguns anos antes e ali estava realizando uma pesquisa. Na ocasião, confesso que eu estava mais interessado nas praias do que nas possibilidades etnográficas da cidade. Mas, uma noite, voltando do centro para o apartamento de Margaret, sentado no ônibus, notei figuras em trajes sumários, agrupadas em várias esquinas, conversando e rindo, e à espera de clientes, obviamente, para fazer sexo. Embora todas estivessem vestidas com roupas de mulher, muitas não tinham seios. E suas vozes – eu percebia quando gritavam umas para as outras coisas como "bicha" e "viado" – definitivamente não eram vozes femininas.[7, N.T.] Apesar de nunca ter feito planos de realizar pesquisa de campo no Brasil, fiquei intrigado com aquelas figuras quase nuas das esquinas de Salvador. Entrei em contato, então, com o Grupo Gay da Bahia (GGB), conhecida organização em defesa dos direitos homossexuais. Conversei com o seu presidente, o antropólogo Luiz Mott. Ele me indicou uma tese de mestrado sobre travestis (termo que só então aprendi), escrita pela

---

[N.T.] Os dicionários de língua portuguesa não registram a palavra 'viado' no sentido mencionado pelo autor, e tomam o significado de homossexual (ou homossexual do sexo masculino) como uma das acepções da palavra 'veado'. No entanto, na tradução, optei por manter a grafia do autor, preservando sua interpretação lingüística original.

socióloga Neuza Maria de Oliveira, que realizara trabalho de campo no início da década de 80. Com base nessa dissertação e nas conversas com Mott, sobretudo, mas também com outras pessoas, comecei a entender que as travestis não se encaixavam nas tipologias sexuais correntes do universo euro-americano: as travestis não eram transvestidos, tampouco transexuais. Então o que eram? – eu pensava. Como essas pessoas viam a si mesmas? Ninguém parecia saber exatamente. Então, por fim, decidi que precisava voltar a Salvador e tentar descobrir por minha conta.

A pesquisa de campo, porém, não foi fácil. As travestis com quem trabalhei vivem em uma das áreas mais pobres e perigosas da cidade. E o pior: Salvador é uma cidade cuja maioria da população tem a pele escura, e onde um sujeito de cabelo louro, como eu, ainda é novidade o bastante para fazer com que as pessoas na rua olhem duas vezes, com a atenção despertada por algo exótico. Em termos práticos, isso significava que eu não poderia nutrir esperança de misturar-me à multidão, desaparecer no ambiente ou tornar-me uma presença inconspícua. Como a maioria das travestis, ainda que por razões bem outras, eu sempre me destacava. Essa visibilidade foi, para mim, causa de constante preocupação, principalmente quando eu caminhava sozinho, tarde da noite, entre os pontos de prostituição da cidade. As ruas do centro, onde as travestis trabalham, ficam desertas tão logo o sol se põe. E então são ocupadas por moradores de rua, mendigos e sem-teto, que pernoitam sob caixas de papelão. Gangues de meninos perambulam pela área, cheirando cola e procurando vítimas em potencial para seus pequenos roubos. Durante minha permanência em Salvador eu passei por apenas um momento realmente desagradável. Logo que cheguei, um menino, aparentando dez anos, ameaçou dar-me um tiro se eu não lhe entregasse dinheiro. Ele trajava uma camiseta que era o dobro do seu tamanho, na qual se lia a frase, normalmente benévola, mas que naquele contexto pareceu-me sinistra: "Só Jesus Salva".

De todo modo, eu andava à noite pelas ruas da cidade em constante estado de alerta, só relaxando quando me encontrava na presença das travestis – a quem, eu sabia, os meninos de rua, ou qualquer assaltante, jamais ousariam enfrentar, ainda mais se elas estivessem conversando em grupo, como acontece normalmente.

Ainda mais angustiante e desconfortável do que a minha situação de estrangeiro, porém, foi o fato de que meu domínio do português no início do trabalho de campo estava aquém do desejável. Por uma série de circunstâncias, eu retornei a Salvador logo depois de ter decidido realizar a pesquisa, de maneira que acabei não tendo tempo suficiente para aprender a língua. Assim, quando iniciei o trabalho, eu quase não sabia português, de fato. Apesar de ter vivido previamente uma experiência semelhante quando fiz trabalho de campo em Papua-Nova Guiné, alguns anos antes (Kulick, 1992), eu já não lembrava da grande ansiedade que me causa a incompetência lingüística. A incapacidade de me expressar ou de entender boa parte do que as pessoas falavam era para mim fonte de aflição e frustração. Passei os primeiros meses sendo torturado todos os dias (para não dizer todas as horas) pela idéia de que um falante fluente de português seria capaz de fazer com muito mais rapidez e eficiência o trabalho que eu me propusera.

No final, porém, depois de muito refletir a respeito de minha situação adventícia e de minha inicial incompetência lingüística, cheguei à conclusão de que essas desvantagens acabaram se mostrando positivas, por terem facilitado, em larga medida, o tipo de contato que vim a estabelecer com as travestis. Sendo um forasteiro de cabelos louros, oriundo da Suécia – país cuja localização exata no globo terrestre era um mistério para a maioria das pessoas –, eu tinha um certo quê de exotismo que atraía muitas travestis. Com efeito, algumas delas gostavam de me levar à padaria, ou ao supermercado, andando de braços dados comigo pelas ruas, com o fito de que as pessoas ao redor pensassem que eu era o seu gringo – seu namorado estrangeiro rico.

Todavia, penso que mais significativo do que minha condição de bibelô louro foi o fato de que, sendo eu estrangeiro, as travestis tinham mais dificuldade em me enquadrar nas suas idéias a respeito de como os outros as vêem. Explico. Travestis sabem muito bem que todos os brasileiros são habituados desde cedo com os estereótipos depreciativos a seu respeito, e sabem que, país afora, até os próprios *gays* tendem a desprezá-las e condená-las. Em razão dessa experiência quase diária com a discriminação e a hostilidade, travestis sempre esperam de qualquer desconhecido uma reação preconceituosa, mesmo que este se comporte civilizadamente. Quando se trata de um estrangeiro, porém, a situação muda de figura. No meio das travestis circula uma verdade inarredável: a de que os europeus são mais liberais e mais cultos do que os brasileiros. Aquelas que já visitaram a Itália, por exemplo, afirmam consensualmente que os italianos as tratam com muito mais respeito e gentileza do que qualquer brasileiro. Tudo isso significa que não se espera de uma pessoa vinda da Europa, como eu, a mesma carga de preconceitos instintivos que se espera dos brasileiros. E, de fato, eu não tinha preconceito algum em relação a elas. Do mesmo modo que não sabia quase nada sobre travestis quando comecei a estudá-las, eu era verdadeiramente ignorante também a respeito da maioria dos estereótipos. Eu entrava em seus aposentos e confraternizava-me com elas à noite, nas ruas, sem temor, desprezo ou repulsa. Sentimentos que, hoje eu tenho plena consciência, muitos brasileiros expressam em relação a travestis em geral.

De minha parte posso dizer que simpatizei com as travestis desde o início. Mesmo não compreendendo muitas coisas no começo, apreciei seu humor irreverente e admirei sua firmeza ao notar que, apesar das muitas ofensas e agressões cometidas por policiais e por gente que passa nos automóveis ou a pé, elas mantinham uma postura desafiadora, e continuavam preocupadas com o retoque de um batom borrado, por exemplo. Senti-me incomodado, é verdade, com os atos violentos que as travestis podem cometer, como nos casos de assaltos a clientes. Não obstante, encarei esses atos dentro do contexto de uma sociedade que é, em si, brutal e violenta com suas classes baixas. E nunca me permiti a postura arrogante, colonialista e presunçosa de levantar o dedo para condenar ou acusar uma travesti que estivesse relatando, em meio a risadas, que acabara de roubar uma "maricona" aterrorizada.

Minha genuína afeição pelas travestis com as quais trabalhei foi construída, também, pelo fato de que, nos primeiros dois meses da pesquisa, eu falava e compreendia muito pouco. Sem dúvida, minha presença sorridente em seus aposentos (ou parado na porta), concordando com tudo, mas sem nada entender, deve ter sido estressante para elas durante o primeiro mês (ou pouco mais). Como certamente o foi para mim. Por outro lado, minha inaptidão inicial com o idioma teve o efeito de fazer com que eu passasse por um longo período de incorporação quase silenciosa (ou não verbal) em sua vida cotidiana. As travestis que vinham conversar comigo, ou que procuravam me entreter em algumas ocasiões, percebiam de imediato que eu não tinha a menor idéia do que era falado. Assim, entediadas, logo voltavam suas atenções umas para as outras. Quando comecei enfim a compreender e participar das conversas e fofocas, eu já havia me estabelecido como uma presença constante, aceitável, não condenatória e não ameaçadora em suas vidas.

Afora a condição estrangeira e a incapacidade lingüística inicial, há outra característica de minha biografia pessoal que eu acredito ter concorrido muito para o tipo de vínculo que estabeleci com as travestis. Eu sou *gay*. Antes de começar a pesquisa de campo, eu conversara com as duas únicas pessoas que, até onde eu sabia, haviam realizado estudos etnográficos entre transgêneros na América Latina: a socióloga norueguesa Annick Prieur, que publicou tese de doutorado sobre prostitutas transgêneros na Cidade do México (Prieur, 1994a), e a socióloga brasileira Neuza Maria de Oliveira, cuja dissertação de mestrado foi o primeiro trabalho a me alertar para as especificidades das identidades de gênero das travestis. Para meu desalento, as duas pesquisadoras manifestaram dúvidas quanto à possibilidade de que eu, sendo homem, conseguisse ter acesso às travestis e ser aceito por elas. "As travestis não se dão bem com homens", ainda lembro Neuza de Oliveira dizendo. "Elas gostam de falar de coisas como batom, cabelo e homens".[8] E eu protestei, timidamente: "Mas eu também".

E conforme se evidenciou, realmente, a questão de minha orientação sexual veio a ser uma das primeiras perguntas que surgiram no diálogo com as travestis. Feitas as apresentações, alguém sempre indagava – diretamente a mim, ou à pessoa que acabara de me apresentar – se eu era "viado". Ante a resposta afirmativa, as travestis normalmente expressavam aprovação e mostravam-se visivelmente mais à vontade. Minha condição de "viado" assumido parecia significar que eu era, na prática, uma das meninas, e que provavelmente não manifestaria nenhum interesse sexual por elas. Meu comportamento logo confirmou isso, e depois de resolvidos os preâmbulos, as travestis percebiam que podiam continuar conversando normalmente sobre os temas que mais as ocupam – namorados, clientes, pênis avantajados, hormônios e silicone –, sem se preocupar se eu acharia o assunto desinteressante ou ofensivo.

Sou tentado a presumir que minha condição de pesquisador estrangeiro, preocupado em manter uma postura não condenatória, e assumidamente *gay*, permitiu um certo tipo de relação com as travestis cujo resultado foi o acesso a dimensões de sua vida que ainda não haviam sido descritas em estudos anteriores. Um leitor que conheça as duas pesquisas brasileiras sobre travestis será capaz de perceber as diferenças significativas entre o tipo de material etnográfico analisado neste livro e os dados ali apresentados.[9] As monografias brasileiras não esclarecem a respeito de vários tópicos, tais como o relacionamento das travestis com seus namorados (ou maridos), por exemplo, que a mim se afigurou absolutamente crucial para entendê-las, seja como indivíduos, seja como um fenômeno sociocultural. Interpreto a ausência desse tipo de material nos estudos brasileiros como conseqüência, em certa medida, do tipo de contato que os pesquisadores estabeleceram com seus pesquisados (já mencionei anteriormente que nenhum deles manteve uma convivência diária com as travestis). Há também outro fator limitante, relacionado à questão da própria identidade dos pesquisadores: Neuza de Oliveira, obviamente, pelo fato de ser mulher, e Hélio Silva por ter, como ele mesmo relata (1993: 150-154), se apresentado às travestis como um suposto cliente em potencial – papel que, evidentemente, parece ter tido profundas implicações no tipo de relacionamento que ele pôde estabelecer.

Não estou aqui tentando, maldosamente, virar o jogo contra as mulheres que me alertaram sobre a possibilidade de travestis nunca virem a me aceitar. Nem estou sugerindo, é óbvio, que somente um homem *gay* pode realizar com sucesso uma pesquisa de campo com travestis (o que seria, aliás, *nonsense*, tendo em vista o alto valor dos trabalhos de Prieur, Oliveira e Silva). O que estou afirmando é que, sendo assumidamente *gay*, visto pelas travestis como um "viado" assim como elas, eu fui colocado, por elas mesmas, em uma certa posição que parece ter facilitado o acesso a conversas e confidências que talvez não fossem reveladas tão facilmente a pesquisadoras do sexo feminino (e que certamente não o seriam a virtuais clientes).

Há ainda uma última dimensão do trabalho de campo que eu gostaria de mencionar. Desde os primeiros dias de minha convivência (e co-residência) com as travestis, eu gravei suas falas, de modo extenso e contínuo, utilizando um gravador portátil Sony TCS-580V. Ao final do período de campo, eu havia registrado e transcrito mais de cinqüenta horas de gravação, incluindo vinte horas de interações espontâneas, além de 16 entrevistas, cuja duração varia de noventa minutos a 11 horas. Quinze entrevistas foram realizadas com travestis entre 11 e 58 anos de idade e uma entrevista foi feita com o "marido", ou namorado, de uma travesti. Justifiquei a realização de gravações da maneira mais honesta possível: explicando às travestis que se eu quisesse realmente entender o que diziam, teria de registrar e transcrever as conversas. Elas aceitaram a situação com extrema gentileza, e logo se acostumaram a me ver, sentado na porta das casas, ou deitado na cama de alguém, empunhando o gravador de bolso. Na maior parte das vezes, as gravações foram realizadas às claras, e as travestis sabiam exatamente o que eu fazia. No entanto, quando eu circulava pelas ruas durante a noite, sentia-me compelido a esconder o gravador no bolso da camisa ou por dentro da calça, para diminuir chances de roubo. Embora as travestis percebessem, às vezes, a presença do gravador – denunciado pela luzinha vermelha – e perguntassem se eu estava gravando, quase sempre o registro de uma interação passava despercebido. Normalmente, à noite, nas ruas, eu não avisava que tinha posto o gravador para funcionar porque sabia que se chegasse no meio de um grupo de travestis, no momento em que elas estivessem rindo e contando piadas, e anunciasse em alto e bom som "Gente, estou gravando", isso afetaria de modo definitivo (e desastroso) toda a dinâmica da interação. Tenho consciência de que essa estratégia de gravação poderia ser questionada, do ponto de vista ético. Mas minha conclusão pessoal é que a prática não foi antiética. Primeiro, porque minha identidade de pesquisador que coletava material para um livro sobre travestis era conhecida por todas as travestis, e todo mundo sabia que eu gravava compulsivamente. Segundo, porque eu alterei o nome de todas as travestis que são citadas falando sobre atividades ilícitas ou incriminatórias, exceto quando obtive permissão explícita para utilizá-lo. E, finalmente, porque penso que o material coletado dessa forma não é necessariamente mais invasivo (mas certamente produz dados muito mais confiáveis) do que a prática etnográfica corriqueira, que consiste na reconstrução das conversações por meio da memória [ou de anotações em cadernetas].[10]

Ficará claro, ao longo do livro, que as entrevistas formalizadas e as gravações obtidas de conversas espontâneas constituem a espinha dorsal deste trabalho. Ao ancorar a análise das práticas corporais, das relações afetivas e da subjetividade das travestis em exemplos discursivos concretos (o que elas falam entre si, o que dizem ao pesquisador), eu estava me baseando em uma intuição fundamental da etnometodologia. A saber: que não podemos jamais ter certeza de que os padrões, as identidades e as estruturas analisadas são algo mais do que nossos próprios modelos exógenos, a menos que sejamos capazes de mostrar de que modo os agentes implementam e se orientam em relação a uma realidade co-construída. A resolução do enigma etnográfico, como eu o vejo, implica estar presente em interações situadas dentro de um contexto e tentar explicitar a lógica não manifesta que dá sustentação a essas mesmas interações – lógica que permite às pessoas agirem de determinados modos tidos como naturais, e possibilita que as pessoas digam coisas a outras pessoas, com a expectativa de serem compreendidas.

Meu objetivo ao escrever este livro é avançar uma análise das travestis que leve em consideração tais questões, partindo das práticas corporais e sociais e das palavras com que elas exprimem suas próprias vidas. Ao invés de falar em nome das travestis, tento, com este livro, na medida do possível, deixar que falem por si. Assim, conquanto as interpretações sejam todas minhas, as palavras que o leitor encontrará nas páginas que se seguem pertencem às travestis.

1

A Vida das Travestis em Contexto

O trajeto mais curto até a rua São Francisco, saindo da praça que serve de ponto final do ônibus, é uma descida por uma ladeira estreita, intransitável para carros por causa de imensos buracos. No meio-fio da viela, acumulam-se cascas de laranja e banana, guimbas de cigarro, copos de café descartáveis, espigas de milho, palitos de picolé e sacos plásticos; coisas que os moradores e passantes vão deitando fora. As esquinas são cheias de lixo viscoso e de odor nauseante, que é despejado das casas ao redor. Eu nunca soube o nome dessa ruazinha. Procurei nos mapas; não havia nome. Perguntei aos moradores; ninguém sabia. Embora fosse habitada, mais parecia um passadouro, um corredor ou um caminho ligando dois pontos, do que uma rua propriamente.

Havia uma parede de azulejos logo no início desse caminho sem nome, pichada fazia tempo por um grafiteiro anônimo, onde se lia, em letras negras: "Isso não é verdade". Talvez o autor da pichação tivesse escrito a frase como forma de protesto, ou como crítica ácida ao país – uma versão nativa do célebre comentário feito por Charles de Gaulle, em uma visita ao Brasil: "Esse não é um país sério". Mas, talvez, "Isso não é verdade" fosse o refrão de um samba popular na época da pichação, e o autor da frase estivesse dançando enquanto desenhava suas palavras de *spray*. Eu não sei. Tudo o que sei é que ao descer a ladeira, tantas vezes, eu sempre lia essa pichação, e a considerava uma espécie de aviso – uma placa de trânsito anunciando ao visitante que ele estava prestes a entrar em outra dimensão: um lugar onde as aparências enganam, onde o real e o irreal eram muito mais uma questão de vontade, imaginação e ponto de vista.

No final da viela sem nome fica a rua São Francisco. Por cerca de um quilômetro, a rua São Francisco estende-se desde o topo de um morro (onde está incrustada uma bela igreja barroca com o mesmo nome da rua) até embaixo, e desemboca em uma avenida muito movimentada, que conecta a parte "alta" à parte "baixa" de Salvador. A rua situa-se nos limites de uma região da cidade conhecida como Pelourinho ou Centro Histórico. A região foi fundada ainda no século XVI e atingiu seu esplendor arquitetônico e social em fins dos 1700. Na segunda metade do século XIX, no entanto, o equilíbrio da riqueza e do poder na cidade foi deslocado das mãos da velha elite latifundiária (boa parte da qual havia sido levada à bancarrota com o colapso da economia açucareira em meados do século) para uma nova burguesia urbana, que começou a construir grandes mansões na periferia da cidade. A tendência fez com que os ricos deixassem progressivamente o Pelourinho e passassem a se estabelecer em novas áreas exclusivas, na porção sul da cidade. Antigas residências familiares foram vendidas ou alugadas, e acabaram sendo desmembradas em pequenos cubículos de forma a acomodar o maior número possível de pessoas. A elegância do centro da cidade foi sendo descaracterizada, e a região entrou em um longo período de incúria e decadência. Por volta dos anos 1920, o Pelourinho havia se transformado em um bairro pobre. E na década de 30 o bairro já era visto pela população como uma zona perigosa, habitada principalmente por prostitutas e marginais. Um dito popular da época assegurava que "No Maciel [local particularmente mal-afamado do Pelourinho], quem tem dinheiro é ladrão". Um levantamento populacional de 1969 indicava que 57,8% das mulheres, no Maciel, viviam da prostituição (Bacelar, 1982: 52-69; Oliveira, 1994: 103-105; Cerqueira, 1994: 36; Espinheira, 1971).

Durante os anos 70 do último século, mas principalmente no começo da década de 90, os governos municipal e estadual implementaram projetos de revitalização do Pelourinho, reconstruindo suas antigas fachadas (então completamente deterioradas) e reformando o interior das velhas mansões (que se achavam em ruínas), com o objetivo de atrair turistas e parte da classe média da cidade. Os rumores sobre a revitalização, que circularam desde os anos 60, tiveram o efeito de elevar os preços dos imóveis no bairro a níveis estratosféricos (em torno de 300%). Os proprietários responderam prontamente ao aumento dos preços e às promessas do governo de oferecer gordas indenizações aos moradores, lançando mão de dois expedientes: expulsaram inquilinos para vender as casas em pandarecos o mais rápido possível; ou procuraram colocar mais inquilinos nas casas já superpovoadas, com a intenção de abocanhar, em um acordo com eles, parte das indenizações, e depois vender o imóvel com um lucro fabuloso. O governo oferecia aos ocupantes a possibilidade de serem realocados em uma área distante do centro, ou, alternativamente, pagava indenizações, cujo valor médio era de vinte salários mínimos – equivalente, na época, a quase dois anos de trabalho para muitas daquelas pessoas. A maioria dos moradores optava pelo dinheiro.

Nesse processo de renovação do centro da cidade, ainda em curso, milhares de pessoas foram desalojadas e forçadas a se mudar para outras áreas de Salvador. Alguns utilizaram o dinheiro das indenizações para adquirir pequenos imóveis em bairros distantes do centro, ou em cidades do interior do estado. Muita gente, porém, gastou o dinheiro simplesmente, e depois se deslocou alguns quarteirões, passando a residir nas áreas do entorno do Pelourinho, onde não havia projeto de revitalização algum (Bacelar, 1982; Cerqueira, 1994; Ipac, 1995; entrevista com Lúcia Sepúlveda, do Ipac, 9 de janeiro de 1997).

A região do entorno da rua São Francisco é uma dessas áreas. Hoje ela apresenta, provavelmente, as mesmas características que tinham as áreas mais decadentes do Pelourinho nos anos 60: habitada por indivíduos e famílias extremamente pobres e por marginais. A pobreza é evidente e ressalta-se nas condições de moradia da área. As ruas são esburacadas e cobertas de lixo. Ratazanas, do tamanho de filhotes de cães labrador, são abundantes e passeiam alegremente; baratas estão por toda parte. As fachadas das casas – sem dúvida magníficas no passado, com seus suaves tons pastel – mostram-se agora desbotadas, mofadas, destruídas. Grande quantidade de mato brota das rachaduras das paredes. Os telhados vão se desalinhando e se despregando, aos poucos, das vigas de sustentação. No interior das casas, os cômodos encontram-se inteiramente desmantelados. Foram divididos em ínfimos cubículos; os de maior dimensão medem no máximo 3 x 5 metros. Esses cubículos são separados uns dos outros por finos tabiques que quase chegam ao teto, na melhor das hipóteses. Há eletricidade e água corrente em todas as casas porque as pessoas fazem "gatos" – ligações ilegais, realizadas diretamente nos cabos de energia e nos dutos da rede de água. Mas tanto o abastecimento de energia quanto o de água falham freqüentemente. E o pior de tudo: há uma única pia, um único vaso sanitário e um único chuveiro em cada pavimento da casa. Pia, vaso e chuveiro são compartilhados por todos os moradores.

A maioria das casas possui três pavimentos habitáveis. Quem mora nos pavimentos superiores pode espiar por entre as inúmeras rachaduras do piso, e observar tranqüilamente o quarto do vizinho que mora embaixo. Essas fendas tornaram-se um verdadeiro tormento para mim, no período em que morei num desses quartos, na rua São Francisco. Um velho, morador do quarto acima, era dono de um cachorro que sofria de incontinência urinária – problema que fluía, digamos assim, na minha consciência (no meu travesseiro e nos meus papéis), pelo menos uma vez ao dia. E a família que morava no quarto de baixo costumava espalhar um tipo estranho de repelente de baratas, sem nenhum aviso. O produto, na verdade, não matava bicho algum, mas estimulava as baratas a se moverem, obrigando-as a levantar, gordas e cascudas, e a se esgueirar pelas gretas, por onde entravam, é claro, diretamente no meu quarto. Em uma ocasião especialmente memorável, Keila Simpson, a travesti que trabalhava junto comigo, e eu nos vimos forçados a encerrar uma sessão de transcrição de fitas e fugir do quarto, quando percebemos que as 26 baratas de dez centímetros que havíamos esmagado, por entre traduções interlineares, eram apenas as pontas-de-lança de uma invasão contra a qual não tínhamos o menor poder de bloqueio.

A criminalidade no entorno da rua São Francisco é patente, em função mesmo do tipo de atividade que os moradores do local realizam para ganhar a vida. Mesmo sabendo que uma parte considerável das pessoas está engajada em atividades e meios não criminosos de obter dinheiro – venda de picolés, cigarros ou café nas ruas, serviços de pedicure, lavagem de roupa etc. –, eu sempre tive a impressão de que todo mundo que conheci ou com quem conversei na rua São Francisco sustentava-se basicamente por meio de alguma atividade ilegal. Em Salvador, o local é conhecido como ponto de venda de drogas. De fato, muita gente que conheci vendia maconha, cocaína, Rohypnol e *crack*. Este começou a aparecer em 1996. Diariamente, um grupinho de cinco pessoas, mais ou menos – mulheres ou rapazes –, ia ao encontro das travestis. Aproximavam-se, sentavam-se na soleira das casas e começavam a tirar de dentro de uma sacola toda uma variedade de mercadorias, que ofereciam às travestis: uma saia, um pedaço de queijo, um par de sapatos, uma calça *jeans*, uma garrafa de uísque, calcinhas de seda, um relógio de pulso, uma jóia, um frasco de condicionador de cabelos etc. Sem dúvida, esses itens, e outros mais, eram fruto de roubos – tanto de transeuntes quanto de estabelecimentos comerciais. Alguns moradores da área eram especialistas em roubar talões de cheques. Iam aos supermercados e gastavam altos valores (R$ 400,00, por exemplo), principalmente em compras de alimentos, pagando tudo com os cheques roubados. Depois vendiam os produtos pela metade do preço. Negócio bom para as duas partes, já que o vendedor obtinha facilmente R$ 200,00 e permitia aos compradores economizar um bom dinheiro.

Em uma das esquinas da rua há um eterno ajuntamento de homens, jovens, mal-encarados, sempre sem camisa, espreitando por um turista desgarrado ou um brasileiro de classe média que tenha se perdido no caminho para um bar chique do renovado Centro Histórico. Aliás, eles estão sempre prontos a fornecer drogas a quem queira comprar. A criminalidade nessa área é tão alta que a primeira coisa que os moradores costumavam ler no jornal eram as páginas policiais, para ver se algum conhecido estava estampado nas fotos do dia. Os níveis de criminalidade são de conhecimento geral. Tanto que muitos motoristas de táxi recusavam-se terminantemente a me levar em casa quando eu lhes dizia o local onde morava.

No começo de 1995, duas casas da rua São Francisco eram habitadas exclusivamente por travestis. Havia outras duas casas onde travestis ocupavam apenas o primeiro pavimento. Os outros eram ocupados por famílias ou pessoas sozinhas. Foi em uma dessas duas casas que eu residi durante parte da pesquisa. Tudo somado, havia sempre em torno de 35 travestis vivendo na rua São Francisco. O que significava que a rua era o local de maior concentração [de residências] de travestis na cidade.

A casa em que morei dividia-se em 11 quartos no último andar, mais 11 no andar do meio – onde ficava o meu próprio quarto –, além de 21 quartos, realmente minúsculos, no térreo. O andar superior era ocupado quase integralmente por amigos e familiares da proprietária. No segundo piso viviam sete travestis, um homem em seus 30 anos que vendia café e cigarros na rua, dois velhos pensionistas do INSS que alugavam um pequeno cubículo sem ventilação, além de mim. O primeiro pavimento era chamado derrisoriamente pelas travestis de "favela de cocô". A maioria dos moradores do primeiro piso era composta por jovens casais e mães solteiras com filhos pequenos. Porém, algumas travestis também viviam nesse pavimento, em quartos do tamanho de um armário para guardar vassouras. No fundo da casa havia um jardim lamacento, contíguo à "favela". Ali ficava a única torneira de água do primeiro pavimento, utilizada para o banho das crianças, para lavar a roupa e preparar a comida. Em um dos flancos do jardim acumulava-se uma montanha de lixo que era atirado pelo pessoal dos andares de cima, mas também pelos próprios moradores da "favela". Essa pilha de lixo exalava um odor permanente de podridão fermentada e, além disso, atraía dezenas de ratos. Em bando, eles invadiam o jardim quando caía a noite, obrigando as pessoas a se refugiarem em seus quartos e a manterem as portas fechadas.

Apesar das condições de vida quase insalubres, os preços do aluguel dessa casa, assim como de outros imóveis no entorno da rua São Francisco, costumavam ser altos. Em 1996, por exemplo, os minúsculos quartos alugados pelas travestis custavam de R$ 35,00 a R$ 55,00 por semana. Não custa lembrar que o salário mínimo valia, na época, somente R$ 112,00 (ou seja, cerca de R$ 28,00 por semana). Os quartos da "favela de cocô" eram mais baratos, custando por volta de R$ 15,00 a R$ 25,00 por semana.

Desde que o Centro Histórico passou a ser habitado principalmente por pessoas de baixa renda, além de prostitutas e marginais, ele foi ficando marcado pela exploração econômica violenta dos inquilinos. Estes pagavam o aluguel do metro quadrado mais caro da cidade, para morar em casas deterioradas e com riscos de desmoronamento (Bacelar, 1982: 104; Oliveira, 1994: 105; Espinheira, 1971; FPACBA, 1969). Os proprietários mantêm a prática extorsiva, cobrando o preço que bem entendem. É comum, aliás, que o senhorio exija das travestis aluguéis ainda mais altos que a média, sabendo que elas costumam ganhar mais dinheiro que os outros locatários. Os donos de imóveis podem aumentar o preço dos aluguéis sem nenhum aviso prévio, no momento que lhes é mais conveniente. E não tomam qualquer providência para consertar os telhados esburacados ou mandar dedetizar as paredes infestadas de bicho. Se os inquilinos reclamam, o senhorio sugere que deixem o imóvel. Enfim, os proprietários sabem que podem continuar extorquindo os inquilinos, inclusive as travestis, pelo simples fato de que a maioria dessas pessoas tem pouquíssima chance de alugar imóveis em outras partes do centro da cidade, onde não são aceitas. Além disso, os proprietários acham-se em posição de continuar praticando altíssimos preços porque não se importam com o fato de as travestis utilizarem os quartos para se prostituir. Tampouco fazem qualquer objeção ao uso indiscriminado de drogas e às atividades ilegais que se desenrolam no interior dos seus imóveis. Pelo contrário, um número considerável de proprietários são, eles mesmos, traficantes de drogas. E, muitas vezes, recrutam alguns inquilinos como vendedores.

Foi Keila Simpson quem me convidou para morar em uma das casas da rua São Francisco. Durante o período de campo, ela foi minha professora, colaboradora e melhor amiga. Com pouco mais de 30 anos, Keila é uma travesti de compleição robusta. À primeira vista, evocou-me um guerreiro maori. Ela tem um rosto largo, redondo, quase polinésio, e a cor de pele característica do povo do Maranhão, sua terra natal. Na primeira vez que nos vimos, estava usando um vestido solto, que me fez lembrar o *muumuu*[N.T.] havaiano. Isso também ajudou a fixar na minha mente a associação com os Mares do Sul. Embora, posteriormente, ela tenha cortado os cabelos negros bem curtos e os tingido de louro, na época em que a conheci ela os estava

[N.T.] Vestido feminino largo e solto, semelhante a uma bata, suspenso pelos ombros, típico do Havaí, de onde se origina o termo.

deixando crescer, de tal forma que eles se projetavam para cima e para os lados. Os cabelos volumosos davam a Keila um jeito mais expansivo do que o que ela já tem, normalmente. E essa impressão de grandeza e robustez ficou ainda mais forte depois que ouvi pela primeira vez sua voz retumbante, extraordinária, quase *nonsense*, ordenando a um grupo de travestis que fizesse uma fila para receber os preservativos que ela iria distribuir na ocasião. Keila me intimidou completamente.

Fui apresentado a Keila por Nilton Dias, coordenador do GGB – uma das mais antigas organizações ativistas em defesa dos *gays* no Brasil, e a única em Salvador. Desde meados de 1993, um ano antes da minha primeira visita à cidade, o GGB vinha distribuindo preservativos às travestis uma vez por semana, gratuitamente. A distribuição era feita em frente à casa de Keila, porque ela concordara em preencher um formulário elaborado por Luiz Mott, presidente do GGB, cujo objetivo era colher informações das travestis que recebiam os preservativos.[11] Keila já havia trabalhado com o GGB por um curto período em 1990 e depois com outra organização não governamental que também fazia distribuição de preservativos.

Travestis e Aids

Evidentemente, a distribuição gratuita de preservativos era uma resposta à epidemia de Aids que atingiu a população de travestis a partir do início dos anos 1980. Desde que a doença foi diagnosticada no Brasil entre 1982 e 1983, o país aparece reiteradamente nos primeiros lugares no *ranking* de número de casos apurados pela Organização Mundial da Saúde (OMS). Até dezembro de 1996, haviam sido registrados 94.997 casos de Aids no Brasil. O número é alto. Mesmo assim, é certo que a estimativa não retrata com fidelidade a situação, visto que, em termos mundiais, o número de casos contabilizados é sempre bem menor do que o de casos concretos. Assim, o Ministério da Saúde do Brasil fez um cálculo mais realista, considerando cerca de 130 mil casos. O quadro é ainda pior se pensarmos que as estimativas, não de casos Aids, mas do número de pessoas infectadas pelo vírus da imunodeficiência humana – HIV no país, indicam entre 338 mil e um milhão (*Folha de S.Paulo*, 21 dez. 1996).

Em Salvador, até agosto de 1996, haviam sido reportados 1.295 casos de Aids, o que coloca a cidade em nono lugar no *ranking* brasileiro (*Boletim Epidemiológico*, semanas 23-35, 1996). Porém, esse número relativamente baixo diz muito mais sobre as condições de acesso da população local ao sistema público de saúde do que sobre a real incidência de Aids na cidade.

Trabalhando como prostitutas e normalmente assumindo o papel passivo nas relações sexuais com os clientes, as travestis foram particularmente atingidas pela epidemia.[12] É, todavia, impossível avaliar, ou mesmo imaginar, quantas morreram em razão da doença. As estatísticas sobre Aids no Brasil não trazem números sobre travestis, pois elas são incluídas genericamente nas categorias "homem" e "transmissão homossexual". Além disso, solicitar diretamente às travestis que estimem o número de colegas ou conhecidas mortas por Aids é um procedimento totalmente ineficaz. Sempre que jornalistas abordam travestis nas ruas perguntando sobre Aids (e este é um dos poucos temas que interessam aos repórteres quando enfocam o universo travesti), a resposta vem rápida, na forma de um número qualquer, geralmente alto. Mas quando conversam entre si, essas mesmas travestis irão lembrar prontamente que travestis morrem por muitas causas, sendo a Aids – doença geralmente só mencionada por meio de eufemismos como "a menina", ou "a tia" – apenas uma dessas causas. Aliás, elas próprias questionam: como alguém pode ter certeza se uma determinada travesti morreu realmente de Aids?

A maioria esmagadora das travestis, assim como a maioria da população brasileira, não tem acesso aos serviços básicos de saúde. Travestis, como grande parte dos brasileiros, levam a vida diagnosticando as próprias doenças e se automedicando, tratando-se com remédios indicados por amigos ou por farmacêuticos – estes últimos disponibilizam e facilitam a venda de uma vasta gama de medicamentos sem receita e sem indicação médica. Em um contexto desses, Aids é muito mais uma questão de opinião do que de diagnóstico clínico. A mesma linha de raciocínio é sustentada pelas travestis quando alguém observa que a injeção de silicone pode causar problemas de saúde. Elas sabem que muitas pessoas consideram o silicone injetável um risco. Mas afastam as preocupações, contra-argumentando retoricamente que ninguém pode ter certeza absoluta de que a morte de uma travesti está relacionada à injeção de silicone.

Algumas travestis fizeram o teste de HIV, e algumas receberam resultado positivo. Mas há uma crença generalizada de que os testes de HIV não são confiáveis e de que uma mesma pessoa pode obter um resultado positivo hoje e um resultado negativo amanhã. Com isso, ninguém pode saber realmente se está, ou não, infectado pelo vírus. Há também a firme convicção, no meio travesti, de que o HIV pode infectar as pessoas em quantidades variáveis. Assim, se alguém contrai somente "um pouco do vírus", não terá a saúde totalmente comprometida.

Além dessas dificuldades que, segundo as travestis, não permitem saber se um indivíduo realmente tem Aids, ou se morreu em decorrência da Aids, existe a questão, entre elas, do violento estigma que recai sobre pessoas soropositivas ou que contraem a doença. Um termo forte, ofensivo, de uso corrente entre travestis (e entre os brasileiros em geral) é justamente "aidético(a)". A palavra é disparada como uma acusação e, com freqüência, pode-se escutá-la na boca de uma travesti que fala mal de outra, a quem detesta por alguma razão (normalmente por ter perdido o namorado para esta última).

Contrair HIV é considerado, ainda, um constrangimento e uma grande infelicidade. Isso significa que o diagnóstico de Aids que travestis costumam fazer para os outros deve ser entendido mais como afirmação dos seus sentimentos em relação àqueles do que como representação fidedigna de um quadro clínico. Travestis estão sempre prontas para afirmar que seus desafetos têm Aids. Ao mesmo tempo, mostram-se hesitantes em atribuir ao vírus a responsabilidade por doenças e morte de amigos e pessoas queridas. Durante minha estadia em Salvador, pelo menos nove travestis faleceram depois de apresentar sintomas que, em minha opinião (com um olhar de não especialista), estavam provavelmente relacionados à Aids. Em quase todos os casos, travestis que mantinham relacionamento próximo com a pessoa morta negaram reiteradamente que as causas estivessem ligadas à doença. Em vez da Aids, elas invocavam tudo: de tuberculose a "problemas pulmonários", passando por uma nebulosa "infecção no estômago"; de "coração inchado" a problemas psíquicos ou estados de alma ("ela não tinha mais vontade de viver").

Em um futuro previsível, as travestis provavelmente continuarão a ser atingidas pela Aids. Todas elas têm consciência, hoje, de que os preservativos são essenciais na prevenção do contágio por HIV. Todas, ao que parece, têm feito uso do preservativo durante as relações sexuais com seus clientes (no caso de trabalharem como prostitutas). Normalmente, asseguram, tanto elas mesmas quanto seus clientes utilizam preservativos. Muitas dizem não praticar sexo oral se o cliente não faz uso da camisinha. E algumas (poucas) afirmaram exigir que seus clientes usem dois, ou até mesmo três preservativos, antes da penetração. No entanto, preservativos podem rasgar-se, às vezes, ou permanecer dentro do ânus quando o parceiro retira o pênis. Isso facilita, conseqüentemente, a transmissão do vírus. Porém, mais grave que os acidentes ocasionais é o fato de que muitas travestis nem sempre insistem no uso do preservativo. Ao que parece, alguns clientes ainda se mostram dispostos a pagar mais para terem uma relação sexual sem camisinha. Dependendo do preço, e da necessidade de dinheiro, as travestis podem aceitar a proposta. Outras costumam permitir o coito interrompido sem camisinha. E quando o parceiro sexual é alguém do tipo que as travestis costumam chamar de "vício" – isto é, um jovem atraente, com quem elas fazem sexo voluntariamente, sem cobrar –, aí mesmo é que os preservativos raramente entram na história.

No entanto, o mais importante vetor de transmissão do HIV entre travestis não são seus clientes, nem seus "vícios", mas seus namorados. Em todo o período de pesquisa, só ouvi uma única travesti afirmar que usa camisinha em relações sexuais com o namorado. Não é coincidência que tenha sido justamente Keila. Ela trabalhara no GGB e em outras organizações não governamentais, e era a travesti mais engajada na prevenção do HIV, em toda Salvador. 'Todas' as outras travestis negavam abertamente a possibilidade de pedirem a seus namorados que fizessem sexo com camisinha mesmo quando os namorados eram notoriamente promíscuos, mesmo quando as relações sempre envolviam penetração anal, e mesmo considerando que elas trocavam de namorado com freqüência. Para o bem 'e' para o mal, travestis passaram a associar camisinha com trabalho (isto é, prostituição). Portanto, nos encontros sexuais em que elas não se consideravam a trabalho, os preservativos eram coisa dispensável.[13]

Travestis e Violência

Se, por um lado, é difícil saber se a morte de uma travesti foi causada por Aids, por outro é muito fácil saber quando a morte decorre da violência. O Brasil é uma sociedade violenta. A sociedade brasileira não é apenas saturada do que Nancy Scheper-Hughes (1992) chamou de "a violência da vida cotidiana" – isto é, a rotinização do sofrimento e da humilhação suportados pela maioria da população em meio a um sistema sociopolítico corrupto, corrosivo e extremamente marcado pela discriminação de classe e raça –, mas é também uma sociedade na qual, por exemplo, setecentas crianças de rua foram assassinadas por grupos de extermínio em menos de cinco anos (de 1987 a 1991, de acordo com o *Jornal do Brasil*, 6 dez. 1991, *apud* Simpson, 1993: 132) e onde balas perdidas, disparadas seja por policiais, seja por membros do tráfico de drogas, vitimam dezenas de inocentes a cada ano (revista *Istoé*, 13 nov. 1996, p. 40-41).[14] Em Salvador é raro o dia em que não ocorra pelo menos um assalto a banco, ou sem que motoristas de automóveis e ônibus não acelerem propositadamente seus veículos ao notar que pedestres tentam cruzar a pista. Todo mês a cidade assiste em média a dois linchamentos de pessoas flagradas cometendo crime, ou mesmo apenas suspeitas de o terem cometido. Uma pesquisa em nível nacional publicada em 1996 concluiu que

70% de todas as mortes ocorridas entre a população masculina na faixa de 15 a 29 anos eram resultado direto da violência (matéria publicada no jornal *A Tarde*, 24 out. 1996). A violência é uma dimensão inerente à vida da maioria dos brasileiros, em diversas regiões do país.

Todavia, em nenhum outro lugar a violência é tão ubíqua quanto no cotidiano das travestis.[15] A violência é o eterno pano de fundo de suas vidas. Apesar de viverem habitualmente em trajes femininos, usarem cortes de cabelo, maquiagem e acessórios femininos, a maioria das travestis não passa por mulher, é evidente, sobretudo quando se apresenta à luz do dia. Em vez disso, elas parecem provocar uma impressão incongruente, que faz com que as pessoas reparem e comentem. Assim, uma travesti andando pelas ruas da cidade durante o dia certamente chama a atenção. E elas não são objeto apenas de olhar crítico. Muito pelo contrário, uma coisa que sempre me impressionou quando eu saía à rua, de dia, ao lado de travestis, era a verdadeira corrente de olhares libidinosos lançados para elas sem nenhuma vergonha por muitos homens, das mais diferentes idades. Isso acontecia mesmo nas ocasiões em que a travesti não estava agindo de maneira deliberadamente provocativa ou sedutora, mas apenas, por exemplo, comprando pãezinhos na padaria da esquina ou olhando sandálias nas vitrines de lojas.

Mas se alguns homens mostram-se publicamente atraídos por travestis, muitos outros lhes são francamente hostis. Elas precisam estar preparadas para enfrentar comentários desairosos (que partem tanto de homens quanto de mulheres) e tentativas de agressão física (por parte daqueles). Travestis se vêem obrigadas a reafirmar a cada instante seu direito de ocupar o espaço público. Elas sabem que, a qualquer momento, podem tornar-se alvo de agressão verbal e/ou violência física por parte daqueles que se sentem ofendidos pela simples presença de travestis nesse espaço.

À noite, de todo modo, os perigos são maiores. Precisando atrair os clientes, travestis fazem ponto nas esquinas de ruas e avenidas e acabam se expondo publicamente de uma forma que, não fosse a situação, elas teriam preferido evitar. A exposição coloca as travestis em posição vulnerável, alvo fácil do assédio de policiais, motoristas, transeuntes, gente que passa em automóveis e ônibus. Na maioria das vezes, a violência vem na forma de agressão verbal, mas não são raros os casos em que gangues de jovens espancam travestis. Também é comum ver gente que passa de carro lançar pedras e garrafas sobre elas. Algumas vezes chegam a disparar armas de fogo contra travestis em plena rua. Normalmente as pessoas que cometem esses crimes não são identificadas nem detidas. E quando o são, recebem penas leves da Justiça.

Cabe registrar um caso infame. Um policial do Rio de Janeiro foi sentenciado pela corte militar, considerado culpado pelo assassinato de uma travesti a quem baleou no rosto e nas costas. Esse mesmo policial era investigado pela morte de outras cinco travestis – todas elas encontradas com marcas de tiro no rosto e os genitais extirpados. Houve apelação e o caso foi enviado a instâncias mais altas do Tribunal de Justiça Militar, onde a pena foi reduzida de 12 para seis anos, pelas seguintes razões, de acordo com a sentença: "Foi afastada a qualificadora do crime porque a atividade a que se dedicava a vítima era de alto risco, perigosíssima pois, não lhe socorrendo assim, o fator surpresa" (*Folha de S.Paulo*, 9 out. 1994).[N.T.] Em outras palavras, o que se conclui da sentença? Travestis que trabalham como prostitutas nas ruas estão pedindo para serem vítimas; portanto, que ninguém espere do tribunal a punição rigorosa de um homem apenas por ter baleado o rosto de uma delas.

Conforme indica essa história, policiais são uma das principais fontes de violência contra travestis. Em Salvador, sem dúvida, eles são a principal fonte. Há três tipos de corporação policial no Brasil: polícia federal, polícia civil e polícia militar (esta última sendo, aparentemente, herança da longa história de governos autoritários no país). Essas diferentes organizações policiais são, por sua vez, divididas em grupamentos especiais, tais como a polícia rodoviária (que funciona como um braço da polícia federal),[N.T.] os temidos batalhões de choque (divisão das polícias militares), e a Delegacia de Jogos e Costumes (DJC) – um tipo de esquadrão antivício, que funcionava no âmbito da polícia civil da Bahia e foi extinto, segundo me contaram as travestis, pelo presidente Fernando Collor de Mello no início dos anos 90. "A única coisa boa que o Collor fez", comentou uma travesti ao me contar a história pela primeira vez, recordando, ato contínuo, as acusações de corrupção que conduziram ao *impeachment* do presidente em 1992.[16]

As polícias civil e militar são responsáveis pelo patrulhamento regular das ruas de Salvador, como de resto em outras grandes cidades brasileiras. O contingente da polícia militar é mais numeroso. Sua presença é também mais ostensiva em virtude da obrigatoriedade do uso de uniforme. As duas polícias – civil e militar – têm os mesmos poderes de fazer detenções e

---

[N.T.] O réu fora condenado em 1ª Instância no Tribunal de Justiça Militar por homicídio qualificado, por ter agido supostamente sem dar chance de defesa à vítima (o crime qualificado resulta no dobro da pena). No entanto, a 2ª Instância do TJM, formada por três representantes militares e dois civis, decidiu, por três votos a dois, que o crime não seria qualificado, uma vez que a vítima não poderia nunca ter sido pega de surpresa em razão do risco inerente à sua atividade.

[N.T.] Na realidade, existem a polícia rodoviária federal e as polícias rodoviárias estaduais (ligadas às polícias militares de cada estado).

operações de força, e ambas costumam perseguir travestis. Não obstante, em Salvador, as travestis são unânimes em afirmar que os policiais militares são os mais violentos e os que mais praticam abusos, cometendo estupros ou coagindo-as ao ato sexual, achacando-as e mesmo assassinando-as.

Até o início dos anos 90, as travestis saíam à noite para as ruas sem saber se voltariam no dia seguinte. Elas podiam ter quase certeza, no entanto, de que seriam presas pela polícia militar ou pela DJC. Em qualquer um dos casos as prisões não estavam em absoluto dentro da legalidade: prostituição não é crime no código penal brasileiro, e sobre as travestis detidas não pesava nenhuma acusação (a não ser em algumas ocasiões, quando elas eram acusadas de crime de "vadiagem"). Travestis detidas pela polícia civil eram levadas ao xadrez, onde passavam uma noite – e às vezes duas ou três noites – até serem liberadas. Mas quando eram detidas pela polícia militar, e sobretudo quando eram recolhidas pelo camburão do batalhão de choque, passavam freqüentemente por sessões de tortura. Eram jogadas dentro da caminhonete, levando pontapés incontáveis e sendo esmurradas por seis ou oito policiais, que rodavam com elas dentro do carro, não para conduzi-las à delegacia, mas para a praia do Flamengo, um local então deserto, distante 45 minutos de Salvador. Durante o percurso, os policiais faziam brincadeiras sádicas com as travestis – a principal era obrigar que elas se beijassem na boca até o fim do trajeto. Outro divertimento consistia em mandar que uma travesti colocasse as costas da mão sobre a cabeça de outra travesti sentada ao lado. Um policial então brandia o cassetete com toda a força sobre a palma da mão da primeira. Se esta retirava a mão num reflexo, o cassetete atingia em cheio a cabeça da outra. Chegando à praia, os policiais desciam e formavam um corredor polonês. Então, faziam as travestis descerem do carro, uma a uma, passando no corredor em meio a chutes, socos e pauladas de cassetete.

Espancamentos desse tipo podem ter conseqüências graves para as travestis, pois quase sempre atingem partes do corpo onde houve aplicação de silicone. As pancadas fazem o silicone mudar de posição dentro do corpo. Assim, os quadris podem deslizar até as coxas; seios podem parar na altura do estômago; nádegas podem se espalhar para todos os lados. Os policiais têm plena consciência do problema – porque as travestis avisam-nos em alto e bom som, verdadeiramente aterrorizadas diante da perspectiva de ficarem deformadas –, mas não se perturbam. Ao contrário, saber que podem estar destruindo a vida das travestis parece aumentar o prazer que têm em espancá-las.

O *grand finale* desse espetáculo de horror e brutalidade consiste em ordenar às travestis que tirem as roupas e lutem entre si. A cena de um grupo de travestis nuas, estapeando-se, era iluminada pelos faróis do camburão e contemplada pelos policiais, que riam e debochavam delas. Então, a polícia finalmente ia embora, e as travestis eram deixadas no local, tentando encontrar o resto de suas roupas em completa escuridão, precisando ainda achar um meio de voltar à cidade. Se nenhuma delas, ao perceber a chegada da polícia, tivesse conseguido ser despachada o bastante para esconder no próprio ânus parte do dinheiro ganho com o trabalho da noite, a única solução era tentar pegar uma carona.

Por motivos que não são muito claros, a situação das travestis em Salvador melhorou consideravelmente nos últimos cinco anos. A extinção do esquadrão antivício (DJC) aliviou, evidentemente, um pouco a pressão sobre elas. Mas o próprio batalhão de choque deixou de levá-las presas e abandoná-las nuas e desancadas na praia do Flamengo. De qualquer maneira, se a violência organizada da polícia cessou, é difícil que transcorra um único dia sem que algum policial, individualmente, não tome para si a função de agredir travestis. Eu mesmo presenciei episódios em que policiais militares passavam furtivamente pela rua, em carros escuros, rugindo ameaças tenebrosas às travestis que faziam ponto na calçada. E fugi junto com outras, apavorado, quando uma dupla de policiais militares se aproximou de um grupo que batia papo em uma esquina e subitamente, sem motivo algum, desferiu um golpe de cassetete no estômago de uma delas.

As travestis continuam relativamente vulneráveis à brutalidade policial. No passado, a reação mais eficaz consistia em abrir um corte na veia do antebraço e borrifar o próprio sangue no policial. Elas têm a preocupação de manter uma gilete escondida em alguma parte do corpo, sempre. Algumas vezes a lâmina desliza entre o lábio superior e os dentes, ou então é cuidadosamente alojada na bochecha. Quando são presas sem gilete à mão, tentam usar qualquer coisa cortante que encontrem pela frente. Certa vez me contaram a história de uma travesti que teria quebrado a tampinha plástica do frasco de esmalte, utilizando o caco para escarificar o braço. O policial recuou ao vê-la empapada em sangue, e ela conseguiu escapar da delegacia antes de ser posta no xadrez. A automutilação (que as travestis chamam simplesmente de "se cortar") é uma prática que se originou antes da epidemia de Aids (Oliveira, 1994: 148-149; Mott & Assunção, 1987). Entretanto, desde que ficou claro que o HIV é transmitido pelo sangue, "se cortar" passou a ser um meio ainda mais eficiente de se livrar da polícia e da cadeia.

Com um certo afrouxamento da repressão policial em Salvador, os incidentes de automutilação diminuíram bastante. Se quase todas as travestis na faixa dos 30 anos ou mais possuem diversas cicatrizes (algumas profundas) nos braços, o mesmo não acontece com as jovens travestis, que jamais se cortaram. Para estas, a reação mais comum diante da violência policial é fugir. Em algumas ocasiões elas ameaçam procurar a imprensa e denunciar policiais que cometem agressões, abusos, roubos ou tentativas de estupro. Mas isso raramente surte algum efeito. Ao contrário, quase sempre provoca uma contra-ameaça do policial, que responde: "Faça isso, que da próxima vez que eu te encontrar na rua eu te mato".

A violência contra travestis continua tão comum e generalizada pelo país afora que recebe registro ocasional da imprensa, principalmente quando se descobre o cadáver de uma travesti assassinada, ou quando há uma onda de mortes em seqüência. A *Folha de S.Paulo*, por exemplo, publicou uma série de reportagens depois que 16 travestis foram executadas com um tiro na cabeça nos primeiros três meses de 1993.

Mais comum nos jornais brasileiros, porém, são matérias sobre crimes cometidos por travestis. Essas reportagens pintam sempre uma mesma imagem das travestis como pessoas pervertidas, armadas, viciadas em drogas, marginais que transmitem Aids e atraem homens inocentes, colocando-os em situações perigosas para então assaltá-los, enfim, como pessoas que perturbam a ordem pública, espalhando o caos. A matéria publicada no jornal *A Tarde* (o maior de Salvador) em 17 de agosto de 1995 pode ser vista como uma espécie de síntese de todos esses temas. O único detalhe dela ausente – mas que freqüentemente ilustra textos sobre travestis – é um tipo de caricatura mostrando figuras masculinas ridículas em trajes de mulher, brigando e puxando as perucas uns dos outros, ou intimidando, de faca em punho, seus amedrontados clientes.

> TRAVESTI ATACA RAPAZ A NAVALHADAS NA PITUBA
>
> Foram mais de 15 minutos de pânico total, com motoristas parando os seus carros para observar os lances da briga sanguinária promovida pelo travesti conhecido como "Karine", que freqüenta a Praça Nossa Senhora da Luz, na Pituba, para atrair fregueses. A vítima, que tentava escapar dos certeiros golpes de navalha, era Roberto Carlos da Conceição Santos, 26 anos, natural de São Gonçalo dos Campos.
>
> O fato aconteceu por volta das 22 horas de terça-feira. A Praça Nossa Senhora da Luz estava com intensa movimentação de travestis e prostitutas, que todas as noites e madrugadas infernizam aquela área nobre do bairro da Pituba, não respeitando nem mesmo a presença de soldados, que ficam de plantão num módulo da Polícia Militar. "Karine", uma mulata esguia com 1,80 m de altura, de sapatos altos, provavelmente drogada, fazia o *trottoir*, convidando homens para encontros amorosos. Por incrível que

> pareça, mesmo com a ameaça da Aids e uma série de outras doenças perigosas, os homens continuam freqüentando o local à procura de travestis.
>
> PERSEGUIÇÃO
>
> A insistência de "Karine" acabou atraindo Roberto Carlos, que já estava que no local há mais de uma hora, observando os travestis [!]. Eles se aproximam, segundo uma testemunha, e acontece um rápido diálogo. Em seguida os dois desaparecem por alguns minutos e, quando o movimento já estava mais calmo, "Karine" reaparece, correndo atrás de Roberto Carlos, armado com uma navalha. O rapaz tenta escapar, mas recebe um golpe profundo no ombro direito, cortando inclusive a camisa. O sangue flui rapidamente e as pessoas começam a gritar, atraindo a atenção de transeuntes e motoristas.
>
> Já sem os sapatos altos, "Karine" continua perseguindo Roberto Carlos e acerta um segundo golpe, desta vez nas costas. O rapaz foge para o meio da rua, com a camisa encharcada de sangue, e "Karine" vai no seu encalço. Um terceiro corte profundo é feito no braço direito de Roberto, agora já sem condições de continuar fugindo.

Alguns dias depois de publicada a matéria, encontrei Karine à noite, nas ruas, e gravei uma entrevista com ela a respeito do incidente. Sua versão do ocorrido era completamente diferente do que o jornal descrevera. "Olha", ela começou a me dizer enquanto outras travestis juntaram-se a nós para escutar, "É assim: eu estava lá no meu canto trabalhando, certo? Então ele veio e me pediu cinco reais. Eu disse que não tinha cinco reais. Aí ele falou 'Ah, não tem?', e foi embora". Esse homem, que Karine sabia ser um assaltante e já havia roubado outras travestis e prostitutas naquela área, retornou pouco tempo depois, acompanhado de um comparsa e carregando um pedaço de pau com pregos na ponta. Ele pediu dinheiro novamente. E dessa vez, sentindo-se ameaçada, Karine sacou da bolsa uma pequena lâmina e atacou o rapaz. "A gente tem que se defender, não é?" Ela estava chocada com a matéria d'*A Tarde*. "Eles mentiram. Não foi navalha. E ele não era cliente. Ele não veio atrás de mim querendo pagar para fazer sexo. Ele era um marginal de rua." Depois do incidente, Karine foi presa pela polícia, mas libertada depois de pagar uma pequena propina ("um acuezinho").

Não tendo presenciado o incidente descrito por Karine e pelo jornal, tudo o que posso fazer é especular sobre qual das duas versões tão divergentes estaria mais próxima da 'verdade'. Considerando tudo o que eu conheço a respeito de travestis, acho extremamente improvável que uma delas saísse perseguindo um cliente pela rua, no meio do trânsito, com o único propósito de esfaqueá-lo. Conforme descrevo no capítulo 4, travestis, realmente, costumam roubar seus clientes com certa freqüência. E dispõem de algumas técnicas bem elaboradas para isso – nenhuma das quais, entretanto, envolvendo perseguições pelas ruas da cidade e facadas. Também sei que não é nada raro haver homens pedindo dinheiro para travestis e prostitutas que trabalham naquela área freqüentada por Karine. Além disso, o jornal *A Tarde* é conhecido em Salvador por sua campanha constante e violenta contra os homossexuais.[17] A atitude francamente homofóbica do periódico é evidenciada, sem maiores esforços, no próprio tom em que foi escrita a matéria sobre Karine. Portanto, com base em todos esses elementos, suspeito que a versão de Karine seja muito mais confiável do que a reportagem – peça que parece ser mais um exemplo de texto jornalístico sobre travestis em que o interesse de promover e reforçar estereótipos pejorativos está acima da preocupação com a veracidade da informação.

A matéria sobre Karine saiu nas páginas policiais d'*A Tarde*. Páginas policiais constituem uma seção ou editoria em quase todos os jornais brasileiros. Colocando a coisa em termos um pouco grosseiros, se uma travesti que não é famosa como Roberta Close aparece no jornal, é certo que será nas páginas policiais, onde vai figurar ou como um perigoso marginal, ou como um cadáver (geralmente fotografado em poses abomináveis).

Uma diferença lingüística interessante aparece nessas duas formas de representar as travestis na imprensa (criminosa ou vítima de crime). Sempre que elas são acusadas de cometer violência, sua agência é claramente marcada nas manchetes. Por exemplo: "Travesti ataca rapaz a navalhadas na Pituba", ou "Repórter foi roubado por um travesti", ou ainda "Assassinado a faca no automóvel pelo travesti". Em claro contraste, as matérias que descrevem casos de violência contra travestis trazem manchetes em que não há agente. Alguns exemplos típicos: "Agosto começa com gosto de sangue: primeira vítima é travesti" e "Três são mortos em Ponta Negra". Os títulos das matérias sobre crimes contra travestis também costumam atribuir suas mortes a objetos ou instrumentos, mas não a pessoas. Assim, ao invés de escrever algo como "Homem atira em travesti", as manchetes trazem: "Florípedes, o travesti, assassinado a murro"; "Morte em Pigalle: brasileiro assassinado com tiros de fuzil de caça"; ou "Em São Paulo quinze travestis morrem com tiros na cabeça". Em suma, em textos que reportam violência cometida por travestis a responsabilidade é claramente atribuída, enunciada e trazida ao primeiro plano. Por outro lado, matérias em que travestis figuram como vítimas da violência quase sempre elidem a agência dos responsáveis pelos atos, ou a transferem para objetos (mais especificamente armas), de sorte que aqueles que perpetraram os crimes permanecem em segundo plano (Henley, Miller & Beazley, 1995).

Travestis em Salvador

A despeito da flutuação demográfica, o número de travestis vivendo em Salvador se mantém em uma faixa de cem a 250. A variação é sazonal. Travestis são pessoas com grande mobilidade: muitas, mal tendo completado 20 anos de idade, já trabalharam em três ou quatro cidades diferentes e geograficamente distantes. Salvador tem um apelo especial para as travestis, principalmente nos meses de verão. Nesse período a cidade abriga uma quantidade de festivais populares, culminando como o famoso Carnaval, que transforma o cenário urbano em uma grande festa durante sete dias ininterruptos. Com isso, travestis de todo o nordeste do país invadem Salvador, pensando em tirar máximo proveito desses dias de animação que, sem dúvida, deixam os homens em clima festivo, predispostos a gastar um bom dinheiro com prostitutas.

Porém, contrariando o senso comum e algumas análises acadêmicas – que sustentam a idéia de que travestis vivem basicamente para o Carnaval por ser este o único período do ano em que podem se mostrar publicamente e receber aprovação popular (DaMatta, 1984, 1991a; Kottak, 1990: 174; Parker, 1991: 146; Trevisan, 1986) –, em Salvador muitas travestis não participam ativamente do Carnaval. Algumas aproveitam a ocasião para vestir fantasias caseiras e minimalistas (um pouco de purpurina e umas poucas plumas) e se exibir na rua, de olho em possíveis clientes que freqüentam a praça Castro Alves. Há um consenso tácito em torno da idéia de que a praça se torna um espaço predominantemente *gay* durante os dias de Carnaval. Algumas freqüentam também os bailes *gay* que acontecem em discotecas e clubes. Outras chegam a participar dos concursos de beleza *gay*, realizados normalmente na segunda-feira de Carnaval no mesmo local da praça Castro Alves onde as travestis costumam se aglomerar. No entanto, elas evitam ao máximo se misturar à multidão que segue atrás dos trios elétricos, ou juntar-se à grande quantidade de gente que se acotovela nas calçadas para ver passar os grandes caminhões de som. Na verdade, muitas travestis até evitam sair às ruas durante o Carnaval, considerando que a exposição pública no meio do povo acaba aumentando os riscos de violência e agressão.

Um dos mitos brasileiros sobre o Carnaval – mito que é reiterado e perpetuado tanto em análises acadêmicas quanto no senso comum – afirma que a festa é uma espécie de inversão generalizada (um mundo de cabeça para baixo), quando tudo passa a valer, quando a confusão e ambigüidade viram objeto de celebração, e o desvio se torna regra (Parker, 1991; DaMatta, 1984, 1991a, 1997b; Sônia, 1989: 247-248). Ainda que essa representação possa capturar a experiência de um certo grupo de participantes do Carnaval – particularmente homens heterossexuais de classe média –, alguns pesquisadores (e penso aqui em Nancy Scheper-Hughes e Daniel Linger) vêm demonstrando, em trabalhos recentes, que as descrições esfuziantes do Carnaval, que tanto atraem os turistas e os intelectuais, não refletem adequadamente a experiência de uma grande parte dos brasileiros. Scheper-Hughes (1992: 495), por exemplo, fez pesquisa em uma cidade onde muitas mulheres de baixa renda (com quem a autora trabalhou) simplesmente ignoravam o Carnaval, considerando-o sem graça, tipo de entretenimento para homens e crianças. Linger (1992), por outro lado, dedicou vários capítulos do seu livro à descrição da violência que cerca rotineiramente as festividades do Carnaval, e acaba por afastar muitas pessoas das ruas e das celebrações.

No que diz respeito a travestis em Salvador, é possível afirmar que, durante o Carnaval, elas estão igualmente sujeitas a agressões, abuso e violência. Eu mesmo pude comprovar isso, de maneira indesejável, quando caminhava em direção à rua São Francisco com um grupo de travestis que haviam participado do concurso anual de beleza *gay* e usavam trajes sumaríssimos. Em certo momento passamos ao lado de um bloco de travestidos – homens que desfilam fantasiados de mulher. Talvez o encontro com travestis de verdade tenha dado uma nova dimensão à *performance* feminina daqueles homens. Talvez o encontro tenha sugerido a eles que suas figuras, lado a lado com as travestis, pudessem ser interpretadas pelo público não como paródia burlesca de feminilidade, mas como um desejo autêntico de ser mulher.[18] Fossem ou não esses os motivos, o fato é que o grupo de homens – todos usando vestidos –, ao perceber o grupo de travestis, começou a insultá-las aos berros, lançando mão dos mesmos xingamentos e ofensas que estas estão acostumadas a ouvir em qualquer época do ano.

Quando o Carnaval termina, o clima de festa que animou a cidade por tanto tempo vai se extinguindo, e as ruas entram em um longo período que as travestis consideram "uó" (ruim). Os clientes diminuem e o dinheiro escasseia. Nessa altura, muitas travestis deixam Salvador e migram para cidades ao sul, como Brasília e São Paulo, lugares considerados bons para trabalhar e ganhar dinheiro. Então a população de travestis em Salvador reflui ao tamanho normal, por volta de cem indivíduos, que continuam trabalhando e reclamando constantemente de que a rua "está morta" e dizendo que seria melhor tentar ganhar a vida em outro lugar.

Uma característica da população travesti de Salvador está no fato de ser composta, em grande parte, por pessoas provenientes de muitas outras cidades nordestinas. Os estados do Nordeste formam uma das regiões mais pobres do Brasil, e em geral os nordestinos são vistos pelos habitantes das cidades mais prósperas do sul de forma estereotipada, como uma gente atrasada, sem educação, inculta, rude. A Bahia tem seu próprio conjunto específico de associações e estereótipos, positivos ou negativos. Em sua faceta positiva, a Bahia representa o próprio paraíso tropical do país. O povo predominantemente negro seria um vínculo com uma África misteriosa, e a cidade é tida como berço destas criações que são como a quintessência brasileira: candomblé (religião afro-brasileira), capoeira (tipo de autodefesa, misto de dança e luta inventada por escravos) e Carnaval. Dentro desse universo de associações, os baianos são retratados como uma gente charmosa e sensual mesmo para os padrões brasileiros. Por outro lado, em sua faceta negativa, a Bahia é vista pelos sulistas como uma cidade pobre, atrasada, tradicionalista, terceiro-mundista, e seus habitantes como preguiçosos, fanfarrões, estrepitosos, dados a festas de modo exagerado e improdutivo.

Salvador é a capital do estado e a terceira cidade em população no Brasil. Conheceu uma expansão dramática entre 1970 e 1991, período em que o número de habitantes saltou de cerca de um milhão para mais que o dobro (CEI/Conder, 1994: 186). A grandeza da cidade parece funcionar como um imã, atraindo imigrantes do interior da Bahia e de muitas partes do Nordeste. Não é por acaso, portanto, que muitas travestis residentes em Salvador sejam migrantes de outras cidades nordestinas. No sobrado em que morei, por exemplo, havia cinco travestis vindas de Pernambuco, uma do Rio Grande do Norte, outras três originárias do Ceará, da Paraíba e do Maranhão (esta era Keila), e apenas quatro da Bahia. Elas informaram que, embora haja recentemente uma tendência ao aparecimento de mais travestis nativas da Bahia, a configuração demográfica da casa era bastante típica, e que no passado, aliás, a maioria das travestis de Salvador não era baiana, mas vinha de Pernambuco, mais particularmente da capital, Recife. Esta é tão grande quanto Salvador, mas todo mundo considera Salvador uma cidade mais tolerante que Recife. Conseqüentemente, como me disseram, as travestis oriundas de Recife que visitavam Salvador acabavam ficando. Primeiro porque o clima e a cultura das duas cidades é muito parecido, mas sobretudo porque em Salvador as travestis gozavam de uma liberdade muito maior do que em Recife, aparentemente mais conservadora.

Além de ser constituída por pessoas oriundas de diferentes estados (quase sempre do Nordeste), a população de travestis é jovem. É sempre difícil arrancar a idade verdadeira das travestis. Quando perguntadas, elas costumam descontar uns aninhos aqui e acolá (mesmo conversando entre si). Depois de completar 30 anos – que todas consideram ser idade de "velha" –, elas simplesmente param de dizer a idade. No entanto, é nítido para qualquer observador casual que a maioria das travestis da cidade é jovem, variando entre 17 e 26 anos, aproximadamente. Nessa idade, segundo o consenso geral, elas estão "no auge", no ponto mais alto da beleza. E consomem muitas horas do dia tentando ressaltar essa característica, mediante um conjunto de práticas corporais: apliques e extensão de cabelo, ingestão de hormônios e injeção de silicone nos quadris, coxas, joelhos e nádegas.

Uma das explicações para o fato de a população travesti ser jovem em média é que, em geral, elas não vivem muito. Se a expectativa média de vida dos brasileiros fica em torno de 65 anos (Veras & Alves, 1995), a das travestis não passa, provavelmente, dos 45, ou menos. Muitas delas, como disse, morrem de causas violentas, Aids ou outras doenças nunca diagnosticadas. Aquelas que atingem 40 ou 50 anos já não têm as mesmas condições de se manter com a prostituição: à medida que os clientes vão escasseando, precisam encontrar outras atividades e meios de vida. Nessa altura, algumas dão um passo decisivo engajando-se no tráfico de drogas: aos poucos podem conseguir expandir os contatos, estabelecer uma rede de compradores, e assim continuam mantendo uma vida minimamente confortável, mesmo depois de encerrar a profissão de rua. Outras, porém, afundam na depressão e na pobreza, não tendo mais como se sustentar a não ser fazendo pequenos serviços, lavando roupa ou cozinhando para outras travestis, que lhes pagam pequenas somas e deixam que elas fiquem com uma porção da comida. Há ainda aquelas que geram renda praticando alguns serviços especializados, como, por exemplo, aplicação de silicone. Em 1996, travestis com reputação de "bombadeiras" (isto é, especialistas em injetar silicone) podiam ganhar mais de 150 reais por litro de silicone injetado (ver capítulo 2). Por fim, a opção mais desejada pelas velhas travestis: ter conseguido juntar dinheiro suficiente para comprar uma casa e, quiçá, uma pequena venda ou barraca. Se puder comprar uma casa razoavelmente espaçosa, ela pode dividi-la em quartos menores, alugando-os às travestis mais jovens, ou cobrando dos clientes por sua utilização para finalidades sexuais. Quando uma travesti consegue adquirir a casa própria estando ainda "no auge" (e conquistar esse objetivo é o principal motivo que as leva atualmente a viajar para a Itália, conforme mostro no capítulo 4), ela pode esperar um futuro tranqüilo e uma fonte de renda segura para a vida toda.

As travestis que moram na região da rua São Francisco estão plenamente integradas na comunidade local, e mantêm uma ampla gama de relacionamentos com homens, mulheres e crianças com quem dividem o espaço. Tendo vivido ali (por períodos mais curtos ou mais longos), as travestis passam a conhecer e a serem conhecidas pelas pessoas, que as cumprimentam na rua, fazem brincadeiras, mexem com elas, param para conversar, flertam. As travestis são uma presença contínua na rua. A qualquer hora do dia ou da noite, lá estão elas, sentadas ou encostadas na frente da porta de casa, atentas a um possível cliente, conversando em voz alta sobre a vida, as experiências, tecendo comentários sobre a beleza ou feiúra de algumas mulheres e sobre o tamanho (conhecido ou presumido) do pênis de todos os homens que passam. Os gritos de "bicha", "mona" e "viado" – vocativos significando homossexual ou *gay* –, assim como todos os termos que as travestis costumam usar (normalmente) de forma não pejorativa para falar entre si, ecoam na rua o dia inteiro. Durante o dia, as travestis podem realizar algumas práticas de cuidado e higiene pessoal a céu aberto, à vista de quem estiver passando ou por perto. Algumas sentam-se na calçada em frente ao portão, aplicando rolinhos no cabelo (*mise-en-plis*), enquanto observam um cliente em potencial. Nas tardes ensolaradas, quase sempre se vê um grupo de três ou quatro travestis sentadas lado a lado, os traseiros pressionando o concreto morno das fachadas dos sobrados, com um espelhinho de maquiagem à mão – um olho no espelho, o outro vasculhando em busca de clientes –, rindo e papeando entre si e com os passantes, enquanto retiram pelinhos do buço e do queixo com uma pinça.

As travestis da rua São Francisco sempre fazem companhia umas às outras. Elas podem dividir um quarto alugado em um dos sobrados, passam o dia todo entrando e saindo e fazendo visita aos quartos das amigas para ver novela, pegar emprestado algum par de sapatos, pedir ajuda a respeito de hormônios ou aplicação de silicone, fumar um baseado ou fofocar sobre homem. À noite, tomam juntas o ônibus que leva a uma das avenidas onde fazem ponto, e auxiliam-se na hora de assaltar um cliente. Pedem conselhos mútuos sobre roupas que querem usar à noite, sobre qual o melhor produto para alisar o cabelo, qual loja de departamentos aceita vender televisão a crédito, quais hormônios são mais eficientes, quantos litros de silicone precisam injetar para ficar com o bumbum bonito, que medicamentos devem tomar para ganhar peso e solucionar moléstias.

Apesar de toda interação, cooperação, aconselhamento e aparente boa convivência, os laços entre as travestis são, de fato, extremamente frágeis e marcados por um alto grau de suspeita e desconfiança. "Tudo é falsidade", elas me alertavam repetidas vezes, quando no início da pesquisa eu comentava, não sem certa ingenuidade, sobre o fato de todas se darem tão bem. Depois de dois meses de convivência, algumas pessoas me puxavam de lado e confidenciavam categoricamente: "Aqui ninguém gosta de mim". Nas primeiras vezes tomei isso como simples paranóia, ainda mais porque uma das travestis que sempre vinha me dar esse tipo de informação era justamente Banana, que vivia obcecada em se proteger contra o olho grande, convencida de que este a espreitava em cada esquina. Mas quando eu fui embora de Salvador, quase um ano depois, várias travestis já tinham me confidenciado, em pelo menos uma ocasião: "Ninguém aqui gosta de mim".

Pude perceber, então, que dentro de uma interação social aparentemente afetuosa e alegre, havia espaço também para a intriga maldosa, traições e furtos: as travestis costumavam, por exemplo, seduzir os namorados uma das outras e subtrair dinheiro, pertences e objetos. Uma vez Keila narrou um episódio de traição arquetípico, e eu ouvi essa mesma história repetida muitas vezes por travestis diferentes. O relato tem sempre a mesma estrutura. O que varia nas diferentes versões são apenas os nomes, a motivação e a forma da traição.

A versão que me foi narrada por Keila envolvia uma jovem travesti que havia chegado a Salvador com sintomas de hepatite em estágio avançado, além de um caso grave de verruga genital no ânus. Constrangida, ela não comentou com ninguém sobre as verrugas. Mas quando as tumorações chegaram a tal ponto que ela mal conseguia defecar, procurou a ajuda de uma outra travesti, que acabou levando-a até Keila. "Ela chegou no meu quarto dizendo que tinha 'um babado no edi' (isto é, um problema qualquer no ânus)", contou Keila. "Eu pedi que ela me mostrasse. Ela disse que não. Eu insisti, disse para mostrar. Ela disse não. Então eu falei: mas que estupidez é essa, viado? Você está doente, me deixa ver para que possa tentar encontrar alguém que saiba e te diga o que fazer." Finalmente a jovem superou a vergonha, concordou em tirar a roupa e ser examinada. O mau cheiro que exalou do ânus da travesti quase fez Keila desmaiar. Horrorizada pela visão das verrugas, ela perguntou à mais jovem quando haviam começado a aparecer. "Há mais de um mês" foi a resposta. Keila, então, indicou um local onde ela poderia obter o medicamento adequado, o que foi feito. Como não podia trabalhar durante o período de tratamento e convalescença, a jovem travesti dormia no chão do quarto das outras, comendo com elas sob o compromisso de que assim que estivesse em condições de voltar à rua, pagaria as dívidas. Enfim, depois de algumas semanas ela ficou boa. E o que fez então? "Roubou a bicha com quem morava e sumiu da cidade", contou Keila, revoltada.

Casos de velhacaria como esse, e as narrativas sobre eles, são muito freqüentes no universo das travestis. Mas elas podem não só trair e roubar umas às outras como podem, também, agir com violência. Uma travesti recém-chegada a Salvador, ou a qualquer outra cidade, às vezes precisa enfrentar uma oposição dura das travestis locais, que não costumam apreciar a concorrência de estranhas, principalmente se a novata for bonita. Se esta não for capaz de se defender sozinha, ou de encontrar aliadas entre as locais, pode ficar em apuros, à mercê de agressivas intimidações, sendo muitas vezes forçada a sair da cidade ou a trabalhar em lugares e ruas impróprios. Não se exclui a chance de acontecer coisa pior. Há alguns anos, foi moda, felizmente durante um curto período, jogar ácido sulfúrico no rosto das travestis desafetas. Em Salvador, foram muito poucas as travestis que tentaram fazer esse tipo de coisa, mas em outras cidades o problema as aterrorizou por algum tempo. Em Belo Horizonte (MG), por exemplo, uma travesti conhecida pelo apelido Monstro do Ácido conseguiu desfigurar pelo menos 13 travestis com ácido sulfúrico, até ser finalmente capturada pela polícia em agosto de 1994 (*Diário da Tarde*, 13 out. 1994).

Certamente que em alguns casos particulares algumas travestis conseguem estabelecer laços de amizade sólidos e duradouros com outras. Mas em geral elas me diziam não ter amigas de verdade, e que desconfiavam de todas as travestis indiscriminadamente – e a afirmação era acompanhada no mais das vezes por uma lista detalhada de travestis de quem elas se julgavam amigas, mas que cometeram traição: espalhando fofocas maledicentes, roubando seu namorado, não demonstrando a menor preocupação com suas eventuais doenças e problemas de saúde, furtando seu dinheiro ou negando um empréstimo.

As travestis se valem de diversas palavras para descrever o tipo de relação que se estabelece entre elas. As mais recorrentes são "recalcada", "invejosa" e "despeitada". Essas palavras podem ser usadas de maneira jocosa, em meio a conversas descontraídas, mas também de maneira absolutamente grave em comentários privados que fazem sobre o comportamento das outras. Escutando esses termos inúmeras vezes, fui percebendo que as preocupações obsessivas de Banana – de que outras travestis estavam botando olho grande nela, tentando se apropriar de seus clientes, sua boa aparência e seus bens materiais etc. – podiam ser até exageradas, mas não eram incomuns. Ao contrário, no final da pesquisa, depois de longo período em Salvador, às vezes me parecia que as travestis consideravam as outras como suas piores inimigas. As travestis vivem e trabalham juntas, mas muitas se vêem em competição constante com as outras. O objeto dessa competição são recursos escassos e valiosos: namorados, clientes, beleza, feminilidade, dinheiro. Coisas que as travestis obtêm a custo de muito trabalho árduo, e que parecem estar sempre prontas a escapar de suas mãos, perdidas para outras travestis mais beligerantes e belas.

Talvez essa grande desconfiança mútua – e as práticas que a reforçam e perpetuam: fofoca, violência, roubo, traição, sedução propositada do parceiro do outro etc. – resulte do fato de que travestis vivem em um mundo violento, que não lhes oferece nada e lhes ensina que, se pretendem sobreviver e prosperar, terão que agarrar cada oportunidade, mesmo que isso implique trair outras pessoas que nelas confiaram e as ajudaram. Talvez essas práticas sejam produto do fato de que travestis são tão discriminadas e desprezadas pelas pessoas que acabam internalizando esses sentimentos e reproduzindo-os contra si mesmas. Uma delas me sugeriu isso, ao afirmar com firmeza: "Os próprios travestis são preconceituosos. Eles mesmos não gostam de outros travestis".[19] Ou, então, talvez toda essa desconfiança seja mais uma manifestação do que Roberto DaMatta descreveu como uma "desconfiança básica a respeito do mundo", que caracterizaria a atitude dos brasileiros diante de si mesmos (DaMatta, 1991a: 163; e também McCallum, 1996: 218-219; Sarti, 1995).

No entanto, embora se possa explicar muito da fragilidade detectada nas relações sociais das travestis em termos de padrões socioeconômicos mais abrangentes de desigualdade e pela propensão cultural generalizada a manter cautela em relação ao outro, uma razão última para o fato de que as travestis passam boa parte da vida suspeitando de suas colegas e se sentindo odiadas por elas talvez resida na própria natureza do projeto travesti. Talvez as travestis não dediquem muito tempo à tentativa de construir relações duradouras entre si porque a cultura travesti é, em larga medida, uma cultura individualista e jovem, produzida por indivíduos que são jovens ou que desejam permanecer jovens. Uma cultura constituída, posta em prática e perpetuada por indivíduos cuja maior preocupação não é com sua vida social, mas com sua aparência. Uma cultura na qual a beleza feérica importa mais do que uma esplêndida habilidade social; na qual o número de namorados, clientes e conquistas sexuais na forma de "vícios" é muito mais valorizado que o número de amigos. Uma cultura baseada na atração, no *sex appeal* e na feminilidade. E talvez, o que é mais importante, uma cultura na qual todas essas qualidades são conquistas práticas: produto de um esforço consciente e de intensa manipulação física, que muitas vezes têm início na tenra juventude e permanecem durante toda a vida de uma travesti.

2

Virando Travesti

Tá vendo a dor da beleza?

Xuxa, para mim, enquanto eu observava
uma travesti injetar silicone industrial no corpo

A cena: o quarto de Tânia – um cubículo sem janela, de 3 x 4 metros, decorado com uma combinação eclética de fotografias pornográficas recortadas de revistas masculinas homo e heterossexuais e cartões mostrando desenhos de elefantinhos azuis e cor-de-rosa divertindo-se em balanços infantis e mergulhando nas águas de uma praia. A única fonte de iluminação é uma lâmpada elétrica suspensa do teto diretamente por um fio. Encostada na parede, ocupando quase todo o espaço do quarto, há uma cama tamanho viúva, com pés em coluna, onde Tânia dorme e trabalha. Espichada na cama, de bruços, fumando um cigarro, inteiramente nua não fosse a meia-calça enrolada na cintura, está Tina, uma travesti de 27 anos.

No momento, Tina tem quatro agulhas cravadas na nádega esquerda. Há duas horas e meia ela está sendo "bombada", isto é, recebendo injeções de silicone aplicadas por uma outra travesti vinda de Recife. Agora, quase 2h30 da madrugada, as partes interna e externa das coxas de Tina, o quadril e a nádega direita estão prontos. Os furos deixados pelas agulhas rombudas vão sendo preenchidos com gotas de cola Super Bonder e cobertos com pequenas bolas de algodão. O frasco contendo um litro de silicone, que Tina trouxera para a operação, está quase vazio. Keila está sentada em uma cadeira ao lado da cama, enchendo as seringas com o que resta do silicone e entregando-as a Carlinhos, a "bombadeira". Carlinhos recebe a seringa de Keila, verifica uma vez mais se não tem ar dentro dela e a encaixa numa das agulhas fincadas em Tina. Transpirando um pouco de calor e de cansaço pelas últimas horas de esforço físico, pressiona o êmbolo da seringa com as duas mãos, e com toda a força, para que o material plástico espesso desça pela agulha e penetre profundamente no corpo de Tina. Enquanto a seringa esvazia e Carlinhos estende a mão para alcançar outra, Keila pergunta a Tina como está a situação:

Keila: *Tá doendo muito nesse lado não, né?*

Tina: *Não.*

Keila: *É porque ela botou dois.*

Tina: *Mas o outro, minha filha, ave, Maria! Da outra vez que eu for bombar, eu vou comprar mais né/pra botar mais, né?*

Keila: *Não, bicha. Dois frascos é suficiente.*

Tina: *Quê?*

Keila: *Os dois frascos é suficiente.*

Tina: *Os dois frascos?*

Keila: *É. Os dois frascos de xilocaína que você comprou. Você não pode botar anestesia demais, que endurece muito a carne. Muito mesmo.*

Tina: *É depois/depois é capaz de dar problema, né?*

Keila: *É porque a carne fica dura e... É, e dá problema.*

Keila: *Tem gente que não tem/*

Tina: *Aí doeu um pouquinho só.*

Keila: *É porque já/*

Tina: *Falta quantas seringas?*

Keila: *Umas três.*

Tina: *Uma, né?*

Keila: *Acho que umas três.*

Tina: *Ai, mulher, um pouquinho só. Dá três ainda? Ave, Maria. É porque é grosso, né?*

Keila: *Um pouquinho/um pouquinho dá para encher essa seringa. Quer ver como ainda vai ficar duas?*

Tina: *É babado, viu? Ser mulher. É tanta coisa. É güentar um pouquinho de dor.*

Esse litro de silicone que Tina injetou nos quadris, coxas e bumbum não foi o primeiro. Ela não deitou na cama de Tânia naquela noite com o "corpo virgem", como dizem as travestis. Antes ela havia aplicado dois litros e meio de silicone nas partes inferiores do corpo. E, alguns dias depois, quando a reencontrei na rua em frente ao seu quarto, rebolando orgulhosamente seu bumbum novo ao som da batida de um pagode que vinha de um rádio na vizinhança, ela me disse que pretendia aplicar outros dois litros tão logo tivesse dinheiro.

A aplicação de silicone industrial é uma das últimas etapas no processo de transformação de um indivíduo em travesti. A etapa mais radical e irreversível. Embora algumas opiniões sustentem que é possível extrair, ao menos em parte, o silicone injetado – a travesti Fernanda Farias de Albuquerque escreve, por exemplo, que o material pode ser removido se um cirurgião utilizar "instrumentos muito sofisticados, tem que abrir, delicadamente, músculo por músculo, para separar o silicone da carne" (Albuquerque & Janelli, 1995: 150) – e embora as próprias travestis utilizem um método chamado drenagem, que consiste basicamente em incisões no corpo e na aplicação de uma gaze no local, de maneira que o silicone vá aos poucos sendo expelido junto com o sangue, o fato é que o silicone industrial injetado no corpo mistura-se aos tecidos internos, fazendo com que seja quase impossível removê-lo. Assim, quando uma travesti toma a decisão de se submeter a "uma aplicação de silicone", ela está dando um passo cujas conseqüências terão efeito pelo resto da vida.

As experiências e concepções que levam uma travesti a tomar tal decisão ocorrem e são formadas ainda na infância. As travestis recordam-se da infância como um período marcado por jogos eróticos com outros meninos e atração sexual pelo sexo masculino, culminando sempre em uma série de experiências sexuais nas quais a futura travesti é penetrada por um menino mais velho ou por um homem adulto. Depois da primeira relação anal, os meninos que se transformarão em travesti começam a se vestir como mulher, cada vez mais explicitamente, e dão início a diferentes modificações corporais no sentido de se tornarem mais femininos.

À medida que tais modificações vão se tornando mais aparentes, os meninos quase sempre são expulsos de casa ou a abandonam por livre iniciativa. Longe da família, eles estarão livres para explorar plenamente aquilo que sentem como sua natureza feminina. Acabam travando conhecimento com travestis mais velhas e experientes, e às vezes com amantes e clientes, pessoas que os irão aconselhar e ajudar na tarefa de se aperfeiçoar e de se completar como um ser feminino. Esses meninos e adolescentes, então, passam a ingerir grandes quantidades de hormônio feminino e a usar roupas e acessórios de mulher permanentemente. Até o ponto de se verem na posição de Tina – deitada em uma cama, pronta para ser "bombada" –, eles já terão vivido alguns anos como travesti e economizado o dinheiro necessário para adquirir definitivamente as características físicas que supõem definir a essência da feminilidade: características almejadas para torná-los atraentes aos olhos dos homens, e das quais dependem para se sentirem uma "mulher completa".

Antigas Lembranças

> *Eu era a vaca. Genir, o touro, Ivanildo, o bezerro. Short e camiseta despidos com pressa dentro do mato. Longe de todos, era o segredo. Genir mugia e me perseguia. Uma brincadeira de empurrões, pegação e respirações ofegantes. Ele montava a vaca, endemoninhado em cima de mim. Mexia, feito filhote de bicho trepado na perna do dono. Pinto de menino e esfregação. Ivanildo, o bezerro, priminho desajeitado, enfiava o focinho naquele inferno. Umedecia e chupava abaixo da minha barriga. Oh, Ivanildo, procura a teta! A minha pequena teta. Engolida, mutilada. Cócegas e um arrepio de alegria. Com Genir melado e sem fôlego, o jogo tinha acabado. E eu, acabado. Mas Ivanildo recomeçava: Ei, tem a ovelha e o carneiro, o gato e gata. Um domingo, tio João surgiu do nada e nos descobriu. Nos deu uma surra, depois contou tudo para Cícera [a mãe do narrador].*

A descrição desse jogo erótico entre meninos pré-púberes aparece logo na segunda página da autobiografia de Fernanda Farias de Albuquerque (*A Princesa*, Albuquerque & Janelli, 1995). O trecho é precedido por uma curta *mise-en-scène* em que o narrador nos informa sobre seu histórico familiar: era o caçula de quatro irmãos muito mais velhos; os irmãos se casaram e deixaram de residir na casa materna quando ela tinha por volta de seis anos; Fernanda (na ocasião, Fernando) cresceu solitária, tendo em casa unicamente a companhia da mãe, que era viúva. Após esse breve intróito, segue-se o trecho que transcrevi, em que é dada ao leitor a primeira indicação sobre a identidade do narrador, que sabemos pelo subtítulo do livro tratar-se de uma travesti. Essa identidade – é possível inferi-la desde a página 2 – está intimamente associada à atração sexual por homens. Cinco páginas depois, as relações homoeróticas fazem outra aparição. O pequeno Fernando, então aos 7 anos, está escondido na rua, perto de casa, chamando furtivamente todos os homens que passam. Ele deseja que os homens lhe mostrem o pênis. Muitos desconhecidos vão passando, incapazes de perceber de onde vem o chamado. Até que Fernando vê Seu Arlindo aparecer a uma certa distância. Era um morador da vizinhança bem conhecido do menino. Quando Seu Arlindo se aproxima, caminhando pela rua em sua direção, Fernando chama:

> *Seu Arlindo, deixa eu ver seu caralho! Mas quem é esse diabo que está falando?! Onde você se esconde, endiabrado? Veio vindo, procurando na minha direção. Tomei coragem e, de lenço na cabeça, me levantei no capim alto. Sou eu, Fernandinho! O que você quer, menino? Arlindo, deixa eu ver o teu pau! Se tua mãe te ouve, ela te mata! Cícera não está em casa, viajou para o parto de Adelaide. Se você me mostrar, te preparo uma galinha e te dou licor.*

Vista à luz de autobiografias de transgêneros norte-americanos e europeus, essa passagem é realmente notável. Nenhum relato de memórias sobre transgenderismo nos Estados Unidos ou na Europa faz menção a desejos homoeróticos despertados na infância como força motivadora ou constitutiva da autopercepção como transgênero. Muito pelo contrário. A idéia de que a atração sexual por homens está na base da mudança de sexo é constante e explicitamente negada. Tais relatos nos lembram a todo instante que transexualismo é uma questão de gênero, e não de sexualidade.[20]

O que é particularmente significativo nas memórias de Albuquerque (e, acredito, uma característica brasileira) é o fato de trazerem o sexo para o centro da cena. Relembrando as brincadeiras no mato e os truques para fazer com que homens adultos lhe mostrassem o pênis, Albuquerque deixa muito claro que o interesse homossexual não era uma dimensão periférica ou subsidiária de sua autopercepção como travesti, e sim uma dimensão central e primordial. Sua narrativa, de fato, prossegue em meio a breves episódios em que a identificação com papéis femininos é sempre ressaltada. Ela nos conta, por exemplo, que quando a mãe, explicando-lhe os fatos da reprodução, disse que os bebês chegam em um avião enviado por Deus, a primeira coisa que fez foi deitar-se na cama fingindo ser uma mulher grávida à espera do suposto avião. Quando uma vizinha, também viúva, lhe contava histórias de príncipes e princesas, Fernando se recusava a fazer o papel dos primeiros nas brincadeiras: ele não queria ser o príncipe, dizia à vizinha, queria casar com o príncipe. Albuquerque também menciona o fato de ter sido desde muito cedo identificado como "o viadinho", e de ter sido objeto de investidas jocosas e provocantes por parte dos colegas de infância, inclusive meninos que brincavam com ele/ela (o gênero gramatical torna-se problemático aqui) no mato. Porém, o mais significativo é que todas essas lembranças de se sentir como mulher estão associadas a – e, na verdade, são precedidas por – um interesse sexual por homens.

Foi isso exatamente que eu pude perceber quando pedi às travestis de Salvador que contassem suas lembranças de infância. Nenhuma deixou de observar que a atração homoerótica foi o aspecto mais importante no processo de autodescoberta e constituição como travestis. Ao contrário: embora eu obtivesse quase sempre a mesma resposta ("Eu gostava de brincar de boneca"), repetida como um mantra, quando lhes fazia a pergunta "Quando você descobriu que era diferente dos outros garotos?", elas de imediato mencionavam a atração por homens e sua vontade íntima de parecer atraentes para eles.

Carlinhos, por exemplo, travesti de 41 anos que estava "bombando" Tina como descrevi no começo deste capítulo, forneceu as seguintes informações durante uma entrevista:

> Carlinhos: *Mas eu sempre tive essa tendência de fazer essas artes femininas. Tudo meu eu era feminino. Eu nunca achava uma mulher bonita. Eu só achava os homens. Passava horas sentada no muro lá de casa olhando os homens passando. Aqueles* boys*: "Oi, Carlinhos", faziam questão de falar comigo: "Oi". [risos]*
>
> Carlinhos: *Assim bem pintosa, né?*
>
> Keila: *Lógico.*
>
> Carlinhos: *Sem aquela mentalidade que a gente tem hoje, né não? Mamãe me botava pra dentro: "Menino, vem pra dentro!", entendeu? Se eu ia pra rua, tinha algum comício, eu não ia pro comício, porque era só "Viado, viado, viado", "bota água no fogo",*[21] *"pega a bicha". E eu assim, ó [Carlinhos mexe os ombros de maneira provocante, como se fosse uma mulher exageradamente* vamp*].*
>
> Don: *Quando era criança?*
>
> Carlinhos: *Quando era criança. Eu sentei pra mostrar que era mulher, eu remexia mais que as mulheres. Eu tinha que fazer aquele remelexo mais que as mulheres. E eles: "É, é, é, é". [Don e Keila estão rindo.] Essas coisas que passavam na minha mente. E hoje quando eu deito que eu vou pensar, né não?*

Note-se o modo como Carlinhos define sua "tendência de fazer artes femininas" em direta relação com o fato de não se sentir atraído por mulheres, apenas por homens. A resposta de Banana, 35 anos, foi semelhante. Perguntei-lhe quando se sentira pela primeira vez diferente dos outros meninos. Ela disse: "Aos 8, 9, 10 anos, mais ou menos. Eu sentia atração – atração forte – pelos homens". E Cíntia, 19 anos, outra vez nos dá uma resposta bastante característica:

> Keila: *Quando foi que você percebeu que não era menino? Que não gostava das coisas... de menino... gostava sempre das coisa de mulher?*
>
> Cíntia: *Ah, desde os..., de criança mesmo/desde os 7 anos.*
>
> Keila: *Quantos anos? Sete anos?*
>
> Cíntia: *Desde os sete. Já gostava de coisas de menina. Brincava de boneca, brincava de... coisinhas de menina, só brincava com menina... Não brincava com, meni/só brincava com esse dois menino... durante a tarde. Que de manhã eu estudava. De tarde eu brincava com eles... Aí pronto, era um roça-roça, um esfrega-esfrega, era um beija-beija na boca [risos]. Pronto.*

As brincadeiras eróticas descritas por Cíntia acabam resultando em atividade sexual propriamente dita, à medida que a pessoa ganha mais idade. Quando perguntei a Elisabeth, travesti de 29 anos, sobre suas primeiras lembranças e o sentimento de não ser como os outros meninos, ela respondeu:

> Elisabeth: *Ah, eu era de criança... de criança mesmo, de pequeno mesmo, que eu gostava de ir com os meninos, né? Né? Ir brincar com os meninos.*
>
> Don: *Mas brincar como?*
>
> Elisabeth: *Ah, brincar, pode falar? [risos] Ah, gostava, gostava de fazer sexo com os meninos, né, brincar de trocar com os meninos, de/entendeu?*
>
> Don: *É?*
>
> Elisabeth: *É, eu adorava, era meu* hobbie *preferido [risos]. Era brincar de me esconder com os meninos, dentro dos matos, das bananeiras, né?*

Na mesma entrevista, minutos depois, mencionando esses mesmos parceiros de jogos eróticos, Elisabeth acrescentou:

Elisabeth: ... *aí eu dava pra eles, adorava dar.*

Don: *Dar mesmo?*

Elisabeth: *Claro, dar, é, dava mesmo, assim, era uma pessoa muito dada [risos].*

Quando perguntei a Mabel sobre esse mesmo tema, ela contou que "tinha um jeito" [afeminado]. "Eu brincava de boneca", continuou, "Eu costumava fingir que era a mãe e que o garoto era o pai". Mabel também se recordava de ouvir seu pai comentar com a mãe: "Olha, Mara, o Cecéu [isto é, Mabel], ele é meio assim, eu acho que ele vai desmunhecar com o tempo e vai ser bicha". Depois desse preâmbulo, Mabel contou a história de seu envolvimento com um menino que morava ao lado de sua casa.

> *A gente tinha uma amizade, a gente ia pro colégio junto, a gente andava junto, a gente fazia tudo junto, a gente jogava sinuca junto, a gente ia à praia junto, a gente ia a cinema junto, tudo isso, mas nada, mas sempre ele me cantando. Ele sabia que ia ser bicha, que queria ser dono de mim, tá entendendo? E amizade profunda, mas um certo tempo, eu não agüentei mais. Já me deu vontade deu sentir um homem em cima de mim, eu ver como era um gozo, tá entendendo? Um orgasmo... Então eu me dirigi a ele, disse: "Ai, Paulo, hoje eu tô quereno". Aí ele fez: "Que ótimo, Mabel", bem assim, falou: "Que ótimo".*

Mabel disse a Paulo que os dois não poderiam ir à casa dela porque sua família estava lá. Paulo respondeu que tinha o mesmo problema. Então Mabel sugeriu que fossem até o rio.

> *A gente chegou lá, ele pegou, ele pegou – eu nunca tinha sido beijado – eu, ele que pegou me abraçou, ele era entendido e eu não sabia, né? Ele me beijou na minha boca, ele me acariciou, tá entendendo? Então ele me acariciou, ele me abraçou, me beijou. O pauzinho dele durinho, a neca. Aí eu peguei, fazer umaaaaa [estica o som] ó, como é que chama, um, deixa eu falar, é: um boquete. Fiz o boquete nele, ele foi gostando, o boquete, aí eu virei pra ele, tá entendendo? Aí eu fiz sexo com ele. Ele não fudeu a primeira vez, eu não consegui agüentar. Ele colocou um pouco, depois eu fiquei sentindo dores, depois foi que aos pouco, aí depois delatei pra ele todo. Aí fiquei mais três anos de caso com ele.*[22]

Mabel tinha 11 anos quando isso aconteceu. Seu "marido", Paulo, tinha 13. A história desse primeiro encontro amoroso evoca um tipo de experiência compartilhada por quase todas as travestis. Sempre que olham para trás, para a infância, buscando os indícios que podem tê-las feito virar travesti, o que aparece mais nitidamente e de maneira mais elaborada é o tema da atração por homens e do prazer proporcionado pelas brincadeiras sexuais com seus jovens parceiros. Em outras palavras, elas focalizam explicitamente o desejo homossexual como força motriz de sua auto-realização como travesti. O desejo homossexual, aflorado desde muito cedo na infância, está ligado a papéis femininos ou afeminados (brincar de boneca, atuar como mãe nas brincadeiras de casinha, ter o "pulso fraco", "desmunhecar"). A combinação destes dois aspectos – desejo homossexual e comportamento afeminado – é o que leva as travestis aos seus primeiros encontros amorosos. Encontros nos quais elas invariavelmente assumem o papel passivo, ou seja, daquele que é penetrado na relação sexual.

O homem que penetra pela primeira vez uma travesti pode ser, como nos casos de Mabel e Elisabeth (que diz praticar esse seu *hobby* predileto desde os 7 anos), um companheiro de brincadeiras, um amigo ou um conhecido pouco mais velho. Freqüentemente, no entanto, a pessoa que pela primeira vez tem uma relação de penetração anal com as travestis é um homem adulto ou, como elas dizem, "um homem mesmo". Em suas memórias, Fernanda Farias de Albuquerque relembra o primeiro homem que tentou penetrá-la. Ela tinha 7 anos. Esse homem foi Seu Arlindo, aquele mesmo vizinho que aceitara o convite de Fernanda de lhe mostrar o pênis em troca de um prato de galinha e um copo de licor. Seu Arlindo tinha 30 anos de idade. Ele não foi bem-sucedido na primeira tentativa de penetrar o pequeno Fernando. Com o menino "imobilizado na cama de casal (...) entre os joelhos dele (...), menor do que um passarinho", Seu Arlindo, que "teve um pouco de massa cinzenta [na cabeça...] não forçou a passagem" (Albuquerque & Janelli, 1995: 31-32). Porém, alguns meses depois, Fernando (então com seus 8 anos) seguiu o jovem Paulo, 16 anos, a caminho do rio.

> *Aproximou-se, eu sabia o que estava para acontecer. Não fugi. Consegui falar com um fio de voz, uma vozinha: me deixe, não quero! Para mim era ainda um jogo, eu a vaca. Ele fez com força e me penetrou. Era a primeira vez. Barriga e cabeça contorceram-se num suplício. Ele endiabrou com minha dor. Rapidamente vi a água tingir-se de vermelho. Embranqueci de medo. Vomitei e chorei de dor, de remorso. "Se você fizer as coisas do diabo, vai para a prisão*

e para o inferno!" [dizia sempre a mãe de Fernando]. A febre subiu de repente, tomou conta de mim. Tremia de medo, de vergonha. O que você fez comigo? Paulo também empalideceu. Mas você queria!, disse. Era verdade, eu queria. Doía mas eu queria. Simples e inaceitável, esta é a minha lembrança. Foi assim que aconteceu.

Confrontem-se essas recordações com o relato de Keila sobre sua primeira vez.

Já tinha uns 11 anos e meio, quase completando 12. Todos os dias ia comprar leite pra minha mãe cedinho, e eu passava numa rua, que tinha um rapaz, que ele era jogador de futebol. Na minha cidade tinha um time de futebol muito bom. Chamava-se Atlético, e ele jogava. Era Silva, o nome dele, José Silva. Ele era um atleta de 26 anos. Tinha um corpo bem forte, as pernas bem torneada e ele era funcionário público, trabalhava nos Correios.

Mas eu o via como um homem bonito. Não tinha atração nenhuma porque ele era um homem. Eu jamais pensei que ele ia dar alguma ousadia a mim, embora sabesse que eu era viadinho, que eu era bicha, qualquer coisa. E tinha uma curiosidade porque na cidade todas as pessoas sabiam e comentava que o pai dele, desse cidadão, tinha possibilidade de amarrar uma garrafa de cerveja no pênis e levantar a garrafa de cerveja cheia de cerveja. Isso era o comentário em toda a cidade. Se as pessoas comentavam, algum fundo de verdade tinha. E eu não sei por que razão eu tinha uma curiosidade nesse tal desse homem porque eu pensei que, se o pai dele faz isso, ele é filho, deve ter a mesma coisa. Mas eu nunca cheguei pra ele, como eu sempre fui uma pessoa muito inibida. Mas eu sempre passava.

De um dia pra outro ele começou me olhar diferente. Eu passava, e ele me cumprimentava, quando eu ia e quando eu voltava, porque, ele, quando eu passava pra comprar o leite ele já estava acordado porque ele trabalhava cedo nos correios. E ele: "E aí, Carlinho, tudo bom?" Eu: "Tudo bem". Passava. Quando eu voltava: "E aí, tudo bom?" Eu: "Tudo bem". Quando é um belo dia eu passo de tardinha, ele faz assim: "Carlinho, vem cá". Aí eu fui: "Diga". "Eu tenho umas revista aqui dentro do quarto, você não quer ver? Cê não gosta de gibi?" Eu falei: "Gosto". Aí ele: "Então venha que eu vou lhe mostrar".

Ele estava só de toalha, me chamou e eu fui pra dentro do quarto dele, a mãe dele estava na cozinha. Eu cheguei, ele me jogou as revistas na cama. Eu comecei a olhar. De repente ele tira a toalha e vai vestir uma roupa. Mas ele não tirou pra vestir a roupa, ele tirou pra mim ver o que/ ele nu. E eu bem curioso. Eu estava lendo as revista, quando ele ficou nu. Eu fiquei, olhando pra aquela coisa assim ó, meio estático. Olhe, eu nunca tinha visto um homem nu, totalmente. Eu tinha visto menininhos nu. Nem meus pais, meus irmão, não via. Morávamos em quartos juntos mas sempre cada um fazia suas coisas só. Eu nunca tinha visto homem nu.

Aí eu vi e fiquei apavorado com um homem daquele tamanho na minha frente, bonito, porque ele era um homem muito bonito, ainda hoje é, claro, se ele não perdeu a/se não morreu. E fiquei estático assim. E ele também deixou que eu olhasse. Mas eu notei que o pênis dele era muito... desenvolvido. Não estava duro, estava mole, mas dava pra eu saber, eu já tinha noção que se aquele pênis duro, ele ia ser uma coisa, fenomenal, enorme.

Aí eu desviei a atenção do corpo e comecei folhear as revistas. Mas já estava nervosa. Já não güentava mais, já não tava mais quieta, já não via mais aqui nas revista que eu estava olhando, já estava vendo ele aqui na revista. E ele notou eu fiquei inquieto. Mas aí a mãe dele vem e chama: "Zé, venha cá". Ele: "Peraí, que eu vou". Enquanto ele foi ver a mãe, eu saí correndo.

Dias depois, como de costume, Keila passava em frente ao portão de José, quando este a chamou e a convidou para uma visita ao escritório dos Correios, onde trabalhava: "Porque eu quero falar com você", disse ele. Keila foi. Viu José na janela dos Correios acenando para que entrasse. Mas não entrou.

Eu tinha uma grande atração, eu queria aquele homem, porque ele era bonito, porque eu tinha visto, o primeiro homem que eu vi nu na minha vida e queria. Mas no fundo eu tinha medo: do comentário, tinha medo dele como homem, e de todas outras coisa. Ficava na minha cabeça – imagina uma criança completando 12 ano, descobrindo uma tendência que ele vai ter, e fazer o quê? Eu fiquei baratinado um tempo.

Mas quando deu um belo dia, eu vou passando, ele está na porta. Ele disse: "E aí, você já leu minhas revista?". Eu falei: "Já". "Você não quer mais? Eu tenho mais". Aí eu fiquei já com a respiração presa. Eu disse: agora eu vou, e disse: "Dona Clarice [a mãe de José] tá aí?". Ele falou: "Tá lá na cozinha, aí, mas entre que eu tranco a porta". Eu disse: "Não, não precisa cê trancar a porta, você deixa a porta aberta".

Quando eu chego, ele tava só de bermuda, mas aí eu notei que ele não estava normal como estava na toalha, começou ficar duro dentro da bermuda o pênis. E ele me olhava, e parece que me olhava com uma intensidade e cada hora crescia um pouquinho mais. Quando chegou uma hora, eu olhei assim tava a cabeça saindo por dentro do short.

Tava pra cima. Eu fiquei, eu já fiquei inquieta. Ele me agarrou, quando ele me agarrou ele foi assim, pegou minha cabeça e encostou aqui em cima, por cima do short. Aí ele fez: "Abra a boca e bote na boca".

Aí puxou o short, quando ele puxou o short, abri minha boca, mas minha boca não dava pra botar naquilo. Era uma coisa mais ou menos assim, desse tamanho [25 cm], e grosso, bem grosso. E eu ficava, minha boca entrava desse tanto no pênis dele, daqui não passava, pequenininha, e não passava mesmo. E ele queria com força, enfiar aquela coisa dura dentro da minha boca, eu não güentava, prendi a respiração. Aí ele arrancou meu short – eu só tava de short, eu tava sem camisa – aí passou, acho que foi um creme que tinha lá e tentou botar. Mas foi uma [estocada] só. Quando ele tentou botar, eu dei um grito descomunal: UAI!!!!! E a mãe dele ouviu da cozinha. Eu saí doida correndo, o grito foi tão forte que a mãe dele ouviu, eu saí correndo, e ele ficou, quis tapar minha boca mas não deu porque eu já tinha gritado, aí eu saí correndo. Eu pulei daqui e fui, fui na rua correndo.

Entro de casa desesperado gritando. Minha mãe corre pra me ver, eu me tranco no banheiro, minha mãe pergunta: "O que foi?". Eu: "Nada, nada, nada". Quando fui olhar tava todo sangrado, minha perna escorrendo sangue. Eu tentando me limpar e não conseguia. Ele botou o pênis e rasgou meu ânus, em cima. Acho que rompeu uma partezinha, rasgou um pouco, e eu via tanto/ eu me desesperava porque eu via tanto sangue e não sabia de onde vinha tanto sangue. Eu pensei que tinha sido um vidro que tinha *entrado em mim porque tava ardendo. Parecia que tinha alguma coisa cortada, e eu por vezes eu pensei com maldade que ele tinha alguma coisa cortante na cabeça do pênis dele, quando entrou ficou dentro de mim aquela coisa. Eu fiquei no desespero de mais ou menos uns 15 minutos dentro do banheiro, com a porta trancada e minha mãe batendo. Eu: "Não, não é nada não". Me acalmei um pouco, disse: "Não é nada não. Eu estou aqui porque tô com necessidade de fazer...".*

Aí fiquei no banheiro. Fiquei, fiquei, fiquei por um tempo, jogava água e quanto mais água eu jogava, mais sangue. Aí tentei ficar em pé e prender a bunda pra ver se, coisava algum, alguma coisa escorria. Aí que escorria muito mais sangue. Aí fiquei, fiquei, fiquei, e apertei bem no lugar assim, apertei, mas eu não sentia dor, sentia só um arder. Metia o dedo pra ver se tinha alguma coisa dentro. Não via, só sentia só o ardor mesmo. Aí eu disse não, foi alguma coisa que me cortou.

Aí fui me controlando um pouco mais, dado momentos o sangue estancou. Aí eu aproveitei, tomei meu banho e saio do banheiro. Minha mãe perguntou: "O que aconteceu, Carlinho?". Eu falei: "Nada. Eu tava só com uma, minha barriga com muita dor e fui pro banheiro, por isso que eu cheguei chorando".

Aí fui pro quarto, quando chego no quarto aí eu botei o espelho e vi aquela coisa. Deu pra eu notar como se tivesse um cortezinho mínimo, mas tinha um corte, que eu arreganhei bem com a mão assim e vi um cortezinho. Aí eu peguei mercuriocromo fui botando, fui botando, sarou, pronto, e passados, em uma semana tava bom.

Eu, o que eu fiz novamente? Eu passei por lá e quis outra vez! Foi, eu disse: "Olhe, eu vou fazer o que você quer, a gente faz, fica na cama, mas com calma. Se não der, você não tenta porque eu nunca fiz, é a primeira vez".

Aí acho que a ansiedade dele foi muito maior, mas ele tava com tanta necessidade, com tanta vontade que ele não conseguiu, não entrava, parece que tinha uma coisa que fazia assim, ó [bloqueando a entrada]. Daqui não passa e só começa a doer. Eu não sei como que agora consegue entrar – até o braço. Mas antes não entrava, era só um pouquinho assim, e não passava. Porque ele fazia força, eu sentia dor mas não dava. Aí eu dizia: "Não dá". Ele tirou e ficava roçando assim na minha bunda e gozava em cima das minhas costa.

Isso passou-se quase um mês ele fazendo essas coisas, assim, duas vezes, três vezes, uma vez por semana, quando foi, dado os dois meses depois ele conseguiu penetrar. Quase que todo. Mas não entrou todo também, ficou uns quatro dedo ainda de fora porque não dava. Ele ficou, forçando, forçando, e não entrou. Também depois, pouco tempo depois eu saí da cidade...

Mas foi minha primeira experiência. Ainda hoje lembro, eu nunca esqueci, a primeira vez com ele. Mas foi muito, muito chato a primeira vez, muito dolorido. Foi uma dor enorme.

Há muitas semelhanças entre as memórias de Keila sobre suas experiências com José Silva e os relatos de Fernanda Farias de Albuquerque sobre os encontros com Seu Arlindo e Paulo. Uma das similaridades é que, a despeito de terem vivido a primeira penetração como um evento doloroso e, em larga medida, assustador, os dois meninos não tardaram em buscar novas experiências do mesmo tipo em um curto espaço de tempo. Meses após ter sido quase estuprada por Seu Arlindo, Fernanda foi com Paulo até a beira do rio, ciente do que aconteceria ali. De igual modo, Keila fugiu ensangüentada da casa de José Silva, mas voltou apenas uma semana depois dizendo: "Olha, eu estou querendo dar para você".

Outros dois detalhes são relevantes nas duas histórias. Primeiro: não há qualquer indicação de que os papéis sexuais assumidos por Paulo e Fernanda, em um caso, e por José e Keila, no outro, tenham sido conversados e negociados. Depois de ter perguntado ao pequeno Fernando se ele era mesmo "viado", Paulo levou o menino para o rio e o penetrou sem delongas. José tentou o mesmo com Carlinhos (Keila), quando este, por vontade própria, estava a sós no quarto com ele. Nos dois casos os papéis sexuais já estavam presumidos e predeterminados.

O segundo detalhe importante: fica claro, nos dois casos, que os homens que os penetraram – de maneira brusca, sem nenhuma preparação ou preliminar – não demonstraram a menor preocupação com a satisfação sexual dos meninos. Aliás, Fernanda e Keila também nada mencionaram sobre sua própria satisfação. Quando Fernanda admite "É verdade, eu queria", confirmando assim os argumentos de Paulo, ela está se referindo claramente ao ato da penetração em si, e não a um possível orgasmo. Considerando que

Keila continuou tendo encontros sexuais com José Silva durante muitos meses, eu concluí que ela o tivesse feito em razão da satisfação que José lhe proporcionava. Mas, não. Ao longo de todo o período, José nunca beijou Keila, nunca tocou o pênis dela. Keila jamais teve um orgasmo enquanto ele a penetrava: "Eu fui ter meu primeiro orgasmo aos 15 anos [isto é, três anos depois da experiência com José], e sempre me masturbando" – confidenciou.

A falta de orgasmos durante o ato sexual com amantes é uma característica recorrente da relação das travestis com os homens. Não registrei (nem li) qualquer relato sobre primeiras experiências sexuais em que travestis fizessem referência à sua própria ejaculação. A descrição de Mabel sobre o encontro com Paulo é ilustrativa nesse sentido: ainda que a narrativa tenha um tom bem mais romântico e suave do que as de Keila e Fernanda, ela põe em relevo as ações de Mabel na tentativa de satisfazer Paulo e não faz menção a um único orgasmo de Mabel (posteriormente perguntei se ela havia atingido o orgasmo na ocasião e ela negou). Noto, mais uma vez, que a ausência de orgasmos em relações com homens a quem as travestis consideram amantes ou namorados é um aspecto que as acompanha durante toda a vida, chegando mesmo a constituir, eventualmente, uma linha divisória importante entre namorados (com quem as travestis, em geral, 'não' atingem o orgasmo) e seus clientes (com quem elas quase sempre atingem). Voltarei a esse ponto nos capítulos seguintes, pois há muito a dizer a respeito. Por ora é suficiente chamar a atenção para o seguinte fato: o prazer obtido pelas travestis quando são penetradas analmente não é necessária e imediatamente um prazer sexual. Para elas a satisfação produzida pela penetração anal vem de outras fontes.

Após escutar a narrativa de Keila sobre o encontro com José Silva, achei importante saber se a experiência havia sido traumática. Fiz essa pergunta tendo em vista minha origem em uma cultura em que crianças tão novas como ela na época do ocorrido (isso para não falar de Fernanda, que tinha 7 anos) são vistas como seres sem sexualidade e, conseqüentemente, sem *homo*ssexualidade. Ela respondeu:

> *Foi desastroso a primeira vez, claro, não resta a menor dúvida. Mas só que a curiosidade se tornou ainda maior. Porque era uma coisa que eu queria, eu busquei, e quando eu fui, eu me dei mal. Mas eu me dei mal e eu poderia nunca mais querer fazer. Mas pra você ver como já é um desejo que você tem incontido dentro de você: [a primeira vez] me deu vontade de não fazer. Mas o desejo foi muito maior que a vontade.*

Keila afirmou também que, depois do episódio, sentiu-se um pouco "reprimida", um pouco "depressivo", porque ficava pensando no que as outras pessoas poderiam dizer dela.[23] "Eu fiquei traumatizada nesse sentido, com o que as pessoas iriam dizer".

Keila tinha boas razões para se preocupar com o que as pessoas diriam. Em cidades pequenas, no meio rural, como era o lugarejo onde ela nasceu e passou a infância, ser classificado como "viado" é um estigma que pesa violentamente sobre a pessoa. Agressão verbal, além da humilhação física – ser alvo de pedras e frutas podres atiradas pelas pessoas na rua –, este é o preço pago pelos indivíduos reconhecidos como "viados". Às vezes a punição costumava ser (e em alguns lugares talvez ainda seja) a morte. Com quase 60 anos, Angélica é a travesti mais velha de Salvador. Ela me contou que, tempos atrás, quando se tornou público o fato de que "deu seu cu" aos 13 anos para um vizinho adolescente, seus irmãos, preocupados com a reputação da família, armaram-se e foram atrás dela dispostos a matá-la. "Até minha mãe ficou contra mim: mata esse desgraçado". Angélica só escapou porque um vizinho caridoso resolveu escondê-la em sua residência e a aconselhou a fugir antes que o sol rompesse, enquanto os irmãos dormiam em casa. Nada de tão horrendo aconteceu a Keila. Sua relação com José Silva jamais veio a público. Mesmo quando ela começou a andar com três jovens "viados", cerca de um ano depois, e adotou um estilo de se vestir cada vez mais andrógino à noite, ela nunca foi fisicamente atacada ou ameaçada de morte. Sua reputação de "viado" rendeu-lhe algumas agressões verbais e rumores que acabaram contribuindo para sua decisão de deixar a pequena cidade natal em busca do destino na cidade grande. Mas essa mesma reputação rendeu-lhe também uma enxurrada de convites sexuais, partindo de homens de todas as idades; convites que Keila quase sempre aceitava.

Saindo de Casa

A trajetória de Keila reflete, em boa medida, a história de outras travestis de Salvador. O ponto crucial de sua autopercepção como travesti foi descobrir que sentia atração por homens ("Imagine, uma criança que nem tinha chegado aos 12 anos descobrindo sua tendência sexual"). Essa atração tem um resultado inexorável, a saber, deixar-se penetrar em uma relação anal. Depois desse acontecimento, Keila começou a "se assumir" como "viado", da mesma forma que a maioria das travestis. Ela manteve um vínculo com o homem que a penetrou pela primeira vez, como em geral ocorre, e passou a ter intensa atividade sexual com outros homens, 'sempre' no papel de quem é penetrado. Como tantas travestis pré-adolescentes, Keila adotou um nome feminino e gradualmente modificou o modo de vestir e a aparência, que foram ficando cada vez mais femininos. As jovens travestis costumam usar – geralmente apenas à noite, longe de casa e na companhia de seus amigos bichas – shortinho curto (bastante enfiado) e camisetas frouxas que elas amarram fazendo um nó acima do umbigo. Deixam crescer o cabelo e as unhas, passam a usar batom e maquiagem, além de depilar as pernas e a sobrancelha.

Nessa fase, a maioria das travestis abandona ou é expulsa de casa. Keila, por exemplo, decidiu sair de casa aos 13 anos. Sentiu que, se ficasse, sua tendência homossexual causaria vergonha aos pais ("Eu estava tendo uma tendência homossexual que eu tinha certeza que, na época, ia envergonhar meu pai e minha mãe"). Mabel abandonou o lar aos 14 anos, porque o irmão mais velho, tendo descoberto seu relacionamento com Paulo, passou a atormentá-la. "De repente ele me xingava, me maltratava, me agredia, me batia (...) ele chegou a me levar a um bordel, me levou pra zona, na tentativa de que eu tivesse relação com mulher." Magdala, por sua vez, saiu de casa porque, depois de ter a primeira experiência sexual com um menino mais velho, aos 12 anos, começou a "fazer amizade com outras bichas, a mudar o jeito de vestir, o modo de falar". Seu pai não tolerou a situação, e quando completou 16, ela tomou a decisão de sair.

Muitas travestis, no entanto, não tiveram a chance de decidir. Quando as famílias descobriram a situação (a homossexualidade, as relações com outros homens etc.), elas foram expulsas de casa de maneira violenta. Angélica, por exemplo, até hoje acredita que teria sido morta pelos irmãos se não tivesse fugido. Por outro lado, o caso de Adriana, travesti de 21 anos, foi o único a configurar uma clara situação de abuso sexual na infância. A mãe era prostituta; Adriana e a irmã mais nova foram criadas nas ruas de Recife, pedindo esmolas. Quando voltavam para casa de mãos abanando, a mãe "pegava um pedaço de pau e batia na gente sem dó". Para conseguir dinheiro, Adriana lançava mão muitas vezes de um expediente comum: prestar serviços sexuais a homens. À medida que crescia, ela começou a se vestir como mulher e a usar maquiagem. Isso era feito bem longe dos olhos da mãe. Mesmo que soubesse que Adriana ganhava dinheiro com prostituição (e muito provavelmente ela sabia), a mãe não aceitaria qualquer sinal de homossexualidade. Adriana conta: um dia a mãe a flagrou brincando de se esfregar com um primo – "Mamãe pegou e deu um pau horroroso na gente". Quando Adriana finalmente "apareceu" como travesti, aos 12 anos, foi "expulsa [de casa]". "Ave, Maria, foi o dia mais triste de minha vida", contou chorando. "Esse é um dos maiores remorsos que eu tenho, porque eu fui jogada fora, fui expulsa e levei só as roupas num saco de supermercado."

Uma vez perguntei à Tina se tinha lembranças do momento em que começou a perceber que era diferente dos outros meninos. Ela respondeu:

> *Claro que eu lembro. Sabe o que eu fiz? Contei para minha mãe e meu pai. E eles me colocaram para fora de casa. Daí eu disse: não vou sair dessa casa; vou ficar. E você sabe o que ele [o pai] fez, numa sexta feira? [risos]. Ele chamou um caminhão de mudança, levou tudo que tinha, e foi embora, me deixando em casa. Levou os móveis, tudo.*

Essa história me pareceu tão extraordinária que cheguei a desconfiar quando a contaram para mim pela primeira vez. Mas outras travestis diziam acreditar. Todas concordavam que Tina era uma notória contadora de mentiras. Porém, ela já havia narrado esse episódio tantas vezes, e sempre da mesma maneira, que só podia ser verdade. A história termina assim: Tina raspa a sobrancelha, se apossa de um aparelho de rádio e transforma a casa em um bordel, até que o pai retorna dias depois e a leva para a Febem (Fundação Estadual do Bem-Estar do Menor). Quando já estavam próximo ao portão da instituição, lembra Tina, ela deu um brusco empurrão no pai, desvencilhou-se e fugiu para as ruas de Recife. Ela tinha 12 anos.

Hormônios

Fora de casa e precisando de dinheiro, as travestis entram em uma nova fase de sua transformação. Elas começam a "se realizar" como travestis. Deixam crescer os cabelos, passam a usar roupas de mulher com mais constância (pelo menos durante a noite) e se valem de outras práticas corporais femininas: depilam pernas, fazem a sobrancelha e retiram pêlos do queixo e buço.[24] É a fase também em que começam as modificações corporais por meio da ingestão de hormônios. Além disso, aquelas travestis que ainda não haviam se prostituído às escondidas enquanto moravam com a família descobrem agora que podem ganhar dinheiro com a prostituição.

Mas o que as travestis fazem efetivamente nessa etapa da vida depende, em larga medida, do lugar para onde vão depois de abandonar a casa natal. Se uma travesti se muda para uma cidade pequena, por exemplo, provavelmente arranjará emprego como doméstica. Em geral, trabalhará vestida de homem durante o dia, usando o nome masculino. À noite, entretanto, usará roupas andróginas ou femininas e freqüentará a praça da cidade, onde grupos de bichas costumam se encontrar. (A julgar pelos relatos que obtive, todas as cidades do Brasil, por menores que sejam, possuem uma praça freqüentada por bichas.) Em pouco tempo a travesti da cidade pequena passa a integrar o grupo de bichas, saindo com elas freqüentemente, sendo chamada por um nome feminino, e aprendendo com elas. Ela fica sabendo também que existe a possibilidade de ganhar dinheiro se prostituindo. Em geral isso acontece de maneira inesperada, quando alguém lhe oferece dinheiro depois de uma relação sexual fortuita. Ocasionalmente ela pode tentar viver da prostituição, apesar disso ser quase impossível em cidade pequena, mesmo nos dias de hoje. Assim, embora uma jovem travesti possa ganhar dinheiro aqui ou ali vendendo sexo, ela vai continuar dependendo do emprego diurno para sobreviver.

Por outro lado, se uma jovem travesti vive em cidade grande, ou abandona o lar para morar numa capital como Recife ou Salvador, a chance de "cair na vida" muito rapidamente (como elas dizem) é grande.

Em qualquer caso, o período posterior à saída de casa é marcado por um processo de distanciamento das características masculinas da infância e conseqüente aproximação de atributos femininos. É nesse momento que muitas travestis vislumbram a possibilidade de modificar o corpo para se tornarem mais femininas. As travestis mais velhas são a fonte usual de informações sobre modificações corporais. A experiência de Banana é típica nesse sentido.

> *Eu estava com, já com os 13 ano na época eu fui trabalhar nessa [bate palmas], aí eu vi um primeiro travesti. Lembro como hoje. Aí eu avistei uma bicha, o peito deste tamanho, era bonita, mais ou menos. Aí eu perguntei. Eu sempre fui uma pessoa curiosa, né? Perguntei um amigo meu: "Que é aquilo ali?". Porque eu vi o peitão mas não parecia, não parecia com mulher, tá entendendo? Era aquela coisa, peitão, mas [bate palmas], aí eu perguntei. O rapaz disse "É um viado". Viado?*
>
> *Aí eu, um dia eu desci, falei com ela, o que é, por que o peito é assim? Aí ela disse: "É hormônio, que eu tomo". "O que é hormônio?" Aí disse: "É remédio de evitar filho".*
>
> *Tudo bem, aí pronto, daí em diante, eu digo: "Eu vou ser um travesti como elas".*

Magdala tem lembranças similares:

> *A gente quando vê assim um travesti pela primeira vez, a gente sofre aquele impacto! Quando eu vi eu não acreditei. Eu passei com minha irmã na praça e tinha uns três. Tinha um louro com um cabelo louro aqui assim. E tinha mais duas. Eu achei que era mulher, mas tinha um jeito assim estranho, era assim fechando, sabe? Achei estranho. Mas dias depois, eu tô sentada numa praça sozinha, no primeiro dia que eu saí/ resolvi sair de casa, fiquei numa praça, a praça se chamava praça da Bandeira, então passou um travesti por mim. Mas eu olhei assim, eu disse: "Ah, qual, que mulher bonita!", mas uma mulher bonita estranha. Eu percebi algo de mais nela. Era uma mulher, mas tinha um negócio diferente, que não se encaixava.*

A travesti mencionada no relato possivelmente pressentiu o fascínio de Magdala, pois se aproximou e sentou-se ao seu lado. As duas tornaram-se amigas em pouco tempo. Kelliane – era seu nome feminino – mostrou a Magdala um bar freqüentado por travestis e homossexuais, aonde muitos homens iam em busca de encontros com travestis. Ela também contou a Magdala muitas coisas sobre hormônios.

Travestis mais velhas e experientes costumam encorajar as jovens a tomar hormônios, sabendo que quanto mais cedo for iniciada a hormonização, melhor será seu efeito. Adriana, por exemplo, começou a tomar hormônios aos 12 anos e nunca desenvolveu pêlos faciais. Sobre isso, há uma travesti lendária chamada Chispita, que cresceu em uma casa onde só moravam travestis. Ela começou a tomar injeções de hormônios aos 8 anos. Quem a conheceu (ela morreu atropelada por um automóvel aos 13 anos) dizia sempre, impressionado, "que ela não tinha nada de menino; 'era uma menina mesmo'".

Testemunhei esse tipo de encorajamento que as travestis mais novas recebem das mais velhas no dia em que um menino de 11 anos, vestido de maneira andrógina e com as unhas pintadas de branco, apareceu inesperadamente nas ruas onde as travestis trabalhavam e começou a se prostituir. Ele disse se chamar Babalu, nome de uma personagem bastante *sexy* da novela que passava na época.[25] Quando as travestis perguntaram a ele se era travesti também, a resposta foi "Tô começando". Ninguém questionou a escolha. Pelo contrário, as travestis foram acolhedoras e encheram Babalu de conselhos ("Você ainda mora em casa com a família?

Sai de lá.") e dicas sobre como se tornar mais atraente aos homens ("Bicha, você tem que tomar hormônio. Você é muito jovem. Os hormônios vão fazer muito efeito.").

Parceiros sexuais também encorajam jovens travestis a modificar o corpo via ingestão de hormônios. Aos 12 anos, Adriana recebeu as primeiras caixas de hormônio das mãos de um farmacêutico que "gostava de mim", conforme ela conta um pouco tímida. Martinha é uma travesti de 40 anos, crescida na antiga "zona do meretrício" de Salvador, que começou a se prostituir escondido da família aos nove. Ela contou ter descoberto os hormônios quando tinha 15 anos, por intermédio de um cliente que era médico. Esse homem disse que ela poderia desenvolver seios se tomasse hormônios e fez ele mesmo as primeiras injeções em Martinha. Isso aconteceu em meados dos anos 70, período em que hormônios ainda eram novidade no mercado farmacêutico brasileiro.

Os hormônios estabelecem uma espécie de linha divisória entre as travestis de verdade ("travesti mesmo") e o que as travestis chamam de "transformistas". Transformistas são homossexuais do sexo masculino que durante o dia se comportam como homens no trajar, nas ações, no uso de nomes masculinos. Mas à noite vestem-se como mulher, usam perucas e maquiagem, seja para freqüentar boates *gay* (às vezes apresentando-se em *performances* e dublagens de cantoras como Whitney Houston e outras cantoras italianas de voz estridente que eram muito populares nos círculos *gays* de Salvador), seja para se prostituir. Embora algumas travestis mantenham relações cordiais com transformistas, há um sentimento geral de que estes as olham com superioridade e as consideram vulgares.[26] Por outro lado, as travestis desconfiam dos transformistas, a quem consideram uma fraude: quando estão em trajes *drag* (porque não são mulheres nem travestis) e quando estão com roupas de homem durante o dia (porque tampouco são homens, argumentam as travestis, apoiadas em uma lógica que ficará mais clara nos próximos capítulos). Definindo as diferenças, as travestis sublinham que, ao contrário dos transformistas, elas vivem como mulher 24 horas por dia. Além disso, alteram seus corpos ingerindo hormônios, o que resulta no aparecimento de seios (difíceis de esconder no caso de desejarem retornar a uma aparência masculina).

Os hormônios consumidos pelas travestis são de dois tipos: medicação para combater deficiência de estrogênio (p. ex., Benzo-ginoestril) ou, conforme ensinou para Banana a travesti da praça, contraceptivos (p. ex., Perlutan). Todas as fórmulas contêm estrógenos e outros hormônios que "reproduzem as características do ciclo natural do estrogênio" ou, no caso dos contraceptivos, "inibem a secreção de gonadotrofinas hipofisiárias (...) modificam o muco cervical, alteram o endométrio e a contratilidade das tubas (...) permitindo o desenvolvimento de menorréia endometrial cíclica e previsível, semelhante à menstruação normal".[27]

Tais hormônios são vendidos na forma de comprimidos ou em ampolas injetáveis, neste caso acompanhadas de uma seringa na própria embalagem. Os comprimidos, tais como Anacyclin, são contraceptivos orais de ingestão diária. As travestis normalmente tomam cinco pílulas por dia. Os medicamentos hormonais injetáveis são extremamente poderosos e devem ser administrados às mulheres uma vez a cada trinta dias. As travestis os injetam 'uma vez por dia'. Em 1995, por exemplo, uma travesti chamada Balão fez um regime hormonal que consistiu em injeções diárias – durante 15 dias – de um hormônio que deveria ser injetado uma vez por mês. Ao cabo desses 15 dias, ela interrompeu as injeções por duas semanas. Então recomeçou, para mais 15 dias de aplicações diárias. Manteve esse ritmo ao longo de vários meses, até que os seios estivessem grandes o suficiente e os quadris nitidamente arredondados. Algumas travestis costumam tomar injeções diárias dessa quantidade hormonal altíssima durante anos. Uma delas, que tinha parado de ingerir hormônios havia anos, depois de chegar à conclusão de que seu único efeito era fazê-la engordar, informou o seguinte: muitas travestis que começam a tomar hormônios compram contraceptivos orais e ingerem os 15 comprimidos da cartela de uma só vez, achando que irão acordar no dia seguinte com os seios do tamanho de uma melancia. O que acontece, na verdade, é que acordam com o corpo moído por dores atrozes e espasmos incessantes de vômito.

Existem cerca de vinte medicamentos à base de hormônio no mercado farmacêutico brasileiro. As travestis experimentam todos eles. As embalagens desses medicamentos trazem a advertência inequívoca, em letras brancas sobre fundo vermelho: "Venda sob prescrição médica". As bulas contêm informações sobre a posologia, os riscos, além de trazer avisos (normalmente impressos em negrito) de que o produto só deve ser utilizado sob orientação médica. Mas, na realidade, eles estão à venda livremente em qualquer farmácia, a preços razoavelmente baixos.[28]

Travestis valorizam os hormônios porque eles custam pouco, são fáceis de obter e funcionam relativamente rápido. Muitos hormônios produzem resultados visíveis no curto espaço de dois meses de ingestão diária: aumento dos seios e arredondamento das formas. Em alguns indivíduos eles podem produzir também uma leve secreção mamária, de aspecto leitoso. Algumas travestis se valem disso para conseguir entrar nos automóveis de clientes que procuram programas com mulheres. Tina era famosa entre as travestis por causa dos assaltos ousados. Ela costumava usar esse expediente. Aproximando-se do carro, ela afirmava: "Sim, sou mulher. Já tenho três filhos e estou amamentando um bebezinho. Quer ver?". Ato contínuo, esguichava um pouco da secreção leitosa, para espanto e deleite do cliente. Uma vez dentro do carro, Tina sacava a pequena tesoura escondida na calcinha e ameaçava o motorista, exigindo dinheiro.

Um problema dos hormônios, no entanto, é que eles podem resultar em graves efeitos colaterais, especialmente se consumidos em altas doses ou por longos períodos. A bula de um medicamento como o Perlutan, por exemplo, que é um dos preferidos das travestis, indica uma série de possíveis efeitos colaterais: cefaléia, náusea, vômitos, intumescimento dos seios, hemorragia, dismenorréia, amenorréia, prurido vaginal, oscilações emocionais e da libido, ganho de peso, fotossensibilidade. E alerta: "Em caso de enxaqueca, perda da acuidade visual, flebite, tromboflebite ou hipertensão, o uso do medicamento contraceptivo deve ser suspenso".

Travestis que fazem uso de hormônios costumam reclamar de náuseas, dores de cabeça, palpitação, sensação de queimação nas pernas e no peito, ganho de peso e alergias. Quem toma hormônio na forma de comprimidos se queixa de distúrbios estomacais crônicos. Segundo o depoimento de Keila, o consumo diário de um comprimido de Anacyclin causava-lhe enjôo crônico. No período em que Magdala tomava hormônios sua pele sofreu rachaduras, provocando feridas cujas cicatrizes são visíveis até hoje. Pastinha diz que os hormônios tiveram efeito satisfatório nas pernas mas não resultaram no aumento das mamas, por maior que fosse a quantidade ingerida ("o peito não saía"). Por fim, o medicamento começou a afetar o coração e possivelmente a teria matado, como diz Pastinha, caso não tivesse interrompido as injeções.

Além dos efeitos colaterais desconfortáveis e potencialmente letais, há outro aspecto dos hormônios levado em conta pelas travestis. Elas consideram inapropriado ejacular no período do uso do medicamento, supondo que este poderia ser excretado no sêmen, o que reduziria sua eficácia. Cada ejaculação significaria, portanto, aumento menor das mamas.

Porém, um dos resultados da ingestão de altas doses de hormônio é a dificuldade encontrada pelas travestis de conseguir e manter ereções, de tal sorte que o risco de ejacular o medicamento anteriormente ingerido seria realmente muito pequeno. Por outro lado, a incapacidade de ter ereções pode se tornar um problema, já que a grande maioria das travestis que ingerem hormônio trabalha como prostituta. Muitos clientes de travestis gostam de ser 'penetrados' (adiante voltarei a tratar deste ponto em detalhes). Assim, a impotência causada pelos hormônios, mesmo que seja temporária, resulta na diminuição da clientela.

Por tudo isso é que, depois de alguns anos, as travestis costumam interromper o uso de hormônio, pelo menos temporariamente, dando início às aplicações de silicone.

Silicone

"A sorte da gente é que a gente tem silicone." Eis uma frase que escutei repetidas vezes. Travestis de todo o país consideram o silicone um produto milagroso – ou "revolucionário", como dizem algumas – pelo fato de possibilitar a aquisição de atributos corporais femininos que as tornam em muitos casos, conforme elas mesmas dizem, mais bonitas do que muitas mulheres. Entre as travestis em Salvador, o silicone (também chamado por elas de "óleo") é um tema permanente nas conversas. Todas as travestis sabem exatamente a quantidade de silicone que cada uma das outras tem no corpo, quando foi feita a aplicação, quem injetou, em que cidade etc. Com freqüência elas exibem umas às outras as partes do corpo em que há silicone, apalpando e tecendo comentários a respeito.

A conversa a seguir ocorreu certa noite em que eu visitava vários pontos de prostituição de travestis na companhia de Keila. Aproximamo-nos de duas travestis: Bianca – alta, magra e elegante – e sua amiga Madonna – loira, cujo nome fazia homenagem à célebre cantora americana. Conversamos um pouco sobre a rua e o movimento daquela noite e eu perguntei se as condições de trabalho no cine pornô eram vantajosas. Também especulamos sobre o paradeiro de outras travestis que sumiram da área em que Bianca e Madonna trabalhavam. Então, Bianca virou-se para Keila e perguntou:

> Bianca: *Você bombou, foi, Keila?*
>
> Keila: *Vou bombar amanhã, domingo.*
>
> Bianca: *Vai botar mais um litro?*
>
> Keila: *Vou botar mais um pouquinho, só porque eu fiquei com duas baixinhas do lado, aí tem que botar. [Keila referia-se a duas grandes depressões que se formaram em uma das nádegas, resultado de uma pancada. Ela tropeçara e batera com o bumbum em um muro de pedra pouco tempo depois de uma aplicação de silicone.]*

Madonna: *Sempre tem que botar uns retoquezinhos.*

Keila: *Tem que dar um retoque, precisa de um copo, um copo e meio.*

Madonna: *Vários retoques, tem que dar.*

Keila: *É. E eu tenho silicone em abundância agora [silicone que ela havia comprado], aí eu faço. Porque eu me arrependo de ter posto um litro e meio de silicone em mim. [de uma vez só. Keila acreditava que se tivesse colocado menos silicone na última aplicação, as depressões no bumbum que resultaram da queda não teriam acontecido.] Mas eu queria botar. Eu queria ter botado de meio em meio, um em um. Mas já tenho.*

Madonna: *Você tem quantos?*

Keila: *Três [litros]. Agora eu quero botar no peito, mas tô com medo. Tu tem no peito quanto?*

Madonna: *Eu tenho um litro no peito.*

Keila: *Um litro?*

Madonna: *Meio em cada peito.*

Keila: *Viado, mostra. [Madonna levantou a blusa e Keila segurou e apalpou os peitos dela]. Mas tá bem. Eu tenho o maior medo de botar. Eu tenho silicone sessenta mil barra [medida de viscosidade do silicone].*

Madonna: *Tenho três copos em cada peito.*

Keila: *Sessenta mil, que tenho medo de botar.*

Madonna: *Só é ruim a dor.*

Keila: *Mesmo com anestesia dói?*

Madonna: *Dói. Mesmo com anestesia.*

Don: *Verdade? E depois?*

Madonna: *Depois passa.*

Keila: *Eu bombei o peito de Pastinha, ela não tinha nada não. Eu botei um copo de silicone em cada peito dela.*

Madonna: *Porque vai doendo, vai rasgando por dentro. Como dói. E aí fica com aquela falta de ar, aquele negócio aí. É ruim.*

Keila: *Mas depois não sente não?*

Madonna: *Não, depois não. O negócio na hora que tá bombando é o repouso.*

Minutos depois, Madonna contou a Keila que ela havia injetado três copos de silicone nos seios, em três ocasiões.

Madonna: *Bombei três vezes. Aliás, bombei quatro vezes. Eu botei um copo, aí depois eu botei dois, aí foi pra botar os três, eu não agüentei. Saiu sangue, como doeu.*

Keila: *Eu tô morrendo de vontade de bombar, mas tô morrendo de medo.*

Madonna: *Mas depois que bota [no peito], é como quadril. A gente faz um/ a gente faz aquele medo, depois que botam, viram um vício. Aí quer botar, botar, botar, botar, botar.*

Vários temas comumente tratados em conversas entre as travestis foram mencionados nesse trecho de diálogo. A primeira pergunta de Bianca a Keila (se tinha sido bombada) revela o tipo de informação que circula entre elas. As duas não se encontravam há meses, e mesmo assim, por meio da rede de rumores, Bianca sabia que Keila vinha planejando colocar mais silicone. A pergunta seguinte – se Keila colocaria "mais um litro" – também é mais um exemplo do grau de conhecimento que as travestis possuem dos corpos das outras. A pergunta fazia referência indireta à quantidade de silicone mais comumente injetada pelas travestis a cada aplicação, a saber, um litro.

A necessidade de retoques, mencionada na conversa de Madonna e Keila, é outro tema recorrente quando o assunto é silicone. Como este é injetado diretamente no corpo, pode se assentar nos tecidos de maneira não uniforme, algumas vezes causando pequenas ondulações na pele que se assemelham à celulite. Além disso, os primeiros dias depois da injeção de silicone são decisivos, já que qualquer pancada no corpo (tal como sofreu Keila, chocando-se contra um muro de pedras) pode fazer com que o silicone deslize mais profundamente no tecido, trazendo junto a pele, o que resulta em grandes depressões, como se formassem crateras no corpo.

Para consertar as ondulações e as cavidades, as travestis se submetem a "retoques" periódicos. Os retoques consistem na injeção de pequenas quantidades de silicone diretamente sobre o local, na expectativa de que o silicone novo se acomode em cima do antigo, fazendo com que a pele estique novamente. Algumas travestis ficam obcecadas com esses retoques. Uma vez testemunhei uma bombadeira reclamando de maneira exasperada com uma travesti que havia feito marcas em X com o lápis de sobrancelha em pelo menos vinte pontos do corpo onde desejava retoques. A bombadeira tentava injetar o silicone nos locais indicados, mas já havia tal quantidade de silicone no corpo dessa travesti que nada mais entrava. Até que a bombadeira finalmente gritou: "Bicha, pára com isso! As mulheres não têm o corpo absolutamente perfeito. 'Ninguém' tem o corpo totalmente livre de pequenos defeitos".

Depois de reafirmarem que "é sempre necessário fazer uns retoquezinhos", a conversa se encaminhou para outro assunto relacionado: silicone no peito. Keila é uma travesti bem típica pelo fato de ter aplicado alguns litros de silicone nas partes inferiores do corpo, mas nada nos seios. A imensa maioria das travestis com idade acima de 20 anos possui no corpo uma quantidade de silicone que varia de alguns copos a até vinte litros (elas medem a quantidade de silicone em litros ou copos; seis copos, em média, perfazem um litro). Muitas delas têm de dois a cinco litros. No entanto, a maioria das travestis siliconadas fez aplicações nas nádegas, nos quadris, joelhos e coxas – mas não nos seios.[29] Essa localização estratégica do silicone corresponde diretamente aos ideais estéticos dos brasileiros.

No Brasil o maior signo de beleza feminina não é, em primeiro lugar, o busto grande, como nos Estados Unidos e na Europa. Aqui o símbolo e a essência da sedução feminina são as coxas rijas e torneadas, os quadris largos e a bunda proeminente (em forma de pêra). A importância da bunda na cultura brasileira é muito evidente até para o mais desatento dos visitantes. A exposição conspícua de bundas no Carnaval, por exemplo, já é bastante conhecida. Mas mesmo durante o resto do ano as bundas são onipresentes. São exibidas com grande elã nas praias brasileiras, onde a parte de baixo do traje de banho, conhecida nacionalmente pelo sugestivo nome de "fio dental", cobre apenas a genitália feminina e mais nada. Muitas mulheres jovens, especialmente quando saem à noite para dançar, mas também durante o dia, tomam o cuidado de arrumar a saia ou o shortinho de modo que a parte de baixo da bunda fique claramente visível. Os homens costumam fazer um gesto característico para expressar sua volúpia com o corpo feminino: colocam as duas mãos em concha à frente, na altura da cintura, e mexem os dedos enquanto balançam levemente as mãos para cima e para baixo, como se estivessem bolinando uma bunda. Os comerciais de televisão, a despeito do produto anunciado, parecem sempre conter pelo menos um *take* de uma bunda de mulher. Em alguns programas de televisão, quando há alguma dançarina se apresentando, o *cameraman* faz repetidas tomadas de sua bunda, filmando muitas vezes de baixo para cima, de maneira que o telespectador veja por baixo da saia (já inevitavelmente curtíssima). As cenas de abertura e encerramento de uma novela muito popular em 1996 mostravam a bunda de uma mulher que, em trajes minúsculos, se abaixava para procurar qualquer coisa dentro de uma mochila de ginástica. O maior *hit* dançante dos anos 1995 e 96 chamava-se "Na boquinha da garrafa", do grupo Companhia do Pagode. O refrão da música incita uma mulher a colocar uma garrafa de cerveja no chão entre as pernas e rebolar lentamente para baixo... até quase encostar no bocal da garrafa. Dando continuidade a essa tendência, o grupo musical É o Tchan fez imenso sucesso com a "Dança do bumbum" – música que quebrou todos os recordes de vendagem em 1996 e foi responsável por dar fama nacional à dançarina Carla Perez (dona de um bumbum exuberante). Os exemplos são intermináveis.

Muitos comentaristas já mencionaram a preocupação brasileira com a bunda. O antropólogo Richard Parker considerou "notável" a ênfase brasileira na bunda, observando que, "exceto os próprios órgãos genitais, nada é tão dominante na linguagem corporal no Brasil [como a bunda]" (1991: 116). Fernanda Farias de Albuquerque escreveu que é fácil distinguir as travestis brasileiras das italianas – basta olhar as bundas (Albuquerque & Janelli, 1995: 143-144). O cineasta e ensaísta Arnaldo Jabor chegou a considerar a bunda como símbolo do país (1993: 214).

Assim, já que a atração erótica no Brasil está focalizada na bunda, as travestis se preocupam primeiramente com isso e só injetam silicone nos seios mais tarde (quando muito). Muitas já possuem pequenos seios em decorrência da ingestão de hormônios. Além de os seios grandes não serem um capital essencial no mercado erótico, as travestis acreditam que silicone nas mamas provoca câncer (diferentemente de outras partes do corpo). Elas sabem também que o silicone injetado no peito muda de posição facilmente, e temem que ele possa atingir o coração. Todas as travestis conhecem vários casos infelizes: peitos que praticamente se fundiram por causa do deslizamento do silicone, causando um inchaço pronunciado e indistinto, denominado por elas "peito de pomba", ou casos em que o silicone formou nódulos protuberantes bem acima do estômago. Para completar, as travestis adiam as aplicações de silicone nos seios por saberem, como disse Keila a Madonna, que é um procedimento extremamente doloroso.

As dores das injeções de silicone foram um tema recorrente na conversa. Keila insistiu repetidas vezes no temor de injetar silicone nos seios, e Madonna reconheceu que é, de fato, muito dolorido. Quando as travestis abordam o assunto entre si, estão também, de certa forma, se preparando para as aplicações. As mais jovens (de "corpo virgem") interrogam as mais velhas, do modo como Keila fez perguntas a Madonna, e assim, gradualmente, ficam mais fortes para a "hora da verdade", quando estarão deitadas em um colchonete e ouvirão a pergunta crucial de uma bombadeira erguendo a seringa: "Vamos lá?".

É importante entender que as travestis não decidem colocar silicone impulsivamente. Quando resolvem se submeter às aplicações, elas o fazem depois de pensar no assunto durante meses, às vezes anos. É preciso tempo, aliás, para economizar o dinheiro necessário para adquirir o silicone e pagar os serviços da bombadeira. Além disso, é comum que as travestis já estejam consumindo hormônios há longos períodos – e eventualmente tomando medicamentos para ganhar peso – com o objetivo de dotar a pele de uma elasticidade apropriada, segundo imaginam, à melhor acomodação do silicone.[30]

Enfim, tudo isso significa que a maioria das travestis não coloca silicone antes do final da adolescência. Se uma delas dá mostras de querer começar antes dos 15 anos, será dissuadida pelas outras. As mais experientes sabem que o silicone injetável pode mudar de lugar facilmente, ainda mais se a pessoa estiver em fase de crescimento. Se uma travesti crescer depois de colocar silicone, ela corre o risco de acabar com a bunda no meio das costas. No entanto, há uma tendência crescente a colocar silicone cada vez mais cedo porque ele produz, mais do que os hormônios, resultados imediatos (e permanentes). Hoje em dia é comum que as primeiras injeções comecem na idade de 16 ou 17 anos. Daí, as travestis continuam colocando silicone periodicamente até por volta dos 25 anos. Então, fazem uma parada, recomeçando as aplicações em torno dos 35 anos – período em que acreditam estar perdendo a beleza da juventude, que pode ser restaurada com um ou dois litros de silicone.

Silicone no Brasil

Considerando seu uso generalizado e sua importância central na vida das travestis, é difícil acreditar que o silicone seja um fenômeno relativamente novo no Brasil. Todos os relatos estimam não mais do que 15 anos de utilização. Fernanda Farias de Albuquerque afirma que as primeiras injeções de silicone aconteceram na cidade de Curitiba em 1981. Uma travesti chamada Daniela havia trabalhado na França e um dia voltou de Paris rica e trazendo na bagagem vários litros de silicone que a fizeram mais rica ainda (Albuquerque & Janelli, 1995: 150). Martinha, de Salvador, também contou que o surgimento do silicone aconteceu em Curitiba no início da década de 1980. Quem quisesse colocar silicone tinha que economizar dinheiro para a viagem. Martinha disse que o silicone trazido de Paris naquela ocasião não era do tipo industrial usado hoje, mas um produto extraído de "algas marinhas". Banana também lembrava que o silicone importado diretamente da França era diferente. Ela não sabia de que era feito, mas recordava da "coloração rosa, bonita" dos dois copos de silicone que injetou nos quadris em 1987.

As notícias da existência do novo produto se espalharam rapidamente entre as travestis do Brasil. Seguramente, o silicone já era conhecido em Salvador em 1984, época da pesquisa de Neuza Maria de Oliveira com as travestis da cidade. Ela constatou, então, que nenhuma travesti entrevistada tinha colocado silicone, mas que "a grande maioria demonstra imensa vontade de se submeter a aplicações de silicone". E mesmo nessa fase inicial da história do silicone, muitas travestis puderam descrever para Oliveira (1994: 129-130) como as aplicações eram realizadas e quanto custavam.

Ao que parece, logo depois que a notícia se espalhou, alguns indivíduos empreendedores começaram a buscar meios de adquirir silicone sem que isso envolvesse, necessariamente, importar o produto da França (mesmo porque teria sido quase impossível importá-lo depois de 1982, ano em que a França impôs restrições de visto a brasileiros e ao mesmo tempo expulsou centenas de travestis que lá trabalhavam como prostitutas). Acabaram descobrindo o silicone industrial. Este difere do silicone cirúrgico por não ser estéril nem puro. É largamente utilizado na indústria para as mais diversas finalidades, como na fabricação de painéis de automóveis e, na construção civil, como material de vedação.

O silicone cirúrgico – purificado, esterilizado e acondicionado em bolsas protetoras –, como é o caso do produto utilizado em implantes de mama, já foi associado a problemas graves de saúde, tais como artrites inflamatórias, doenças auto-imunes (nos quais o sistema imunológico reage aos tecidos do próprio corpo como se fossem de corpos estranhos), linfoadenoidepatias (doenças dos nódulos linfáticos), doenças do tecido conjuntivo, entre outras. Não é difícil imaginar as sérias conseqüências à saúde que podem advir da injeção de litros de silicone industrial, impuro, diretamente no corpo.[31] Os rótulos das embalagens plásticas (recipiente mais comum de comercialização do produto) trazem as seguintes advertências ao consumidor:

PRECAUÇÕES	PRIMEIROS SOCORROS
Utilize somente em áreas ventiladas	Intoxicação por inalação: remover o paciente para local com ar fresco
Evite inalar os vapores	Contato com a pele: lavar com água e sabão
Evite o contato prolongado com a pele	Contato com os olhos: lavar imediatamente com água corrente por 15 minutos
Mantenha fora do alcance das crianças	Ingestão do produto: procurar atendimento médico
Mantenha longe do fogo e do calor	

Os fornecedores ou fabricantes de silicone industrial não comercializam diretamente para as travestis porque sabem que elas irão injetar o produto, o que dizem ser ilegal.[32] Porém, pelo menos uma ou duas travestis, em qualquer cidade onde haja revendedores ou fábricas, terão os contatos necessários para adquirir o produto clandestinamente. São elas que controlam o mercado, cobrando pelo silicone o preço que quiserem. Conseqüentemente, as informações sobre onde e como comprar silicone são segredos muitíssimo bem guardados. Qualquer travesti que tenha esse conhecimento só aceita transmiti-lo a um custo muito alto (os números de telefone de contatos em Salvador e em muitas outras cidades foram comprados pelo equivalente a cinco mil dólares em meados dos anos 1990), e mesmo assim somente nos casos em que planeja sair da cidade e nunca mais voltar. Sempre que há demanda, essas travestis entram em contato com seus fornecedores (em uma fábrica, por exemplo) e vão com máxima discrição até o local. Então compram vários litros de silicone, que revenderão posteriormente, com enorme lucratividade. Em fevereiro de 1995 eu acompanhei uma amiga travesti até uma revenda industrial onde ela tinha um contato. Essa pessoa vendeu à minha amiga cinco litros de silicone ao preço de seis reais por litro. Ela revendeu o produto com preços variando de setenta a cem reais por litro. No final de 1996, o preço do litro de silicone já havia aumentado para duzentos reais no mercado das travestis.

O silicone comprado pelas travestis tem o aspecto de um líquido oleoso, grosso, incolor e inodoro. A viscosidade faz com que as injeções no corpo humano sejam difíceis. As travestis que trabalham como bombadeiras costumam usar agulhas veterinárias da espessura de uma ponta de lápis. E é preciso usar toda a força para empurrar o silicone no corpo daquelas que pagaram pelo serviço de "bombar". As bombadeiras são sempre autodidatas. Embora algumas possam ter eventualmente recebido alguma instrução de travestis mais experientes, o caminho normal para se tornar bombadeira é observar outra bombadeira aplicar silicone em alguém (que pode ser, em alguns casos, a própria neófita) e constatar que pode fazer melhor. Carlinhos, a bombadeira que colocou silicone em Tina, contou que começou a fazer injeções em uma mulher. Esta lhe pediu encarecidamente para fazer o serviço sob a seguinte alegação: como Carlinhos havia se submetido a uma aplicação de silicone, ela deveria saber como se faz.

> *E eu já era bombada há uns cinco anos, ou não, era menos, há uns três a quatro anos, e ela: "Você sabe fazer, você faz, mona, você faz. Você faz porque você já viu como é que faz". Eu digo: "Mas, rapaz, nunca fiz um negócio desse". Eu fiquei sempre adiando aquilo pra não fazer: "Ah, eu não tenho agulha, não tenho o que", eu tinha medo daquilo. Aí, mas teve um dia que, tinha que ser naquele dia, aí, eu digo: "Poxa, é hoje". Aí eu fui, deitei a mulher, risquei, aí já fiz a mulher, a mulher foi pra casa, no outro dia a mulher já tava beleza, já trouxe mais duas mulheres. Aí trouxe duas mulheres. Eu já pude imaginar, se aquela mulher eu furei daquele jeito, enchi aquele buraco, essa daqui eu vou furar na mesma posição e vou encher esse daqui, e aí eu fui, entendeu? Pronto.*

Carlinhos disse que via uma razão para o fato de ser tão bem-sucedida como bombadeira: tinha alguns conhecimentos de anatomia. Durante o dia ela trabalhava em um hospital em uma cidade no norte do Brasil (a única travesti que eu conheci com trabalho fixo no horário diurno), responsável pela identificação dos cadáveres e sua destinação aos locais de velório ou à sala de autópsia.[33]

Pelo fato de serem autodidatas, as bombadeiras empregam métodos que variam radicalmente. Carlinhos, por exemplo, era metódica e cuidadosa, sempre preocupada em saber o estado da travesti que estava sendo bombada. Já uma outra bombadeira experiente e muito conhecida em Salvador (que tive oportunidade de observar) era muito mais brusca e prática: parecia fazer tudo às pressas, sem perda de tempo, para que a sessão terminasse o mais rapidamente possível. Enquanto Carlinhos costumava perguntar o tempo todo se a injeção estava doendo, diminuindo o ritmo (e até interrompendo momentaneamente), a outra não falava nada enquanto bombava as travestis, e mesmo que elas gritassem de dor continuava empurrando o êmbolo da seringa e forçando o silicone a passar pela agulha.

Circulavam entre as travestis algumas histórias horrendas sobre bombadeiras de outras cidades que só pensavam no dinheiro e nem se preocupavam com a pessoa que estava sendo bombada. Elas despachavam as travestis tão logo terminavam a injeção, sem nenhuma indicação dos cuidados pós-silicone. Mentiam sobre a quantidade aplicada – dizendo terem bombado seis copos, por exemplo, quando na verdade haviam colocado apenas cinco, guardando o restante para si mesmas (tal prática chamava-se "quebrar o copo").[34] Contava-se que algumas bombadeiras chegavam a colocar álcool na seringa com o intuito de criar um abscesso nessa ou naquela travesti de quem não gostavam por qualquer razão.

As travestis que desejam colocar silicone precisam se basear nas experiências que outras travestis tiveram com determinadas bombadeiras para fazer a melhor opção. Mas o único fator realmente importante na escolha de uma bombadeira tem a ver com os resultados obtidos no corpo. Sempre que uma travesti aparece com silicone novo em algum lugar do corpo, as outras perguntam quem "fez". Se chegarem à conclusão que o corpo feito por essa bombadeira teve um resultado particularmente bem-sucedido, irão procurá-la também. Em cidades maiores, como Rio e São Paulo, as bombadeiras mais famosas guardam um *book* de fotografias das travestis que tiveram os corpos feitos por elas. Assim podem solicitar às novas clientes que escolham, pelas fotos, que tipo de corpo gostariam de ter. Fernanda Farias de Albuquerque relembra a primeira vez que colocou silicone. Ela chegou na casa de uma bombadeira e viu "tantos quadros, tantas fotos de trans famosos que tinham passado pelas suas mãos! Eram corpos belíssimos. Todos feitos com silicone, lindos de morrer" (Albuquerque & Janelli, 1995: 148). Pediu à bombadeira que fizesse seu corpo igual ao de Perla, uma travesti estampada na parede.

Quando uma travesti decide quem vai bombá-la, combina o local e o horário com a bombadeira. As aplicações de silicone podem ser feitas no apartamento da bombadeira ou da própria travesti, conforme a preferência da primeira. É a bombadeira também quem decide a quantidade de silicone. Quando ela tem acesso direto a uma "fonte" (isto é, um contato na fábrica ou no local de revenda), seguramente vai insistir para que a travesti compre o silicone em suas mãos. "Eu gosto de saber o que estou colocando nessas bichas", disse-me uma bombadeira. Quando não, as travestis devem levar o próprio silicone, comprado em outro lugar. As bombadeiras também pedem que as travestis levem: seringas; agulhas de dois tamanhos (pequenas para anestesia, grandes para o silicone); um ou dois frascos de xilocaína (droga da família da novocaína usada como anestésico); álcool e papel higiênico (para desinfetar as agulhas e remover o excesso de silicone); meia-calça para colocar na cintura, caso a aplicação seja nas partes inferiores do corpo, para impedir que o silicone atinja o coração, ou bandagens de tecido, caso a aplicação seja no peito, para evitar a formação de peito de pombo; um frasco pequeno de cola-tudo para fechar os orifícios deixados pelas agulhas e bolas de algodão para cobrir os orifícios preenchidos com cola.

Tina Coloca Silicone

Quando Tina combinou com Carlinhos uma sessão de aplicação de silicone, fez questão de que o horário fosse bem tarde da noite, pois assim ela ainda teria tempo de trabalhar à tarde e, quem sabe, roubar um cliente, ou dois. Na data combinada, Tina chegou depois das 23 horas carregando um saco plástico no qual levara o silicone e todos os itens necessários, conforme as instruções. Quando nos encontramos na entrada da casa, fiquei surpreso ao perceber que ela não estava sob influência de drogas. Eu sabia que, depois de uma noite de trabalho, Tina gostava de relaxar fumando cigarros de maconha e cheirando algumas fileiras de cocaína. Então, eu tinha quase certeza de que ela iria se drogar para suportar melhor as dores da aplicação de silicone. Mas, não. E nesse particular ela agiu diferentemente de sua bombadeira – Carlinhos –, que uma hora antes havia fumado tranqüilamente um grande baseado que circulava no quarto de outra travesti. Ali Carlinhos acabara de me contar que, quando "bomba" alguém, sempre executa o trabalho tendo em mente o rosto da pessoa. Se a travesti tem um rosto de menina, explicou, não dá para fazer um "bundão" ou "peitão". É importante, Carlinhos enfatizou, que o rosto e o corpo combinem. Se não combinarem, a pessoa corre o risco de ficar parecendo a Jô Mamãe – uma travesti de seus 40 anos que havia colocado 12,5 litros de silicone. O corpo da Jô era voluptuoso e atraente, prosseguiu Carlinhos, mas o rosto parecia o de um velho. "De longe é um presépio, de perto uma presepada", gracejou. (Jô Mamãe respondia a esse tipo de comentário dizendo que as outras travestis tinham inveja da sua beleza. E sempre retrucava, mexendo desdenhosamente nas pontas do cabelo, com uma tirada mordaz: "Eu não tenho culpa se a natureza foi mãe para mim e madrasta para vocês".)[35]

Na ocasião, Carlinhos vivia em uma cidade do Norte e estava em Salvador para uma de suas rápidas visitas. Ela não tinha um local próprio para "bombar" Tina. Por sua vez, Tina dividia um pequeno apartamento com várias outras travestis; ali não seria possível. Por causa disso a sessão teve que ser feita no apartamento de uma amiga em comum, Tânia. Carlinhos estava hospedada com ela nesse período (posteriormente Tânia recebeu retoques gratuitos, em troca de sua hospitalidade).

Quando Tina chegou ao local, Carlinhos foi ao quarto de Tânia e estendeu uma toalha branca sobre a grande cama de casal (e com isso cobriu os lençóis decorados com desenhos de homens e mulheres nas mais diferentes posições eróticas, os quais Tânia havia furtado de um motel, segundo ela mesma me contara). Tina entrou no quarto e entregou o saco plástico a Keila, que iria auxiliar Carlinhos ao longo da sessão. Keila sentou-se em um banquinho ao lado de cama e espalhou sobre um segundo banquinho à sua frente todo o conteúdo do saco plástico. Em seguida abriu o frasco de silicone que Tina trouxera e despejou o líquido oleoso dentro de um copo (que também já estava apoiado no banco à sua frente), enchendo-o até a boca.

Depois Tina se despiu e ficou em pé, nua, diante de Carlinhos. Keila ajudou a amarrar a meia de náilon em volta da cintura de Tina. E esta, então, disse novamente a Carlinhos em que partes do corpo queria o silicone. Com um lápis de sobrancelha rosa, Carlinhos fez marcações no corpo de Tina indicando os pontos corretos das injeções. Não usou nenhum instrumento de medida. Simplesmente olhou para Tina e marcou os pontos com pequenos X: quatro na parte interna de cada coxa, quatro na parte externa de cada lado dos quadris e quatro em cada nádega.

Tina deitou-se de costas sobre a toalha. Carlinhos postou-se ao seu lado na cama, derramou um pouco de álcool isopropílico nas mãos, esfregando-as em seguida (Keila, sendo assistente, também esfregou as mãos com álcool). Então, Carlinhos embebeu com álcool uma bola de algodão que passou na parte interna da coxa direita de Tina, onde faria a primeira injeção. Enchendo a seringa pequena com um pouco de xilocaína, perguntou para Tina: "Vamos?". Tina fechou os olhos, cerrou os dentes em um pequeno urso de pelúcia que por acaso estava em cima da cama de Tânia e respondeu: "Vamos, bicha". Carlinhos enfiou a agulha em cada um dos quatro X marcados na coxa.

Assim que acabou de injetar todo o anestésico, Carlinhos pediu a Keila a seringa maior de 10 ml, que esta já havia preparado, mergulhando a seringa no copo e enchendo-a de silicone. Keila limpou a ponta da seringa com um pedaço de papel higiênico, encaixou a agulha grossa e pressionou o êmbolo até que o silicone começasse a ser expelido lentamente através da agulha. Então limpou o excesso outra vez com papel higiênico e passou a seringa às mãos de Carlinhos.

Carlinhos verificou novamente a seringa e em seguida cravou fundo a agulha no primeiro X. Quando a agulha penetrou completamente, tomou fôlego e pressionou o êmbolo com as duas mãos. Usando toda sua força, esvaziou o conteúdo da seringa dentro da coxa de Tina. Isso demorou cerca de trinta segundos. Ao terminar, Carlinhos deixou a seringa no lugar, fixada na coxa. Em seguida Keila estendeu-lhe uma segunda seringa preparada, que Carlinhos introduziu no segundo X, repetindo o processo e deixando-a no lugar do mesmo modo. E assim ela fez, sucessivamente, até que as quatro seringas vazias ficaram penduradas nos quatro pontos assinalados.

Então Carlinhos desatarraxou a primeira seringa, deixando apenas a agulha enfiada na coxa de Tina. Entregou a Keila, que imediatamente mergulhou a seringa no copo de silicone e a recarregou. Enquanto Keila se ocupava com isso, Carlinhos removeu as outras três seringas, novamente deixando as agulhas fincadas na coxa de Tina como se fossem pêlos metálicos de um porco-espinho. Carlinhos ia deixando as seringas sobre um prato em frente a Keila, aguardando o reabastecimento da primeira. Depois de limpá-la com papel higiênico, Keila devolveu a primeira seringa a Carlinhos, que a conectou novamente à agulha, recomeçando a injeção. O mesmo procedimento repetiu-se com as outras três seringas. Durante todo o tempo havia sempre quatro agulhas na coxa de Tina e pelo menos duas seringas vazias.

Cada ponto da coxa recebeu quatro aplicações no total. Depois da quarta injeção, um intumescimento começou a aparecer claramente sob cada agulha. Mas os inchaços debaixo da pele eram descontínuos – não se fundiam, mais pareciam quatro grandes edemas ou bossas. Finda a última injeção, Carlinhos retirou todas as agulhas. Enrolou um pedaço de papel higiênico em quantidade suficiente para cobrir toda a região afetada pelas injeções (aproximadamente 25 cm). Pôs o papel sobre a coxa e com os dedos polegar e indicador começou a fazer massagem no local, energicamente, como se quisesse dispersar o silicone dentro do corpo. O que ela estava tentando fazer, conforme explicou, era aplainar o silicone para que ele se espalhasse uniformemente, dando à pele uma aparência lisa e homogênea, sem protuberâncias. A massagem durou uns cinco minutos. Quase no final, Carlinhos retirou o papel higiênico (cuja função era absorver o sangue e o excesso de silicone que vazam dos orifícios) e esfregou e espremeu e comprimiu a pele em torno dos furos, como se estivesse espremendo uma espinha. Um silicone límpido e um pouquinho de sangue escorreram.

Finalmente, Carlinhos molhou uma bola de algodão com álcool e limpou o local. Em seguida espalhou álcool nas mãos e massageou a coxa vigorosamente por um minuto. Agora ela estava pronta para fechar os orifícios deixados pelas grossas agulhas veterinárias. Para isso ela usou uma cola-tudo do tipo Super Bonder que Tina trouxera (se por acaso Tina tivesse esquecido a cola, poderia ser usado esmalte de unha como alternativa). Com cuidado, Carlinhos pingou uma gota de cola em cada orifício, aplicando um chumaço de algodão por cima. Fez o mesmo até que os quatro orifícios estivessem fechados e cobertos com pequenos chumaços de algodão. Toda a operação, desde a injeção de xilocaína até a costura com cola, durou 15 minutos.

Então Carlinhos repetiu todo o processo, dessa vez com a coxa esquerda de Tina. Depois com a anca direita, e com a esquerda. E depois na nádega direita, e finalmente – passadas duas horas e meia do início – na nádega esquerda.

Submeter-se a uma sessão de silicone é um passo que altera o corpo da travesti pelo resto da vida. Apesar disso, a atmosfera durante a operação não é marcada por nada em especial. Algumas travestis preferem um número pequeno de pessoas no quarto, e todas elas mantêm a porta fechada. Mas se por acaso alguém deseja falar com a travesti que está sendo bombada, ou com a bombadeira ou com a assistente, pode entrar e sair do quarto à vontade e comentar sobre a sessão livremente. Enquanto está sendo bombada, a travesti fuma, mantém a conversa com a bombadeira ou com qualquer outra pessoa que entre para ver como estão indo as coisas. Se houver televisão no quarto, seguramente estará ligada. Durante a sessão de Tina a TV transmitia *E o Vento Levou* dublado em português. Enquanto Atlanta pegava fogo, a bunda de Tina crescia.

A sessão de Tina começou às 23h10 e terminou às 2h15 da manhã. Quando todo o silicone havia sido utilizado e as últimas gotas de cola haviam sido derramadas sobre o último orifício, Tina se levantou. Keila auxiliou Tina na colocação de dois sacos plásticos em volta da bunda, como uma espécie de fralda. O objetivo era "esquentar" o silicone para ajudá-lo a "dissolver" mais rápido. Tina foi instruída a manter os sacos por um dia. Vestiu sobre eles uma meia-calça para manter o silicone no lugar, impedindo que ele descesse pelas pernas e fosse se acumular nos calcanhares. Quando os sacos e a meia-calça estavam no lugar, Tina colocou o vestido pela cabeça, escutou Carlinhos adverti-la que não comesse carne de porco nos próximos dias, deu boa-noite e saiu.

Duas noites depois Tina já estava recuperada e trabalhando nas ruas de novo, com sua nova bunda e seu novo quadril generosamente expostos no menor microshort que eu jamais sonhei ver em toda a minha vida.

A Dinâmica do Corpo

Até aqui mostrei as práticas e modificações corporais das travestis como se fossem auto-explicativas e não problemáticas. Quando meninos, as travestis se descobrem sexualmente atraídas por homens, e esses sentimentos eróticos estão ligados – ao menos no plano do discurso das travestis – a comportamentos efeminados e a um interesse por objetos femininos (como bonecas) e atividades femininas (como representar o papel da mãe nas brincadeiras). Tão logo a atração por homens resulta em relação sexual (com penetração anal), esses meninos começam a adotar práticas corporais que os feminizam, e o processo culmina com a injeção de muitos litros de silicone industrial em seus corpos.

A pergunta que eu gostaria de fazer agora é: por quê? Por que os indivíduos engajam-se em tais práticas corporais? Por que eles desejam ter formas arredondadas, bundas salientes e peitos à base de hormônios? Por que eles se transformam 'dessa' maneira? E se seu objetivo é aproximar o corpo de formas femininas, o que eles pensam de seus órgãos genitais masculinos?

Quando eu perguntava às travestis por que elas modificavam o corpo dessa maneira, as respostas continham quase sempre uma razão óbvia: "para modelar meu corpo, para ficar mais feminina, para ficar com corpo de mulher", explicou, por exemplo, Elisabeth, travesti de 29 anos que tinha meio litro de silicone nos quadris e um copo em cada mama. Eu geralmente insistia: mas por que você deseja ter um corpo de mulher?

Quando comecei a fazer essas perguntas às travestis individualmente, eu imaginava que elas desejavam um corpo feminino pelo fato de se sentirem como mulheres. Porém, não foi a resposta que elas me deram. A mim nenhuma delas jamais disse que era uma mulher presa em um corpo de homem – mesmo quando eu, já confuso e exasperado para compreender, às vezes chegava a sugerir tal resposta. Ao contrário, há um consenso fortemente estabelecido entre as travestis de Salvador: para elas, qualquer travesti que se diz ou se considera mulher tem problemas mentais. Travesti não é mulher e não pode ser mulher, dizem umas às outras, porque Deus as fez homens.

Todo indivíduo é livre para embelezar e aumentar as partes do corpo concedido por Deus, mas o sexo não pode ser alterado. Carlinhos, por exemplo – que tinha cinco litros de silicone nas nádegas, nos quadris, nas coxas, além de grandes implantes nas mamas –, explicou: "Eu não tiro nada que Ele me deu. Eu só melhoro as coisas. Ele me deu peito, eu aumento. Ele me deu bunda, eu aumento. Ele me deu coxas, eu aumento. Eu só estou fazendo o que Ele me deu ficar mais bonito". Banana sintetizou o pensamento da maioria das travestis sobre esse tema, quando me disse, *tout court*: "Eu nasci homem e vou morrer homem. Como eu posso ser mulher um dia, se eu nasci homem? Se eu por acaso me castrasse e pusesse uma buceta, isso faria de mim uma mulher?".

O argumento da impossibilidade de alterar o sexo inato explica, aliás, as suspeitas e o desprezo que as travestis manifestam em relação aos transexuais. Embora não houvesse transexuais em Salvador (pelo menos nenhum que fosse de conhecimento geral), as travestis sabem perfeitamente da sua existência, e a questão do transexualismo era um tema freqüente de conversas e comentários entre elas. O transexualismo como fenômeno é mencionado em termos dos procedimentos cirúrgicos que o tornam possível. As travestis falam em "tirar o sexo", "tirar o pênis", "fazer transplante" (quem exatamente seriam os doadores para o transplante ou como ele seria feito são coisas que nunca ouvi ninguém explicar) ou, mais comumente, "botar uma buceta". Os transexuais são chamados de bichas operadas ou bichas castradas. Algumas travestis dizem ainda bichas mutiladas. Em algumas ocasiões, quando se quer diferenciá-los das travestis, os transexuais podem ser chamados simplesmente de "bucetas". Ouve-se essa designação, por exemplo, quando travestis lêem reportagens sobre travestismo e transexualismo em revistas e alguma foto levanta dúvida sobre a pessoa fotografada. "É travesti?". E alguém responde: "Não, é buceta". No entanto, as travestis 'nunca' chamam os transexuais de mulher.

Sempre que o tema do transexualismo surge nas conversas, a reação geral é de incompreensão. Ninguém entende a questão. Se colocar uma boceta não vai transformar ninguém em mulher, como diz Banana, afinal por que colocar? Amputar o pênis, por sua vez, só pode resultar na perda definitiva da experiência do prazer sexual. Essa perspectiva aterroriza as travestis. Quando debati o tema da operação de mudança de sexo com Banana, ela repudiou a idéia. "Tiro meu pênis e fico inutilizada? Sem poder gozar? Vou me tornar uma pessoa 'neutra'? Não. Já tenho pecado suficiente sendo viado, não é?", concluiu rindo. "Além disso", prosseguiu, "vou ficar castrada. Não. Nem que eu tivesse um milhão de dólares eu faria uma coisa dessas". Adriana afirmou algo semelhante:

> Adriana: *E todo travesti tem que ter o direito dele, né? O pênis – o direito do travesti é o pênis. Sem o pênis ninguém goza.*
>
> Don: *Não, claro.*
>
> Adriana: *Sem o pênis ninguém goza.*

Don: *Não.*

Adriana: *E se o homem, ele/ ele/ se o homem, ele já veio/ ele já veio com a tendência de ter um pênis, é porque a natureza que fez ele um homem, fez ele com um pênis. Então ele tem que continuar com o pênis dele.*

Adriana prosseguiu explicando que gosta muito de gozar e que seu pênis é "a melhor coisa do mundo".

Martinha também enfatizou a importância do prazer sexual enquanto debatia comigo a operação de mudança de sexo. "E nunca mais gozar?", perguntou, incrédula. "Eu adoro transar, adoro que me comam, adoro chupar e ser chupada, adoro desempenhar diferentes papéis – dá para imaginar? [Sem pênis] seria como um mero buraco numa bananeira, e algum homem só botando e tirando." Jô Mamãe fez coro e alargou essa percepção dizendo certa vez, em uma conversa com outras travestis, que a operação de mudança de sexo era algo ridículo. Se a pessoa nunca mais puder gozar, ela vira um objeto – um buraco insensível que existe apenas em função do prazer dos outros. Quando fez esse comentário, Jô segurava uma caixa de sapato vazia, e para ilustrar o que dizia jogou a caixa sobre o colchão. "Assim", disse ela, enquanto socava a caixa com a mão simulando o movimento de alguém fazendo sexo com um recipiente vazio e apático.[36]

As operações de mudança de sexo não resultam na produção de mulheres e ao mesmo tempo tiram toda a possibilidade de uma pessoa experimentar o prazer sexual. Mas há mais do que isso. Segundo as travestis, a operação resulta inevitavelmente em um estado de insanidade. As travestis partilham de um conjunto de idéias, um tanto vagas mas firmemente estabelecidas, sobre fisiologia humana e o modo como os diferentes órgãos do corpo estão conectados e interagem no funcionamento uns dos outros. Há pouco mencionei uma dessas idéias, amplamente difundida, que relaciona ejaculação com perda de hormônios e conseqüente diminuição dos seios. Outra crença semelhante reza que a operação acaba impossibilitando a eliminação do sêmen pelo organismo. Com isso, o sêmen pode subir para o cérebro, onde supostamente coagula e forma "uma pedra". A pedra vai aumentando de tamanho até que, depois de dez ou 15 anos, provoca uma "trombose" que causa loucura.[37]

Muitas travestis com quem conversei hesitavam na hora de dar detalhes sobre o processo. "Eu não sou médico. Você tem que perguntar a um médico para saber como funciona exatamente", era uma resposta freqüente sempre que eu pressionava para obter uma explicação mais precisa. Elas só sabiam que acontecia, e citavam vários exemplos de transexuais que haviam enlouquecido, como Luciana Buceta, de Recife. Conforme a história contada por todas, Luciana perambulava pela cidade mostrando a "buceta" a qualquer pessoa que quisesse ver (e eventualmente até a pessoas que não tinham o menor interesse em ver). Porém, uma travesti que pensou muito a respeito me disse o seguinte: o sêmen vai para o cérebro porque os testículos não são retirados na cirurgia; eles são apenas reposicionados no interior do corpo. Além disso, uma vagina produzida cirurgicamente é composta de "nervos" do pênis virado ao avesso e introduzido no púbis. Com isso, prosseguia o raciocínio, o sêmen que originalmente viajaria através do pênis para fora do corpo, agora, através do pênis invertido, viaja para dentro do corpo, podendo se alojar no cérebro, onde se cristaliza na pedra que provoca a loucura.[38]

De todo modo, fica evidente nas falas das travestis sobre transexuais a firme convicção de que uma pessoa não deve mudar de sexo. Se você nasceu para ter pênis, como diz Adriana de maneira um tanto original, é porque você é homem e – acrescentaria Banana – vai morrer homem. Mas se é assim, isto é, se as travestis não se consideram transexuais (lembrando que nos Estados Unidos e na Europa transexuais passaram a ser entendidos como "mulheres presas em um corpo masculino"), então, afinal, por que as travestis adotam nomes, roupas, cabelos e práticas corporais femininos? Por que razão elas se tratam por pronomes femininos? E por que colocam quantidades substanciais de silicone para obter um corpo feminino estereotipado?

As travestis fornecem duas respostas para essas perguntas. A primeira diz respeito à maior desejabilidade do corpo feminino no mercado sexual. Pastinha é uma travesti na faixa dos 30 anos, com dois litros de silicone no bumbum e 250 ml em cada mama. Quando lhe perguntei os motivos de ter feito aplicações de silicone, ela respondeu de imediato:

> Pastinha: *Hum, pra ganhar dinheiro, né? [risos]*
>
> Don: *É?*
>
> Pastinha: *É. Porque tem que ter um corpão pra poder ganhar dinheiro, né? Porque se não tiver/ por/ porque os home gosta de ver... travesti é com corpão pra poder ganhar dinheiro.*
>
> Don: *Sim...*
>
> Pastinha: *Aí eu botei pra isso. Porque quando eu cheguei pra aqui eu não tinha nada disso.*
>
> Don: *Mas só para ganhar dinheiro? Não tem outra, é... razão? Só para/ só para ganhar dinheiro?*

Pastinha: *É, só pra botar/ Porque... quando um home vê um travesti dum corpão assim, né, aí pára o carro e diz "Ah, eu vou sair com aquela dali que tem o corpão". Aí, depois que eu botei que melhorou pra mim.*

Don: É.

Pastinha: *Porque antes deu botar, minha bunda era chulada assim, batida [bate com as palmas das mãos].*

A relação apontada por Pastinha entre um corpo feminino belo e o bom rendimento financeiro na prostituição é outro tema constante no discurso das travestis sobre o corpo. Todas afirmam que uma travesti sem formas femininas ganha pouco dinheiro. Elas gostam de descrever a admiração e o respeito que sentiram ao ver pela primeira vez uma "bicha plastificada" e a percepção de que também poderiam adquirir formas femininas com ajuda do silicone e conseguir mais dinheiro. Trabalhando nas ruas à noite, as travestis que conseguiram dar ao corpo características bem femininas exibem-se para atrair a atenção dos motoristas. Elas se vestem (ou melhor, se despem) com o intuito de acentuar e deixar à mostra suas formas. Já as travestis que não adquiriram um corpo feminino procuram disfarçar essa lacuna vestindo blusas e saias mais largas e usando peruca. Algumas poucas travestis mais "machudas" (isto é, masculinizadas) costumam colocar enchimento de espuma sob a roupa na altura do bumbum, além de papel higiênico ou preservativos cheios de água dentro do sutiã.

Magdala foi uma das que lançaram mão desse expediente durante anos. Ela era uma travesti incomum em Salvador. Em parte por ter tido uma carreira antes de se prostituir (ela possuíra um pequeno salão de cabeleireiro em sociedade com uma bicha amiga, mas um dia esta roubou tudo e desapareceu). E em parte por ter começado tardiamente a se vestir como mulher em tempo integral (aos 23 anos). Apesar de todas as pessoas definirem Magdala como travesti (já que ela vivia com outras travestis, usava trajes femininos e mantinha os cabelos compridos na altura dos ombros), ela mesma não se considerava totalmente uma travesti.[39] Magdala parecia se considerar mais como transformista do que como "um travesti mesmo". O sinal mais eloqüente dessa falta de empenho em ser uma travesti de verdade, como ela disse, era a ausência quase total de silicone. Aos 35 anos Magdala não tinha colocado silicone, excetuando-se parcos 10 ml nas bochechas e no queixo. Além disso, ela nunca tomou hormônios (pois lhe causavam erupções horríveis na pele). Com seus longos cabelos, unhas pintadas, anéis, pulseiras e gestos lânguidos e expansivos, Magdala mais parecia um homossexual esguio, alto, musculoso e efeminado. Quando eu a entrevistei em 1995 ela passava por um período de depressão. Havia se dado conta de que estava cada vez mais difícil ganhar dinheiro na prostituição justamente porque ela não tinha as formas femininas tão apreciadas pelos clientes. E por esse motivo, explicou, estava considerando a possibilidade de colocar silicone e "virar um travesti de verdade".

> Magdala: *Tô querendo me jogar a ser travesti, porque eu não tô conseguindo... ganhar dinheiro na pista sem ser travesti mesmo.*
>
> Don: *É.*
>
> Magdala: *Tá entendendo?*
>
> Don: *É.*
>
> Magdala: *Os homens gosta de ver corpo, peito, entendeu? De ver peito.*
>
> Don: *É.*
>
> Magdala: *Eu faço aquela linha mais num... é... tem alguns clientes... Entro em alguns por causa da neca, né? Que eles gostam, mas... eu não sei. Peito que eles gostam/*
>
> Don: *É.*
>
> Magdala: *Não chamo muita atenção. Quer dizer, eu chamo muita atenção, mas os carros que param... a maioria já me conhece, não pára porque... sabe que eu não tenho seios, nem tenho/*
>
> Don: *É.*
>
> Magdala: *Entendeu?... Silicone, essas coisas, que eles gostam. Mas da/ da/ daqui pra frente eu vou pensar direitinho o que é que eu vou fazer realmente.*
>
> Don: *É.*
>
> Magdala: *Porque... se eu tô de machuda, não tô conseguindo nada. Então vamos virar logo travesti pra ver o que é que dá, né?*

Quando voltei a Salvador um ano depois, Magdala de fato se transformara em uma travesti de verdade. Ela havia aplicado cinco litros de silicone nos quadris, nas coxas e na bunda, e planejava colocar mais três litros. Com a ajuda de outras travestis, Magdala descobriu uma marca de hormônios que não lhe causava alergia e tomava quatro comprimidos por dia. O remédio a estava deixando mais arredondada e com os seios maiores. Ela também havia mudado o estilo de se vestir, deixando de lado os modelos mais comportados para adotar um jeito muito mais descontraído, preferido pelas travestis (*tops*, mini-blusas, saias curtas e microshorts). Disse para mim que agora conseguia muitos clientes, arranjava alguns namorados bonitos e ganhava muito mais dinheiro. Parecia mais feliz e muito mais confiante do que no ano anterior.

Magdala, Pastinha e outras conhecidas eram bastante explícitas em afirmar que um corpo bonito e cheio de silicone – um "corpão", como dizia Pastinha – significava dinheiro no mercado sexual brasileiro. Diante da relação direta que as travestis estabelecem entre modificações corporais e prostituição, as análises acadêmicas tendem a empacar. Normalmente as explicações sugerem que as travestis modificam seus corpos por serem vítimas trágicas de um sistema de exploração sexual destrutivo e degradante. A feminista e polemista inglesa Sheila Jeffrey usou o caso das travestis brasileiras como exemplo do tipo mais pernicioso de opressão sexual, "aquele em que as demandas da indústria do sexo forçam os indivíduos a modificar definitivamente seus corpos no afã de obter mais dinheiro" (1996: 88). Neuza Maria de Oliveira, que estudou as travestis de Salvador nos anos 1980, tem argumentos semelhantes. Muito embora seu livro mostre muitas nuances e simpatia com as travestis, ela conclui que o travesti "tem seu corpo adequado ao gosto do cliente através do mecanismo de disciplina corporal, que proporciona uma sexualidade política e economicamente conservadora. É um corpo dócil e útil das ruas, de prostituição de rua, tal qual o da rotina fabril. Um corpo produto mercadoria" (1994: 129).

Se por um lado é importante não perder de vista que a maioria esmagadora das travestis no Brasil trabalha como prostitutas, estando por esse motivo sensíveis às demandas do mercado sexual, por outro é importante observar também que algumas análises – como as de Jeffrey e Oliveira – são produto de uma perspectiva que vê as travestis apenas como prostitutas, e seus corpos apenas em função do "gosto do freguês". É uma perspectiva que ignora o fato de que as travestis começam a remodelar seus corpos muitos anos antes de entrarem na prostituição, e acaba deixando de investigar de que modo elas percebem, entendem e usam seus corpos em outros contextos não profissionais (p. ex., no trato com os namorados). Essa perspectiva também elide a dimensão crucial da construção do corpo ("dócil"?): a subjetividade das travestis. Será que as travestis realmente encaram seus corpos como nada mais que um "produto industrial"? Isso parece extremamente improvável (além de injusto). Afinal de contas, as travestis parecem ser as pessoas que mais despendem tempo pensando, cuidando, tratando, planejando e modelando seus corpos. Reduzir todo esse investimento e todo esse tempo a um mero desejo alienado de construir uma mercadoria para a "indústria do sexo" é compreender apenas uma parte da história.

Por mais importante que seja o potencial de sedução dos clientes, este não é o único fator que leva as travestis a modificarem o corpo. Quando eu perguntava sobre suas motivações, elas também mencionavam que uma outra razão (algumas travestis mencionavam como 'única' razão) era o desejo de se sentirem "femininas" ou de "se sentirem mulher".[40] Essa qualidade ou característica feminina deve ser entendida de um ponto de vista bem específico.

Quando perguntei a Elisabeth o que significava sentir-se mulher, ela respondeu:

> *Eu gosto de me vestir feito mulher. Eu gosto quando alguém, quando os homens me admiram, entende? Gosto de ser admirada, gosto quando saio com um homem e ele diz "Você está realmente linda, você está muito feminina". Isso me faz querer ficar mais feminina e mais bonita a cada dia, percebe?*

Luciana disse que sentir-se mulher, para ela, significava

> *sentir-se bem com os homens – eu me sinto bem quando estou com um homem, mas é um pouco estranho, sabe? Porque poucos homens hoje em dia ficam com você e aceitam você totalmente, 24 horas por dia, sem vergonha de levar para qualquer lugar. Eu já tive homens assim, sabe? E eles me faziam sentir "mulheríssima".*

A definição de Adriana é semelhante às de Elisabeth e Luciana:

> *Me sinto mulher assim, vamos supor, eu quando, eu boto uma roupa que assente em mim, vamos supor, uma roupa composta, que eu passo por um bocado de gente que ninguém nem nota [que Adriana é travesti], eu adoro fazer essa linha. Adoro me vestir bem, tá entendendo? Eu adoro me vestir com roupa que caia bem comigo. Uma roupa que me deixe mais, né? Femininininada, né? Feminada. E me sinto mulher na hora que eu tô com meu homem. É, porque ele me dá carinho, ele fica comigo, me trata muito bem. Eu me sinto muito mulher mesmo na frente dele, tá entendendo?*

Quando perguntei a Magdala quais eram as ocasiões em que ela mais se sentia como mulher, a resposta foi direta:

> *Um homem. Que me trate bem. Que me trate com carinho, entendeu? Aí é o momento que eu me sinto mais mulher, mais feliz... Eu tive um, um caso aqui, que ele me tratava é, desse jeito, nesse sentido. Era bem, comigo, atencioso. Me tratava bem, não me gigolava, que eu acho isso importantíssimo, o homem não gigolar, né? Porque a maioria deles vem interessado. Ele era ótimo comigo. Certo que tinha um, um certo tipo de interesse, mas não era tanto. Passamos junto uma fase aí, mas... foi uma fase bem, que eu me sentia mais mulher, mais caseira. Mais alegre, mas, por outro lado, eu sou muito ciumenta. Então houve problemas por parte do meu ciúme.*

Banana faz coro com esses sentimentos quando destaca o papel dos homens no processo de se sentir como mulher:

> *Me sinto mulher, mais mulher quando um, estou a fim de uma pessoa, se eu sou a fim daquela pessoa, aí me sinto bem, me sinto mulher com ele, tá entendendo? Me sinto mulher se eu conseguir aquela pessoa, vamos supor, tô a fim da... dessa foto [Banana aponta para a foto de um homem nu que havia tirado de uma revista pornográfica e pendurado na parede do quarto]. Se eu conseguir ele, sendo um, né? Conseguir ali... vou me sentir realizada, uma mulher, tá entendendo? E andar com ele pra todo lugar, tá entendendo?*

Perguntei a Banana o que exatamente fazia com que ela se sentisse feminina.

> *Quando eu estou com dinheiro, quando eu tô com... Gosto de dinheiro, gosto de ser uma pessoa, andar no/ gosto de tudo que é bom. Do bom e do melhor, do perfume ao sapato. Do bom e do melhor. Porcaria eu não gosto, porque eu tivendo de comprar uma coisa ali, vamo supor tem duas coisa, dois perfume. Esse daqui é caro, e esse daqui é barato, pois eu só tenho dinheiro pra comprar esse daqui, eu não vou querer esse daqui, vou juntar um dinheiro pra comprar aquele. Os outo pode comprar, por que eu não posso comprar? Tá entendendo?*

Eu questionei: Mas isso é um atributo feminino?

> *É, porque a mulher é vaidosa. Ah, algumas, né? Porque tem algumas que sai de baixo [bate palmas]. Eu gosto de mulher fina, eu acho bonita mulher fina, não esses traste que tem por aqui na São Francisco, viu? Esses traste daqui não. Pessoa da sociedade, fina [bate palmas]. Eu gosto, acho elegante, muito bonito, elas. Bem vestida, bem calçada, né? Tudo do bom e do melhor, queria ser uma daquelas assim.*

A resposta foi muito parecida com a que eu obtive de Tina quando perguntei o que ela mais admirava nas mulheres.

> *O que eu gosto de mulé é de vestido. Vestido colado, salto alto, gosto. Espartile [espartilho], entendeu como é? E uma maquiagem boa, aquelas maquiagem brilhosas que chamam a atenção. Aí o que eu gosto de mulé.*

Cíntia também respondeu exatamente a mesma coisa.

> *As coisa que eu gosto de uma mulher... Eu gosto de vestir roupa, as roupa acho bonita. Eu acho o peito de mulher bonito. Eu queria os peito duro, grande. Eu acho [bate palmas] o corpo, admiro muito, cabelo. Muitas coisa de mulher que a gente gosta, né?*

O traço característico de todas essas respostas é referir-se a 'mulher' em termos da aparência física, do comportamento (comprar "o que há de melhor") e, evidentemente, do relacionamento com os homens.[41] As travestis não falam sobre as mulheres em termos de estados internos e sentimentos biologicamente produzidos. E isso contrasta completamente com os transexuais dos Estados Unidos e da Europa, que se atribuem uma subjetividade feminina e explicam seu desejo de ser mulher em termos de essências e predisposições. De maneira muito marcada, está ausente do discurso das travestis sobre "se sentir mulher" qualquer referência a sentimentos de maternidade, instintos maternais ou reprodução. As únicas essências que as travestis atribuem às mulheres são a vaidade, o ciúme (ou a inveja), a tendência para a fofoca e um certo pendor para a paixão. E essas são qualidades que as travestis dizem possuir. E essas qualidades estão inegavelmente relacionadas aos homens: vaidade de se saber atraente para os homens; ciúme de que seu homem esteja dormindo fora; fofoca sobre outros homens (de outras travestis) que estejam dormindo fora; e paixão, é claro, por um homem.

Por enxergarem as mulheres dessa maneira, é muito fácil para as travestis construírem o seguinte argumento: tudo o que uma mulher faz, travestis podem fazer melhor. Por isso elas afirmam que travestis são mais bem-vestidas, mais bem penteadas e maquiadas e mais bem produzidas do que muitas mulheres. Além de terem gosto mais apurado. Também dizem que são melhores amantes, melhores prostitutas e melhores esposas que as mulheres. Esse quadro interpretativo, além de formatar a visão que as travestis possuem de si mesmas em relação às mulheres, tem outro efeito, a saber, compele as travestis a considerarem todas as outras dimensões biológicas da vida feminina que não se adaptam ao modelo não como uma realidade confrontante, mas sim como fantasias infelizes de pessoas iludidas. Isso ficou evidente para mim certa ocasião, quando Martinha explicou por que ela não queria ser uma mulher.

> Martinha: *Eu acho a vida de mulher totalmente diferente da nossa, e eu acho a nossa que encara mais a realidade. Nós vemos a realidade da vida como ela é, e elas não. Elas vivem num mundo de fantasia. É. Casar/*
>
> Don: *As mulheres?*
>
> Martinha: *É, as mulheres. É casar, ter filho, viverem do marido, entendeu?*
>
> Don: *É.*
>
> Martinha: *E nós não. Nós temos a realidade. A gente enfrenta a realidade da vida.*
>
> Don: *É.*
>
> Martinha: *Né? No fundo, no fundo, ela/ a gente teve/ certas vezes eu mesmo tenho até pena dela, porque eu convivo com muitas aqui e vejo muitas, muitas mulheres...*
>
> Keila: *É, realmente as mulheres muitas vezes se tornam muito submissa, elas gostam de deixar os homens dominá-las, e isso não é bom não.*
>
> Martinha: *É.*
>
> Keila: *Eu não gosto desse lado de ser mulher por isso, porque eu sempre acho que elas vão sempre ser inferior aos/ aos homens.*
>
> Martinha: *Por mais que ela...*

Keila: *E a gente é travesti, a gente não é mulher, a gente já foi homem, a gente agora é mulher. É por isso que é bom a gente ser travesti, por essa mágica que a gente tem de ser/ Já foi homem. Agora elas, as mulheres, jamais vão ser homem pra tentar saber o que, o que é ser homem.*

Martinha: *Elas nunca têm a malícia que a gente tem, nem nada.*

A idéia de 'mulher' é elaborada pelas travestis em termos de aparências específicas, comportamentos e relacionamento com os homens. Ao mesmo tempo, qualquer exemplo de mulheres reais cujos atos ou aparência contrariem essa idéia pré-formatada é tomado como evidência de que as travestis entendem o universo feminino de maneira mais realista e melhor do que as próprias mulheres. Por causa disso, a feminilidade aparece como algo ao alcance de qualquer um que realmente a deseje. Para se sentirem mulheres, as travestis não precisam levar a vida de mulheres reais. Tudo o que as travestis precisam é adquirir os atributos adequados e as relações apropriadas. Como mostrei neste capítulo, tais atributos são precisamente aqueles que as travestis passam anos buscando alcançar, passando de uma fase de androginia noturna e furtiva para uma fase cada vez mais explicitamente feminina (expressa pela adoção de roupas e práticas corporais como corte de cabelo e depilação), e daí para a ingestão de hormônios que produzirão seios e formas arredondadas, até finalmente a aplicação de silicone que lhes garantirá definitivamente bundas salientes e outras características corporais femininas.

A aparência, no entanto, é apenas uma parte da história. Para se sentir realmente como mulher, a travesti precisa mais do que uma bunda e uma saia. Ela também precisa de relacionamentos com os homens. Homens que, quem sabe, poderão fazer com que se sinta uma mulher completa ou, nas palavras de Luciana, "mulheríssima".

3

Um Homem na Casa

Há um problema sério e recorrente nos estudos acadêmicos sobre a prostituição. Em geral, eles descrevem exclusivamente o aspecto profissional da vida das mulheres que tiram o sustento do sexo. Reconhece-se que toda pessoa tem uma vida fora e além do trabalho. Mas as prostitutas tendem a ser definidas apenas em termos do seu trabalho.[42] Elas são vistas como se fossem prostitutas durante 24 horas por dia, mesmo quando não estão trabalhando. Esse modo de entender a prostituição feminina vem sendo reforçado a cada novo estudo acadêmico, na medida em que não se menciona a vida privada da mulher prostituta. E mesmo quando os trabalhos fazem alguma menção à dimensão da vida privada, isto serve apenas para ressaltar a prostituição como uma espécie de identidade. Muitos desses estudos nos levam a crer, por exemplo, que os namorados das prostitutas são cafetões, e que elas se unem a eles por necessidade, desilusão ou medo – ou por todos esses motivos juntos (ver Barry, 1979: 86-120, 1995: 198-219; Høigård & Finstad, 1986: 203-269).

Até mesmo alguns trabalhos mais simpáticos às prostitutas e mais preocupados em entender as nuances da vida delas costumam abordar a dimensão privada de maneira apressada e apenas para fins de contraste com a dimensão profissional.[43] Assim, o estudo sensível de Sophie Day (1990) sobre as prostitutas de Londres, por exemplo, ou a monografia cuidadosa de McKeganey e Barnard (1996) sobre as prostitutas de Glasgow acabam explorando pouco a discussão sobre os namorados. Eles relatam apenas que as prostitutas entrevistadas reservam certas partes do corpo (a boca, por exemplo) e certas atividades sexuais (beijos e sexo oral, por exemplo) para os namorados, ao passo que outras partes do corpo e outras atividades ficam disponíveis para os clientes. Mas esses trabalhos não abordam diversos aspectos importantes: como as prostitutas escolhem seus namorados? Como interagem com eles em contextos não sexuais? Ficamos sem saber. Igualmente, consideremos as entrevistas respeitosas e reveladoras feitas por Shannon Bell (1995), os escritos teóricos e ativistas de Gail Pheterson (1989, 1996) na edição especial do periódico *Social Text* voltado para o tema da prostituição, ou a recente coleção de textos feministas elaborados por trabalhadoras do sexo (Nagle, 1997): veremos que o que se discute aí são as práticas e políticas da prostituição, mas não a vida privada.

Isso significa que por meio desses estudos, coleções de entrevistas e livros sobre prostitutas, somos capazes de aprender muita coisa sobre o que elas pensam dos clientes e como se relacionam com eles. Mas, à parte raras exceções – como os trabalhos de Serena Nanda com os indianos *hijras* (1990), de Annick Prieur com os *jotas* do México (1994a, 1998) ou de Jeferson Bacelar sobre o universo doméstico das prostitutas brasileiras (1982) –, aprendemos quase nada sobre o que as prostitutas pensam e dizem de seus relacionamentos privados, sobre o que elas fazem para se tornarem atraentes aos olhos dos futuros parceiros e namorados, e sobre o papel que estes ocupam na vida delas de maneira geral.

Residindo com as travestis de Salvador, eu logo descobri que os namorados (a quem elas se referem usualmente pelo termo "maridos", mas que também são chamados de "bofes", "ocós", "homens" e "machos") são uma referência central e constante na vida delas. Os namorados consomem uma enorme quantidade do tempo, das conversas, dos pensamentos – sem falar do dinheiro – das travestis. Elas orientam-se constantemente em função de seus namorados, ex-namorados e futuros namorados. As atividades dos namorados são o fermento interminável para a proliferação de fofocas e conflitos entre elas. Em suas conversas, elas comentam sobre vários homens, analisando as qualidades que cada um possui para se tornar um possível candidato a namorado. Estão sempre imaginando meios de atrair aqueles homens considerados interessantes e dotados das qualidades certas; ou tentando superar a amargura por terem sido abandonadas, e eventualmente roubadas, por aqueles homens que elas 'supunham' possuir as qualidades certas. Quando cortejam um potencial namorado ou fisgam um homem que desejam manter, não medem esforços para agradá-lo, mobilizando a vida e os ganhos econômicos em função dele e do seu conforto. Elas o enchem de presentes, dinheiro e drogas – até o dia em que se cansam, quando então o mandam embora e instalam outro em seu lugar. Se há um assunto que suscita opiniões inflamadas das travestis, este assunto são os namorados. Sem compreender o papel dos namorados, fica impossível compreender qualquer outra dimensão da vida das travestis.

De Homens e "Viados"

Como vimos, o tema 'namorados' sempre provoca discussão entre as travestis. Certa vez, tarde da noite, eu estava sentado com algumas delas enquanto faziam ponto em uma rua do subúrbio de Salvador. Estavam presentes Keyla, Michelle – uma travesti muito assertiva chegando aos 30 anos – e Treze – uma jovem travesti que tinha uma posição singular em Salvador pelo fato de manter um relacionamento com um jovem que se vestia como mulher e se prostituía à noite, não raro em sua companhia. Enquanto conversávamos, esse jovem passou do outro lado da rua, inteiramente vestido de mulher. Treze apontou para ele e perguntou se eu já havia conhecido a sua "bicha". Confirmei e em seguida perguntei se era verdade que eles viviam juntos como um casal. A resposta de Treze nos levou a uma longa discussão sobre namorados.

> Treze: *Eu não preciso de um homem para me satisfazer, Don (...) para ter problemas, sabe? Ele só em cima de mim, com despesas, não quero não.*
>
> Don: *É?*
>
> Treze: *Quero não, quero nada de diabo de homem na minha vida. Pra comer o que é meu? Óia.*
>
> Michelle: *Não é assim também não, mona.*
>
> Treze: *"Oi, meu amor, bote uma saia". O quê?! Os homens de hoje querem o quê, Keila?*
>
> Keila: *Que a gente lhes sustentem.*
>
> Treze: *Pra travesti tá na rua pra dar na mão. Pra dar na mão, né?*
>
> Michelle: *Né todos assim não, mona. Né todos assim não.*
>
> Treze: *Eu: "Bota saia ali. Vai ganhar também junto comigo".*
>
> Michelle: *Não, que não é todos não.*
>
> Treze: *"Ganhe junto comigo. Pare o carro, roube a maricona junto comigo. Vá. Olhe: a primeira maricona que sair volte no meu pé pra azuelar [roubar]."*
>
> Michelle: *Ah, mona, mas é porque você mora com viado.*
>
> Treze: *Lógico. É com viado mesmo. É por isso que eu não quero homem.*

Michelle: *Olha, você quer que todos more com viado.*

Treze: *Não.*

Michelle: *Vamos se amigar todos agora, né, mona?*

Treze: *Eu disse apenas que eu não quero mais homem na minha vida. Pra comer o que é meu? Não, minha filha. Homem, todos é podre.*

Michelle: *O meu não toma nada que eu tenho, sabe, mona?*

Treze: *Homens são podres, Keila.*

Michelle: *O meu é ótimo. O meu tem um mal: ele é preguiçoso. Mas ele não é ruim não. Ele não é do tipo de chegar/ eu chegar com dinheiro ele pegar minha bolsa pegar meu dinheiro, ele não faz isso não. Ele nunca fez isso. Agora, é preguiçoso.*

Treze: *Eu ter um homem pra tá assistindo televisão 24 horas de cu pra cima, Keila? Em cima da cama, só* close*? E eu me fudendo na pista, chegar em casa...*

A conversa prosseguiu. Michelle protestava, argumentando que seu namorado a tratava com respeito. Se outras travestis namoravam homens do tipo descrito, era por culpa delas mesmas. "Tudo é [depende de] o comportamento do viado". "Se você deixa ele agir assim, ela explicava, ele vai acabar se acostumando e vai sempre agir assim". Ela continuou elaborando:

Michelle: *O meu tem um mal: ele é preguiçoso. Mas ele nunca me dá na minha cara, ele não dá na minha cara, porque se ele der, ele toma. Se ele pegar arma pra mim, eu pego pra ele também – eu não deito pra ele, não. Que ele tem medo, ele tem medo de mim, sabe? Ele não me tira como viadinho, não, que eu não sou viadinho.*

Keila: *Eu não vejo Maurílio mais. Eu vi ele uma vez só/*

Michelle: *Só fica dentro de/ Keila, quando esse homem tá comigo, ele é dentro de casa o dia todo. Só sai de noite pra trabalhar – lá no sindicato, lá no Kimuqueca [restaurante em frente ao qual Maurílio costumava ficar à noite, como flanelinha, tomando conta dos carros que estacionavam na calçada]. E de noite, vai pra casa. Não anda em meio de jeito nenhum. Trabalho ele nunca vai ter, pelo menos, minha filha, morrer de fome não vai, né? [já que Michelle ganhava dinheiro se prostituindo e podia sustentá-lo].*

Propositadamente ou não, Treze tocou em um ponto sensível ao desqualificar os homens, chamando-os de "podres" e sugerindo que eles só querem as travestis para ter vida fácil e comida de graça. E o ponto sensível, como se percebe pela resposta inflamada e sarcástica ao comentário de Treze, dizia respeito diretamente a Michelle. Algumas travestis achavam que o namorado de Michelle, Maurílio, tirava partido dela, além de usar de violência e agressão. A afirmação enfática de Michelle, explicitando que Maurílio tinha respeito por ela, e até um certo temor, era um claro indicativo de que ela conhecia a opinião das outras a seu respeito e sentia-se na obrigação de refutá la.

Mais do que um relato acurado de sua relação com o namorado, a resposta de Michelle a Treze pode ser entendida como uma descrição de uma situação ideal. Na verdade, ela descreve o que deveria ser idealmente a relação das travestis com seus namorados. Nessa visão ideal, um homem até pode ser sustentado economicamente por sua namorada travesti, mas deve esperar que ela lhe dê o dinheiro, ao invés de agarrar a bolsa dela e simplesmente tomá-lo. Além disso, ele não deveria bater nem ameaçar a namorada com armas, mas, ao contrário, respeitá la e temê la. Ocasionalmente ele pode sair do apartamento onde vive com ela, quem sabe para tentar conseguir algum dinheiro, mas deve evitar a companhia de homossexuais e preferir passar mais tempo "dentro de casa", na companhia de sua namorada travesti.

Já Treze apresenta a versão em negativo dessa idealização: um homem que não faz nada, e que só fica em casa deitado assistindo à televisão "24 horas por dia... fazendo pose, enquanto a namorada travesti fica sendo fudida na rua trabalhando". Nessa visão, o único papel do homem é ficar na aba de sua namorada travesti para usufruir e gastar tudo que ela ganha. A única coisa que o namorado quer da travesti é ser sustentado por ela. "Todos os homens são podres", Treze repetiu várias vezes, rejeitando a versão cor-de-rosa de Michelle. A solução encontrada por Treze para se livrar do problema foi evitar os relacionamentos com homens. Por isso ela preferiu a relação com um "viado", uma bicha igual a si mesma – alguém que pusesse um vestido e fosse para a rua com ela ajudar a ganhar dinheiro por meio da prostituição e do roubo.

A escolha de Treze era vista pelas outras travestis como idiossincrática e bizarra. Isso ficou evidente no comentário sarcástico de Michelle ao sugerir que segundo o raciocínio de Treze as travestis todas deveriam casar umas com as outras. As esquisitices da vida pessoal de Treze também se refletiam no modo como as outras travestis se comportavam com ela. Treze tinha a fama de ser "bicha mole" (isto é, fraca ou leniente), e as outras travestis implicavam com ela e tiravam proveito dela, não a deixando ficar no local preferido para atrair os clientes ou exigindo dela pequenas somas em dinheiro para comprar cerveja ou comida. O apelido Treze vem daí. Embora ela sempre tenha dito que seu nome era Rogéria, todas as outras só a chamavam de Treze, porque o número está relacionado ao azar.

Depois de escutar as travestis falando mal de Treze e de entender o significado do nome, foi uma surpresa para mim descobrir que ela era uma pessoa engraçada, sensível e inteligente. Eu gostei dela. Sempre que a via na companhia das outras travestis, eu ficava atento a qualquer sinal que indicasse ser Treze uma pessoa desagradável, socialmente incapaz ou a bicha mole que todos diziam ser. Nunca encontrei nada. Por fim, concluí que as outras travestis agrediam Treze não por ela ser intrinsecamente diferente, mas pelo fato de ter escolhido namorar um "viado", pois isso jogava luz sobre as escolhas das outras e acabava fazendo com que elas refletissem sobre a própria situação de seus namorados e tivessem que defender – muitas vezes de maneira cansativa e forçada, como fez Michelle – o fato de estarem vivendo com um homem (ou procurando um homem) que consumia muito do seu tempo, da sua energia e do seu dinheiro.

E na realidade, para todos os efeitos, Treze estava certa. Sua descrição do relacionamento das travestis com os namorados é bastante fiel aos fatos que eu mesmo pude observar repetidamente durante a pesquisa. A descrição é não só acurada como também exprime aquilo que as próprias travestis pensam e contam umas às outras – especialmente quando percebem que seu relacionamento está chegando ao fim da linha. O que deu ao relato de Treze um tom ofensivo não foi o fato de ela ter descrito as coisas como são, já que muitas outras travestis também o fazem. Seu deslize foi ter escolhido pular fora do quadro afetivo que dá sentido às relações pessoais das travestis. Treze se excluiu do sistema social que fornece às travestis os homens que serão seus namorados. Assim como a operação de mudança de sexo não faz sentido para muitas travestis, a opção de Treze de tomar um "viado" como parceiro é considerada irracional, perturbadora e depravada. E com efeito, uma das piores ofensas que se pode fazer a uma travesti é gritar a frase "Seu marido é viado!". É guerra verbal instantânea.

A Paixão de Keila

Keila estava vivendo uma paixão arrebatadora. Durante a semana de Carnaval ela se viu subitamente apaixonada por Tiane – um homem de 30 anos, alto, musculoso e tatuado, analfabeto, que aparentava e agia como um adolescente de 19 e passava o dia inteiro jogando futebol na praia ou usando drogas com os amigos. Keila conhecia Tiane bem. Durante seis anos ele havia sido namorado da melhor amiga dela, Marília, que morrera poucos meses antes, depois de um longo período doente. Mas Keila nunca tinha sentido nada por ele. Eles viveram na mesma casa, vendo-se diariamente e conversando eventualmente. Mas Keila jamais havia pensado na possibilidade de um dia se tornarem namorados. Então, um dia, sem aviso e de modo totalmente inexplicável, ela começou a sentir o que descreveu como uma paixão cega, desesperada e sincera.

Tudo começou com uma troca de olhares eletrizante, quando eles se encontraram na rua, por acaso, durante o Carnaval, e progrediu em uma noite, quando Tiane passou por Keila na hora em que ela fazia seu ponto na rua, e eles se cumprimentaram de maneira breve mas reveladora. Pela mãe de Tiane, uma senhora já velha que vivia em um minúsculo quartinho de fundos na mesma casa, Keila ficou sabendo que este vinha sondando a possibilidade de que ela liberasse alguns trocados para ele comprar comida e cerveja. Keila deu o dinheiro à velha, pedindo que entregasse a ele. Também comprou camisas novas e *shorts* e mandou para ele novamente por intermédio da mãe.

A mãe de Tiane serviu de intermediária no início porque a paixão de Keila precisava ficar em segredo. Toda essa discrição explicava-se, de um lado, pelo fato de Keila ainda dividir o quarto com Edílson (seu namorado nos últimos sete anos); e de outro, porque pouco tempo antes uma travesti velha e desdentada chamada Rita Lee, que também morava na casa da rua São Francisco, havia anunciado publicamente que Tiane era dela. Rita Lee fazia isso de maneira ostensiva, comprando comida e cozinhando para Tiane, convidando-o para comer com ela no quarto e fechando a porta atrás dele para sair horas mais tarde com um sorriso contente estampado no rosto, mesmo quando ficava óbvio para todo mundo que a única coisa que ela e Tiane haviam feito no quarto era discutir.

Nas primeiras semanas de encantamento, Keila não soube muito bem o que fazer. Ela não podia conversar abertamente com Tiane, pelo menos não dentro de casa ou nas proximidades, porque Edílson, Rita Lee ou outras pessoas certamente acabariam vendo. Ela também não podia conversar na rua, porque alguma travesti trabalhando no mesmo ponto ficaria sabendo e com toda certeza espalharia o caso. Tudo que Keila podia fazer era continuar mandando pequenas somas de dinheiro por intermédio da mãe de Tiane e trocar palavras furtivas, em código, quando eles se encontravam a caminho do banheiro ou da geladeira no fundo da casa, que eram de uso comum (desde a morte de Marília, Tiane havia se mudado para o quarto da mãe). Nesses encontros de corredor, por duas vezes Keila segredou horários e locais para Tiane encontrá-la em vielas próximas ao ponto em que ela trabalhava. Nas duas vezes esperou em vão: na primeira, Tiane não apareceu; na segunda, passou com um grupo de amigos, dizendo que voltaria mais tarde, mas depois não voltou. Em uma terceira ocasião, Keila sugeriu que Tiane escolhesse o horário mais adequado para garantir o encontro. Mesmo assim ele não apareceu. Então Keila começou a se desesperar.

Tudo isso estava acontecendo na mesma época em que Keila me ajudava a comprar a mobília do quarto que eu havia alugado para a pesquisa, e que ficava na mesma casa em que moravam Tiane e Rita Lee, entre outros. Enquanto caminhávamos pesadamente pelas ruas da velha Salvador, puxando um colchão tamanho casal que eu acabara de comprar, Keila me dizia que estava a ponto de desistir de Tiane. Depois de três tentativas de encontro em que ele não apareceu, ela ficou desanimada e chateada. "Não vou mais correr atrás", anunciou, resoluta. Bem, quem sabe ela não poderia dar a ele outra chance futuramente? Poderia perguntar mais diretamente na próxima ocasião se ele queria ou não ficar com ela. Keila precisava de uma resposta definitiva. "Se ele disser não, vai doer", afirmou, "porque eu estou gamada nele. Estou ficando louca, penso nele o tempo todo. Mas a dor passa. Se ele disser um não definitivo, se ele não me quer mesmo, então eu posso parar de pensar nele." "E se ele der a resposta que eu quero", ela prosseguiu, "então ele vai ter que parar de jogar comigo".

No dia seguinte, enquanto carregávamos minha nova mesa de jantar e quatro bancos, subindo a ladeira esburacada, Keila me disse com uma risada radiante que tinha feito a pergunta e que Tiane dera "a resposta certa". E eles haviam combinado um encontro para aquela noite em um hotelzinho ali perto, aonde Keila costumava levar seus clientes.

Escutei o desfecho da paixão de Keila no dia seguinte, enquanto abríamos espaço na rua apinhada de gente, carregando um rolo de carpete que eu havia decidido comprar para dificultar a vida das baratas que entravam no meu quarto pelas fendas do piso. Keila tinha combinado encontrar Tiane no lado de fora do hotel às 8 horas da noite anterior. Às 9 horas, ele passou andando na companhia de um amigo. "Onde você está indo?", ela sussurrou discretamente. "Vou subir a ladeira para tomar uma bebida" foi a resposta.

Ele voltou às 11 horas. Keila ainda estava esperando. Eles entraram no hotel e ficaram conversando por horas a fio no quarto. Não fizeram sexo, Keila relatou. Apenas conversaram para saber se Tiane realmente queria começar um relacionamento com ela. Ele disse que sim. Antes de saírem, Tiane ainda disse que seu aniversário seria dali a algumas semanas e que ele adoraria receber de presente uma roupa tipo macacão, caro e cheio de estilo, que vinha cobiçando fazia tempo.

O final da história é feliz e triste ao mesmo tempo. Passados alguns dias do encontro no hotel, Keila anunciou a Edílson a decisão de terminar o relacionamento e sair de casa. Por alguns dias ela ficou instalada no meu novo quartinho mobiliado e atapetado e depois se mudou para um quarto em uma casa a alguns quarteirões dali. Tiane começou a comer e dormir com ela regularmente. Depois de várias semanas vivendo isolada das outras travestis e do ambiente em que estivera nos últimos sete anos, Keila decidiu que era melhor voltar para a casa antiga. Alugou um quartinho bem acima de onde morava o Edílson e se mudou para lá com Tiane. Edílson não reagiu bem. Passou a beber muito e espalhou rumores de que Keila tinha Aids. Ele fez algumas tentativas, mas não conseguiu arranjar outra namorada travesti, pois nenhuma se interessou. Edílson fez de tudo para tornar a vida de Keila um inferno, mas depois de alguns meses teve que se mudar: havia vendido seus últimos pertences e não tinha mais dinheiro para pagar o aluguel.

Rita Lee, que tinha ficado com Tiane por menos de uma semana, continuou considerando-o como seu namorado e acusou Keila de tê-lo roubado. Desenvolveu um enorme ressentimento e também passou a beber constantemente. A saúde se deteriorou e ela foi ficando cada vez mais magra e seca, a ponto de não mais poder ir à rua trabalhar como prostituta. No final, também não conseguiu arcar com os custos do aluguel e foi despejada de maneira melancólica. Incapaz de se sustentar e desprezada pela família que vivia na periferia de Salvador, Rita Lee acabou a vida em um sanatório para doentes de Aids, onde veio a falecer no começo de 1996.

Escolha e Socialização de Namorados

A história do romance de Keila revela certas características definidoras da relação entre as travestis e seus namorados. Em primeiro lugar, temos o objeto da paixão de Keila – um homem jovem, bonito, sem renda própria, que passa o dia jogando futebol e se drogando. Durante seis anos ele foi namorado de uma travesti que morava na mesma casa de Keila (e essa relação só terminou quando Marília morreu).

Tiane poderia perfeitamente ser o molde no qual todos os outros namorados de travestis são talhados. Os homens que as travestis escolhem para namorados são sempre bonitos, musculosos, geralmente tatuados e jovens (na faixa de 16 a 30 anos). Na maioria dos casos, eles nunca trabalham, e quando o fazem é quase sempre em serviços de segurança para prédios ou estacionamentos. Além disso, quase todos entre os que trabalham invariavelmente largam o emprego assim que começam a namorar uma travesti. Algumas vezes, fazem isso por insistência das próprias travestis. Mas na maioria dos casos nem é preciso pedir, pois eles deixam o trabalho por vontade própria.[44] Freqüentemente as travestis conhecem esses homens porque eles moram nas redondezas, ou porque são irmãos, primos ou amigos de algum namorado de outra travesti, ou porque eles mesmos já são namorados de uma delas. Quando um homem se torna conhecido como namorado de uma travesti, ele imediatamente desperta o interesse das outras. Keila explicou esse ponto fornecendo um exemplo concreto:

> *Um homem passa despercebido pelos olhos dos travestis, ninguém nota, ninguém quer, ninguém vê. Mas se ele faz caso com um travesti, todos os outros vão olhar. Porque ele tem alguma coisa diferente. Porque ele passava aí despercebido, ninguém queria, mas ela [uma determinada travesti] quis, vamos então descobrir o que ele tem. Então, como descobrimos? Cantando ele, pra tentar ficar com ele.*
>
> *O caso do marido de Carla – aquele neguinho que vive com ela: o marido de Carla vivia na rua. Ele passava na rua da Ajuda vendendo bermudas usadas, sapato usado. Ele era amigo dos travestis, que vendia roupas pra travesti, mas ninguém olhava pra aquele menino em situação nenhuma. Aí Carla pegou o menino, fez caso com ele. E eu não sei qual foi a madame, com sua bola de cristal dos travestis, que descobriu que ele tinha o picão. Na bola de cristal dela, ela viu. A cigana lá, ela viu. Aí começou o burburinho entre os travestis que ele tinha o picão, então todas querem pegar pra saber por que ele está com Carla. Ele tem que ter uma qualidade para ficar com ela. Como descobrir a qualidade? Dando em cima dele pra tentar transar com ele.*

Se essa "qualidade" manifestada por um namorado é especialmente atrativa (e para muitas, talvez a maioria, das travestis o tamanho avantajado do pênis é uma qualidade atrativa), então ele se tornará objeto de muita atenção das outras travestis, que podem tentar conquistá-lo mediante presentes e dinheiro. Assim, há uma competição constante e às vezes encarniçada entre as travestis em torno de um número limitado de namorados.

(As únicas brigas que eu testemunhei entre elas foram motivadas por assuntos de namorado.) Uma vez estabelecido o relacionamento com uma travesti, muitos desses namorados passam a compor uma espécie de banco ou reservatório de namorados onde permanecem por muitos anos, circulando entre várias travestis, até finalmente se estabelecerem em definitivo com uma delas ou envelhecerem e deixarem de ser atraentes, terminando por desaparecer do meio social travesti – como no caso de Edílson, ex-namorado de Keila.

A coisa mais improvável é uma travesti namorar um homem que tenha conhecido no contexto de uma relação profissional, ou seja, um cliente com quem manteve sexo por dinheiro. Isso acontece eventualmente. No livro *A Princesa*, Fernanda Farias de Albuquerque afirma que muitos de seus namorados haviam sido seus clientes na época em que ela trabalhava como prostituta de rua. Mas, nesse ponto, o caso de Fernanda parece ser um tanto incomum. Não conheci nenhuma travesti em Salvador que tivesse namorado clientes ou ex-clientes. Travestis podem encontrar namorados na rua, durante o trabalho, mas sempre na qualidade do que elas chamam de "vício" – isto é, homens com quem fazem sexo de graça por se sentirem atraídas por eles. E a expressão "fazer um vício" significa o ato sexual com um desses homens. Um "vício" que seja constante e particularmente arrebatador pode, no fim das contas, tornar-se um namorado. Mas isso não acontece com homens que pagaram para fazer sexo com elas.

São três as razões que levam as travestis a não se interessarem em transformar os clientes em namorados. A primeira é que elas desconfiam de um homem que inicialmente paga para fazer sexo e depois tenta estabelecer um relacionamento. Acreditam que esse homem só está interessado em fazer sexo e cair nas graças de uma delas para conseguir fazer parte do banco de namorados que circulam entre as travestis. Além disso, o simples fato de uma travesti aceitar fazer sexo com ele por dinheiro (ao invés de tratá-lo como um "vício" e fazer sexo por prazer sem interesse monetário) significa que ela não o considera atraente a ponto de cogitar um namoro. E finalmente, a terceira razão é que uma grande parte dos clientes paga as travestis para penetrá-los. E embora as travestis tenham prazer em penetrar clientes e às vezes alguns de seus "vícios", elas não toleram (por motivos que serão discutidos em detalhes adiante) homens que gostam de ser penetrados analmente "dentro de casa".

Outro traço bastante característico do envolvimento de Keila com Tiane vem do fato de ela ter ficado "apaixonada". Esta é uma emoção que as travestis acreditam ter em comum com as mulheres. Do mesmo modo que as travestis, as mulheres podem ficar "perdidamente apaixonadas" por homens e fazer qualquer coisa para seduzir e conquistar o objeto de sua paixão. Os homens raramente se apaixonam, dizem as travestis, e quando se apaixonam é sempre por uma mulher, nunca por uma travesti. Até onde eu sei, esse é um ponto de vista compartilhado por todas as travestis. Nunca ouvi nenhuma descrever os sentimentos de seu namorado em termos de paixão, apesar de tê-las ouvido usarem freqüentemente esta palavra para falar de seu próprio envolvimento afetivo. Ao contrário, não foram poucas as vezes que escutei as travestis conversando entre si sobre o fato de seus namorados nem mesmo gostarem de travestis em especial. Logo depois de Keila abandonar Edílson para viver com Tiane, Carlinhos aconselhou-a a ter cuidado: "Homem não ama a gente, homem não ama a gente". Banana disse a mesma coisa: "Os homens não gostam da gente. Eles gostam de mulher". E prosseguiu: "Por uma mulher eles saem e vão vender picolé na rua, se for preciso; e para nós, mesmo se a gente estiver morrendo na cama, eles não trabalham. Nessa hora ou eles acham outra travesti (para dar dinheiro a eles às escondidas) ou então vão embora, simplesmente". Martinha lamentou que os homens sejam mesquinhos e maldosos com as travestis. "Infelizmente, nós somos homossexuais e gostamos deles. Mas eles criam muita maldade em volta da gente". Quando perguntei a Martinha o que pensava dos homens que as travestis costumam namorar, ela começou a responder desta maneira: "Veja, Don, é triste mesmo...". E conversando comigo, Angélica (travesti de 60 anos) e Boca Louca (mulher de meia-idade que era prostituta e amiga da primeira) falaram sobre paixão nos seguintes termos:

> Angélica: *Os homens nunca se apaixona. São crocodilos, né?*
>
> Boca Louca: *São crocodilos.*
>
> Angélica: *São falsos. Assim como eles faz com as mulé, faz com os viado também.*
>
> Boca Louca: *Faz com os viados, também a mesma coisa com uma mulher faz.*
>
> Angélica: *Com as mulé ele faz, que têm buceta eles faz, quanto mais com os viado.*
>
> Boca Louca: *Faz com, é, com os viado.*
>
> Don: *É, é, é.*
>
> Boca Louca: *Porque home, é difícil considerar, sabe?*
>
> Don: *É.*

Boca Louca: *Já a mulher e o viado, se apaixona, e eles quasilmente, larga as, uma mulé aqui, agora pega outra lá adiante. E o viado, quando gosta, é de um só.*

Don: *É.*

Boca Louca: *O viado e a mulé também, quando se apaixona é por um só.*

Don: *É.*

Boca Louca: *E eles, home, não. Ele só se contenta pegar uma, pegar outra, pegar outra, pegar outra, pronto.*

Aqui se considera que os homens nunca se apaixonam, seja por travestis, seja por mulheres. É provável que esse ponto de vista seja comum entre mulheres de baixa renda de Salvador, muitas das quais partilham com Boca Louca a experiência de terem sido abandonadas pelos companheiros, pais dos seus filhos (o pai dos quatro filhos de Boca Louca foi embora por causa de outra mulher quando as crianças eram muito pequenas. Ele não contribuiu em nada para a educação delas). Porém, mesmo que as travestis tenham consciência de que os homens rotineiramente abandonam as mulheres, elas concordariam com Banana quando diz que ao menos os homens podem sentir, ainda que temporariamente, algum tipo de paixão por elas, mulheres. Além do mais, há razões muito concretas e tangíveis, dizem as travestis: "Deus fez a mulher para o homem e o homem para a mulher".

Essa frase reaparece com surpreendente freqüência no discurso das travestis. Eu a ouvi sendo dita no meio de discussões sobre casamento *gay*, que muitas travestis renegam como sendo "uma safadeza" (palavra que tem um forte sentido condenatório no contexto discursivo travesti), e no meio de discussões sobre lesbianismo, que as travestis consideram contrário à natureza e ameaçador.[45] A frase também aparece com freqüência nas discussões sobre namorados. Por exemplo: a certa altura da conversa de Keila com Carlinhos sobre o relacionamento com Tiane, Carlinhos preveniu Keila para não se iludir imaginando que a relação fosse durar para sempre. Keila respondeu:

> *Eu sei que não vai, eu sei que não vai, eu sei que nada é definitivo. Justamente quando são homem e mulher, o que nasce um pro outro, o que Deus determinou que fosse feito homem pra mulher, eles se separam mais dia menos dia. Imagina dois homens com cabeças iguais que pensam diferente. Eu sei que não vai durar, claro.*

As travestis acreditam que os homens não foram "feitos para elas", e por conseguinte não se apaixonam por elas. Em vista dessa idéia, acham inútil apelar para as emoções masculinas quanto tentam fisgar um homem. Em outras palavras, uma travesti não pensa que o homem por quem ela se sente atraída será capaz de retribuir o sentimento caso ela flerte suavemente e tente cair nas graças dele. A premissa é o contrário: o homem que interessa a ela jamais vai se apaixonar por ela. Portanto, ao invés de tentar seduzi-lo com apelos eróticos, ela toma um atalho muito mais direto para o coração do seu homem (supondo que ele tenha um, para continuar no contexto dessa visão sobre as emoções masculinas). Esse atalho é pavimentado com dinheiro e bens materiais.

Partindo daí, qualquer relação entre uma travesti e seu namorado se caracteriza pela transferência de dinheiro e presentes. Vimos o exemplo do fluxo de dinheiro e presentes de Keila para Tiane (intermediado pela mãe), que começou ainda antes da primeira longa conversa que eles tiveram no hotel. Mas àquela altura, de fato, palavras não eram necessárias. O fato de Tiane pedir o dinheiro somado ao fato de Keila conceder era o sinal de que o relacionamento estava para acontecer. Com efeito, a oferta de presentes de uma travesti a um homem é o signo da própria relação entre os dois e ao mesmo tempo assinala para outras pessoas que a relação está em curso. Para mim, Edílson confessou que começou a desconfiar de algo estranho quando viu Tiane desfilando com roupas novas e caras de uma hora para outra. "Quem comprou isso para ele?", cismou Edílson, suspeitando que poderia ter sido Keila. E quando Keila estava bem no início do namoro com Tiane, antes que as pessoas soubessem do caso, Rita Lee confidenciou que já cogitava a possibilidade de Keila estar atrás do seu homem. A explicação de Rita Lee pareceu tão risivelmente trivial e paranóica que me espantou. Só posteriormente me dei conta de que, dentro do quadro de entendimento que as travestis têm da relação com os namorados, a explicação fazia verdadeiramente todo o sentido. Era o seguinte: certa noite, deitado no quarto de Rita Lee, Tiane pediu um refrigerante. Rita Lee não tinha dinheiro e disse a Tiane. Ele então levantou, saiu do quarto e voltou minutos depois com o refrigerante na mão. "Onde você arranjou isso?", Rita Lee perguntou. "Keila me deu", foi sua resposta presunçosa.

Que o dinheiro e os presentes são elementos cruciais nas relações das travestis com seus namorados é muito claro e se expressa reiteradamente no discurso delas. Uma travesti pobre não consegue namorado. Uma travesti rica, por outro lado, pode escolher entre vários. Carlinhos trouxe esse aspecto à lembrança durante a conversa com Keila sobre sua nova vida com Tiane. Recomendando cautela, virou-se para mim e esclareceu:

> Carlinhos: *Ela sabe que no caso dela ele é uma pessoa maravilhosa. Mas se der mais do que ela pode oferecer aqui, ele vai.*
>
> Keila: *Claro que sim, lógico.*
>
> Carlinhos: *Chegar um travesti agora da Itália, pegar ele no canto e encostar, dizer assim: "Vamos, eu vou alugar um apartamento ali, você vai ter um carro".*
>
> Keila: *Ele vai, lógico que vai.*
>
> Carlinhos: *Ele parece que nem viu você.*
>
> Keila: *Eu sei.*
>
> Carlinhos: *Sabe disso, né?*

Os namorados também têm consciência disso, é claro. Um dos meios de que se valem para manter o fluxo de presentes é sugerir sutilmente ou anunciar abertamente para a namorada que outra travesti está querendo presenteá-los ou ofereceu uma quantidade maior de presentes. Assim, por exemplo, desde o início do relacionamento, Tiane fez questão de contar a Keila que uma certa pessoa havia mencionado sua intenção de dar a ele muito mais presentes do que Keila vinha oferecendo caso ele a abandonasse e fosse viver com ela. Keila quis saber o que ele tinha respondido diante da oferta. Ele deu de ombros: "Nada". Keila, então, tentou extrair dele o nome da pessoa que fez a oferta. Tiane, porém, não contou, já que Keila era "cabeça quente" e certamente voaria em cima da outra travesti (que a pessoa em questão era uma travesti era líquido e certo para Keila, pois nenhuma mulher faria uma oferta desse tipo, raciocinava ela). No final, Keila agradeceu a Tiane pela valiosa informação. Em outra ocasião, conversando comigo, ela mencionou o ocorrido como uma prova de que Tiane estava satisfeito com o relacionamento deles. Minha interpretação era diferente: entendi o evento como uma tentativa de Tiane deixar Keila insegura, assegurando, assim, que ela não interrompesse (e eventualmente aumentasse) o fluxo de presentes.

Quanto as travestis dão aos namorados? Isso depende de quanto elas ganham. Rita Lee, por exemplo, já bem velha e doente, ganhava pouco dinheiro como prostituta, por isso ela cortejava Tiane oferecendo apenas o básico (a única coisa que ela podia oferecer): um lugar para dormir e uma refeição por dia. Na outra ponta do *continuum* estão as travestis que gastam enorme quantidade de dinheiro com os namorados. Luciana certa vez voltou da Itália trazendo uma soma considerável em dinheiro escondido embaixo de produtos cosméticos. Quando chegou ao Brasil comprou um carro e deu de presente ao namorado da vez. Tina às vezes voltava de uma noite de prostituição com mais de quinhentos reais na bolsa – tudo roubado – e enchia seu jovem pretendido de cerveja, maconha e cocaína.

Como eu trabalhei intensamente com Keila justamente no período do início do namoro com Tiane, eu e ela conversamos muito sobre o assunto. Logo ficou muito claro que Keila comprava um presente ou uma lembrança para Tiane quase todo dia. Podia ser uma simples fatia de bolo com cobertura que custava o equivalente a U$ 2, ou um joguinho eletrônico portátil de U$ 5, uma camiseta de U$ 10, uma carteira de U$ 12, ou um par de meias de futebol de U$ 15. Houve duas semanas especialmente dispendiosas, depois de alguns meses de namoro, em que Keila comprou uma par de chuteiras com travas (U$ 60), uma calça e uma camisa (U$ 60), outro par de tênis esportivos que Tiane havia pedido (U$ 119), uma carteira e um boné de beisebol (U$ 30), algumas camisetas e um *short* (U$ 40), além de uma entrada para um *show* de *rap* (U$ 30). Ou seja, em duas semanas Keila gastou com Tiane mais de trezentos dólares (ou o equivalente a quase seiscentos reais). Isso em um país onde a média salarial, na época, girava em torno dos cem dólares 'ao mês'. E sem falar que Keila pagava ainda o aluguel do quarto, fazia a comida, lavava a roupa de Tiane, além de providenciar os trocados para o lazer, a cerveja, os petiscos e a maconha.

É importante observar que, a despeito desse fluxo unidirecional de dinheiro e bens das travestis para os namorados (quando Keila contou que ia comprar o tão desejado macacão para dar de presente no aniversário de Tiane, eu perguntei o que Tiane daria de presente no aniversário dela, que era numa data próxima, ao que ela respondeu, rindo: "Um beijinho"), seria um erro considerar os namorados como cafetões. Os namorados das travestis não são cafetões. Eles não exigem que elas, contra a vontade, ingressem na prostituição e trabalhem para lhes dar boa vida.[46] Eles tampouco mantêm um controle sobre suas namoradas travestis enquanto elas trabalham na rua. Na verdade, a maioria dos namorados não tem nenhum envolvimento na vida profissional das travestis. Desde que elas continuem a pagar as contas, os namorados se contentam em deixar o lado profissional inteiramente a cargo de suas namoradas travestis. Muitos deles, inclusive, chegam a ponto de desligar a televisão e sair educadamente do quarto se a namorada aparece de súbito com um cliente e diz "Vou trabalhar". O único problema que pode surgir nesse arranjo é se a travesti vier a argumentar que está sem dinheiro a despeito do fato de sair regularmente para trabalhar à noite. Se isso acontece, o namorado vai desconfiar que ela está "fazendo um vício" – isto é, mantendo relações sexuais de graça com um homem por quem ela se sente atraída (coisa que realmente acontece com freqüência quando elas estão na rua trabalhando) –, ou que ela está preparando o terreno para começar um namoro com outro homem, canalizando o dinheiro ganho no trabalho para dar início ao fluxo de presentes e dinheiro que eventualmente resulta em namorado novo. Nesse caso, o atual namorado sente que sua posição está ameaçada e protesta.

Sempre que as travestis falam dos relacionamentos com os namorados e dos presentes e do dinheiro gastos com eles, elas enfatizam muito sua própria agência. Todas sublinham que são elas que escolhem os namorados, e não o contrário. E todas afirmam que a opção de sustentar os namorados é delas; elas dão os presentes porque querem. "Eu 'gosto' de dar", insistia Keila quando eu manifestava minha indignação diante dos intermináveis presentes que ela comprava para Tiane. Keila e outras travestis costumavam expressar o ato de presentear com o verbo agradar. Elas davam presentes não porque se sentiam forçadas a tanto, mas porque desejavam "agradar" os namorados.[47]

Mas seria tal generosidade realmente livre de qualquer coerção? Seriam as travestis realmente tão generosas por natureza a ponto de dispensar com alegria uma quantidade substancial de dinheiro ganho com esforço e suor, entregando-o a homens que não são apaixonados por elas e não as ajudam em qualquer tarefa profissional ou doméstica? Um estrangeiro oriundo de uma cultura onde as relações pessoais devem ser calcadas em sentimentos recíprocos de amor e em apoio mútuo no esforço de gerar renda e manter a casa tende, naturalmente, a considerar o discurso e as práticas das travestis como mera ilusão – devaneios de agência construídos por elas para mascarar a realidade dura e nua que é sua exploração por gigolôs gananciosos e manipuladores.

No entanto, há duas razões para considerar tal perspectiva – a representação das travestis como vítimas iludidas por homens mercenários – extremamente simplista. A primeira é que as travestis socializam ativamente os homens para que eles possam desenvolver a expectativa de receber dinheiro e bens delas. A maioria das travestis de Salvador tem uma grande fraqueza, uma "queda" por rapazes e adolescentes, a quem elas se referem pelos termos *boy* ou "boyzinho". Os boyzinhos mais atraentes aos olhos das travestis costumam ser jovens musculosos com idade entre 14 e 17 anos. Não há escassez desse tipo de jovem em Salvador. Em qualquer área em que vivem travestis haverá dúzias de jovenzinhos másculos desfilando pelas ruas, sem ter muito o que fazer exceto interagir e se socializar com outros jovens, ou fumar e/ou vender maconha e outras drogas. Em muitos casos esses rapazes nasceram e cresceram na área e podem ser conhecidos das travestis desde meninos. Quando uma travesti vê um boyzinho atraente, ela o convida para ir a seu quarto oferecendo uma cerveja e/ou um pouco de maconha. E então eles fazem sexo. Depois disso, ela pode dar a ele o equivalente a dois ou três dólares para fazer um lanche – um cachorro-quente ou um salgado – ou para comprar maconha.

Nem todos os boyzinhos aceitam o convite. Mas muitos aceitam, normalmente com a condição de que a travesti não conte para ninguém (ela concorda na hora, é claro, mas depois delata tudo para a primeira travesti amiga que mostra curiosidade). Por meio desse tipo de interação, as travestis garantem a si mesmas um suprimento constante de rapazes atraentes. E esses jovens acabam aprendendo pelo menos duas coisas. Alguns descobrem, sem dúvida, que o sexo com travestis pode ser eroticamente gratificante. E todos descobrem que o sexo com travestis se converte em dinheiro. Edílson, ex-namorado de Keila, contou em uma entrevista que aprendeu desde muito cedo que "viado dá dinheiro":[48]

> Edílson: *Eu sempre gostei de/ de dinheiro, é porque... a gente, pobre... no bom sentido... sem formação... viado pra gente é... é uma fonte de renda.*
>
> Don: *É.*
>
> Edílson: *Sempre, desde pequeno que eu aprendi, que me ensinaram assim, eu, eu aprendi assim/*
>
> Don: *Quem ensinou você?*
>
> Edílson: *Eu nunca sei, talvez outros colegas, talvez comentários, né? Viado pra gente sempre foi uma fonte de renda, uma fonte, um jogo de interesse.*
>
> Don: *Hã, hã; Hã, hã.*
>
> Edílson: *Desde pequeno que eu aprendi isso. Não sei se eu aprendi por mim próprio, mais sempre que alguns viados se interessava por mim, eu também tenho/ queria ganhar alguma coisa.*[49]
>
> Don: *Hã, hã. Então sempre quando você transou com um, um viado, você recebeu algum/*
>
> Edílson: *Eu sempre recebi alguma coisa.*

Don: *Algum dinheiro, ou qual/*

Edílson: *É, alguma coisa, sempre procurando fazer um tipo de amizade pra poder ganhar uma camisa, um relógio... uma calça.*

Don: *É verdade?*

Edílson: *É, sempre querendo exigir um presente – não exigindo, mas... sabendo pedir, né?*

Não é simples coincidência o fato de Edílson só ter mantido relacionamentos com travestis.

A segunda razão para considerar simplista a imagem das travestis como pessoas iludidas e exploradas é que elas têm consciência do poder que exercem sobre os boyzinhos, e posteriormente sobre os namorados, por meio dos bens e do dinheiro. A natureza coercitiva dos presentes foi apontada por Keila diversas vezes. Ela sustentava que as travestis dão presentes para dominar os namorados. A princípio fiquei surpreso com essa afirmativa. Mas quando eu fiz objeções ao duro maquiavelismo subjacente à sua fala e sugeri que muitas travestis têm afeto pelos namorados, Keila – que àquela altura estava bastante envolvida com os presentes diários para Tiane – foi evasiva:

Keila: *Não, não é não. Porque com todos eles com quem eu converso, eles dizem assim: "Ah eu gosto de dar dinheiro, porque aí eu humilho ele, eu posso mandar nele". Então, é uma coisa pra se sentir bem, de se sentir poderoso sobre uma certa pessoa.*

Don: *Verdade?*

Keila: *É.*

Don: *Os travestis falam assim, abertamente?*

Keila: *Falam assim, "Se você"/ abertamente: "Se você usou o meu dinheiro, então você deve obrigação a mim, eu que sustento você, seu gigolô barato". As bichas dizem mais ou menos desse jeito. Então, pronto. E eles se acostumam com esses termos que as bichas vão chamando, e pronto, não ligam mesmo. O problema todo é esse, todo travesti gosta disso, todos eles.*

Don: *Verdade? Porque a Tina, por exemplo, eu sempre/ ela dava muitas coisas a seus namorados.*

Keila: *Então ela só consegue homens assim. Aí os homens, por ela dar esse dinheiro mesmo, bastante, muito dinheiro que ela ganha, como ela ganha, eles têm um certo respeito, e um certo temor dela. Eles não fazem nada que ela não gosta na presença dela, embora eles façam às escondidas. Então é isso que o travesti quer: que o homem pratique alguma coisa errada, mas que pratique longe dos olhos, que ele jamais saiba, que ele jamais veja. Entendeu? Então pra isso que eles gostam de sustentar, porque o homem imagina o seguinte: "Puxa, se eu perder, eu 'sujar' – como geralmente é falado na gíria – eu vou perder, então eu não vou sujar". Como o Tiane vive agora comigo: ele tem roupas boas, ele tem todas as coisas que ele precisa, entendeu? Então, ele jamais vai pensar em sujar comigo – se ele sujar comigo ele vai perder – ele vai voltar pra Rita Lee. Rita Lee vai dar o que a ele?*

Don: *Nada.*

Keila: *Nada. Então, pronto. Ele vai achar que não vai encontrar mais uma pessoa como eu pra ficar com ele, porque ele tinha Marília, Marília morreu, ficou eu, agora ele não vai encontrar uma outra pessoa. Então ele não quer isso. É por esse motivo de ele se sentir assim, um pouco receoso de nos perder, eles ficam submissos à gente. A gente lá pode dominar eles um pouco, pode falar mais alto que ele, pode dar uma ordem e eles têm que aceitar.*

Don: *[risos]*

Keila: *É. O problema todo é esse. Porque a gente gosta de/ por a gente ser uma classe muito humilhada na rua, muito... é... vítima de muitos preconceitos na rua, a gente tem que ter uma pessoa sempre pra a gente se montar em cima dela. E a gente procura botar em quem? Nos casos da gente. Como a gente pode montar em cima deles? Sustentando eles, dando dinheiro a eles, para que a gente possa dominá-los, pelo menos dizer assim: "Na rua eles podem me criticar, mas em casa, pelo menos, tem uma que eu mando nele, ele faz o que eu quero, na hora que eu quero".*

Keila chama atenção para uma dimensão importante da relação entre as travestis e os namorados que pode passar despercebida se construirmos nossa análise exclusivamente do ponto de vista de um observador externo. Da mesma maneira que Michelle (na discussão com Treze a respeito dos homens), Keila destacou o respeito e mesmo o temor que as travestis imaginam provocar nos namorados na medida em que estes últimos compreendem o quanto podem perder se por acaso "sujarem" sua relação com elas. Keila também traça uma conexão explícita entre os namorados e a vida profissional (a prostituição), mostrando que as interações que as travestis mantêm nas ruas guardam semelhanças significativas com o tipo de relação que desejam manter em casa com seus namorados.

Tenho a impressão de que ao sublinhar a questão da dominação tão claramente, Keila expressou uma compreensão cuja perspicácia está relacionada com a idade e a maturidade (ela tinha mais de 30 anos na ocasião). Não estou tão certo de que travestis mais jovens, de 19 ou 20 anos, por exemplo, teriam a mesma imagem de si mesmas e se veriam em uma posição de domínio sobre os namorados, como fez Keila. Também suponho que muitas travestis recém-"apaixonadas", independentemente da idade, não interpretam seus atos de dádiva em termos de dominação. Eu apostaria que elas vêem os presentes como resultado, em primeiro lugar, da paixão e da vontade de "agradar" o objeto da paixão. Mas à medida que a relação vai prosseguindo, o subtexto da dependência e da dominação pode ir se tornando mais aparente. Uma travesti mais velha costuma dizer publicamente ao seu namorado de muitos anos: "Eu te sustento, eu te humilho". E a consciência de que dar implica poder nunca está completamente ausente nas horas de conflito, mesmo no caso de jovens travestis. As travestis adolescentes não deixam de trazer à lembrança dos namorados que elas lhes dão muitas coisas. Certa vez, toda a casa da rua São Francisco foi despertada às 3 horas da manhã por uma briga. Aos gritos, Érica (de 19 anos) vociferava contra o namorado: "Eu peguei você na rua, dormindo no relento, tá? Você é mendigo!".

Além de não terem pudor em "jogar na cara" dos namorados o fato de que eles dependem delas, as travestis sabem que podem parar de dar dinheiro e presentes a qualquer hora. E, de fato, elas interrompem o fluxo de presentes quando se cansam dos namorados ou quando são traídas por eles. Dispensar um namorado, porém, é algo que nem sempre se faz de maneira não problemática. Nesse contexto, um dos maiores riscos para as travestis é um namorado dispensado que se recusa a ir embora. Acostumado com uma vida de relativo conforto e grandes facilidades, ele pode simplesmente resistir às tentativas da travesti de dispensá-lo. Nessa situação não é raro que o namorado venha a roubar todas as posses dela quando ela sai à noite para trabalhar (alguns chegam ao ponto de levar a geladeira) e comece a ameaçá-la e agredi-la. "Se eu não posso ficar com você, ninguém mais vai ficar" parece ser um lema freqüentemente enunciado pelos futuros ex-namorados quando se vêem preteridos.

As travestis costumam reagir a tal situação de quatro maneiras: 1) devolvem as ameaças ao namorado, dizendo que não têm medo dele e que irão esfaqueá-lo caso ele tente agredi-las; 2) asseguram-se de que já têm uma relação sólida com outro homem (maior, mais forte e mais agressivo), e passam a contar com ele para desalojar o ex-namorado recalcitrante; 3) saem da cidade – opção que depende muito da quantidade de bens que elas possuem e de sua disposição de abrir mão deles; 4) aceitam as ameaças do namorado e continuam vivendo com ele até conseguirem um novo namorado ou uma chance de sair da cidade (uma travesti disse que teria de viajar para a Itália pois o namorado, ela tinha certeza, iria persegui-la feito um cão de caça se ela ficasse no Brasil). A última opção acaba resultando em relacionamentos obviamente opressivos e ultrajantes. Conheci algumas travestis em Salvador que continuaram a viver com os namorados exclusivamente por medo. Tais relacionamentos, felizmente, não são comuns, e quando ocorrem tornam-se objeto de muitos comentários entre as travestis, que os consideram com preocupação e contrariedade. A maioria das travestis em situação de conflito com os namorados escolhe as alternativas 2 ou 3. As jovens travestis, em particular, como possuem poucos bens e pagam o aluguel do quarto por semana, saem da cidade rapidamente, ao primeiro sinal de ameaça de um namorado rejeitado. Foi o caso de Stefani. Certa noite, o namorado de 19 anos, Ulisses, agrediu-a em meio a um bate-boca por causa de rumores de que ela tinha feito "vício" com um boyzinho mais cedo naquele mesmo dia. Furioso, ele saiu rispidamente do quarto em que moravam, no subsolo de uma casa na rua São Francisco. Na manhã seguinte, quando voltou para mudar de roupa e tomar café, Ulisses descobriu que o quarto estava vazio. Stefani tinha ido embora.

Namorados e Sexo

As travestis conquistam namorados mediante dinheiro e bens materiais. Agora, se levarmos o argumento de Keila sobre dominação a sério – e considerando ainda que as travestis pensam em suas dádivas como instrumentos para dominar os namorados (mesmo que nem sempre funcione na prática) –, fica muito mais fácil entender quais as motivações e os ganhos que elas têm em um tipo de relacionamento aparentemente estéril e unilateral. No entanto, mesmo reconhecendo a articulação entre a necessidade de dominação e o sentimento de controle da casa e da própria vida, fica ainda a questão de saber como os namorados fazem as travestis "se sentirem como uma mulher". Se uma travesti, para sentir-se como mulher, precisa adquirir roupas, atributos físicos e relacionar-se com um homem, qual é a dinâmica inerente à relação que a ajuda a realizar sua ambição de se sentir como mulher? Afinal, qual é exatamente o papel de seu homem no jogo, o que ele deve fazer para que ela possa se sentir "mulheríssima"?

A primeira coisa que ele precisa fazer é parecer homem. Travestis são atraídas por homens com clássica aparência masculina. Quando eu perguntava qual o ideal de homens para elas, muitas respondiam – como Banana logo a seguir – listando um conjunto de traços físicos tipicamente masculinos:

> Banana: *Gosto de homem novo.*
>
> Don: *Hã, hã.*
>
> Banana: *Bonito.*
>
> Don: *Hã, hã.*
>
> Banana: *Pernudo, carnudo, bundão.*
>
> Don: *É?*
>
> Banana: *Pernão [risos].*
>
> Don: *É, eu também [risos].*
>
> Banana: *Ah, necão [bate palmas], né?*
>
> Don: *É.*
>
> Banana: *A neca boa.*
>
> Don: *É.*
>
> Banana: *Né? A aparência bonita, feio eu não gosto, de feia só basta eu [risos].*

Depois da listagem, e às vezes em seu lugar, as travestis acionavam imediatamente outro critério: o comportamento masculino na cama. Angélica contou o seguinte:

> Angélica: *Eu gosto assim, o tipo do home assim, retado. Que tem mulé.*
>
> Don: *É.*
>
> Angélica: *Que fode tabaco de mulé.*
>
> Don: *Hã, hã.*
>
> Angélica: *Tudo.*
>
> Don: *Sim.*

Angélica: *Eu gosto de home assim, não gosto de home feminado, gosto de home assim.*

Don: *É.*

Angélica: *Às veze eu brigo com ele assim, mas também, reconheço que ele é home, né? Eu deixo pra lá. Eu só gosto de home assim.*

Tina relatou coisa semelhante, deixando explícito aquilo que Angélica apenas sugeriu, a saber, que um homem é sempre aquele que, na relação sexual, assume a função de penetrar.

Tina: *O que eu acho do homem é que ele/ ele ser homem mesmo, entendeu como é? Ele ser homem mesmo, entendeu como é? Aí é que importa. Ser/ ele ser um homem. Não é ele ser um homem e na hora H ser uma mulher. Um homem tem que ser um homem mesmo.*

Don: *O que é isso?*

Tina: *O quê?*

Don: *Ser um homem mesmo.*

Tina: *Ser um homem mesmo?*

Don: *Sim.*

Tina: *É ele não usar certos tipos de sexo, meu filho. Porque tem homem que é homem mesmo que faz o quê? Chega no outro canto, dá o cu. Esse é o homem? Isso não é homem não. Isso é viado.*

Don: *É.*

Tina: *Porque um homem tem que ser um homem mesmo, tem que ser homem. Tanto na mulher como no viado na cama, que ele tem que ser homem, entendeu como é? Porque não pode, não pode. Isso não pode.*

Érica disse a mesma coisa, eliminando claramente o homem que "dá o cu" de suas considerações a respeito de namorados:

Érica: *Eu gosto de comer. Eu nunca tive homem que me desse o cu, entendeu? Se por acaso ele me der eu vou achar uma coisa estranha, né, ficar com homem que dá cu dentro de casa, né?*

Don: *É.*

Érica: *Eu vou achar uma coisa estranha, né? Porque ó – eu posso também comer, e no outro dia botar pra fora também, né? Eu vou achar uma coisa estranha, né? Um homem que dá cu dentro de casa é viado, né?*

Don: *É, é.*

Érica: *Como hoje em dia não existe mais homens mesmo. Tudo dá o cu. Tudo pega na pica. É difícil hoje em dia. Eu fui fazer um boyzinho mesmo essa semana, um boyzinho. Peguei na neca dele, ele aparpou logo a minha. Já pensou? Como não existe mais homens. Tudo gosta de pica.*

Mabel, respondendo a minhas perguntas sobre homens, repetiu os mesmos temas abordados por Angélica, Tina e Érica. Além disso, ela sugeria uma explicação para o fato de travestis se horrorizarem tanto com um possível namorado que "dá o cu".

Mabel: *Que ele tá comigo, ele tá me/ ele tá fazendo sexo comigo, eu tô sendo pra ele passiva, ele tá sendo ativo pra mim, tá entendendo? Ele não tá sendo pra mim passivo, e a gente o ativo – pelo contrário. Eu nunca gosto de ter homem pra morar comigo que seja bicha, seja maricona não. Prefiro homem galinha com mulher, tá entendendo, do que ter-se badalado por bicha. Que a pior coisa é cê ter um homem badalado por viado.*

Don: *Verdade?*

Mabel: *É.*

Don: *Por quê?*

Mabel: *Porque é, porque uma chega: "Ah, aquele homem foi meu, eu fiz aquilo com aquele homem, eu botei na bundinha dele, ele fez uma pra mim, uma gulosa, ele bateu uma punhetinha pra mim. Saiu com a outra, fez aquela mesma coisa". E o homem galinha, ele é aquele homem galinha que ele não dá a bunda, que ele não faz chupeta pra ninguém, que ele não bate punheta, não pega no pênis de ninguém. É aquele galinha que vai, cê vira, virou pra ele, tá pondo, pou!, tá gozando, "Inté, tchau".*

A preocupação de Mabel (com um homem que "dá o cu" acabar dando para qualquer bicha que quiser) também apareceu em uma conversa entre mim, Angélica e Boca Louca sobre o tipo de homem preferido das travestis:

Angélica: Mas pra ter homem, ela quer ter homem machudo, pra ela/ fuder ela, né?

Don: *Para e, para que ela/*

Boca Louca: *se sinta mulher.*

Angélica: *Porque, se vo/ se, ê, você morar com um homem e você comer o cu, você toma nojo dele.*

Boca Louca: *É.*

Don: *É. Verdade?*

Boca Louca: *Que ali ele é viado, ele pode dar o cu a outro também.*

Angélica: *É.*

Todas as respostas mostram que as travestis são extremamente preocupadas com o comportamento sexual dos homens que tomam para namorado. Ao que parece, o *status* masculino de um homem depende muito de suas ações na cama. Mesmo quando vai para a cama com um "viado" (isto é, com uma travesti ou com outro homossexual masculino), o homem é sempre aquele que assume a função de penetrar, em vez de "virar mulher na hora H". Esse entendimento é comum a todas as travestis de Salvador. Até mesmo a judiada e azarada Treze pensava assim: embora seu parceiro fosse um homem do ponto de vista biológico (assim como os namorados das outras), ela não se referia a ele pelo termo 'homem'. Ao contrário, conversando comigo, Keila e Michelle, ela deixava claro que ele não era homem, mas "viado" (assim como ela mesma e outras travestis).

Nesse sistema de entendimento de gênero – e do qual as travestis se valem para construir seus relacionamentos –, indivíduos do sexo masculino não são naturalmente homens, não são homens de modo natural ou auto-evidente. A masculinidade (*manhood*) é o produto de determinados interesses e ações. E um dos atributos definidores de um homem no sistema de gênero das travestis é que ele não pode se interessar pelo pênis de outros homens. Nesse quadro interpretativo, um homem penetra prazerosamente o ânus de outro homem. Mas ele não pode tocar ou manifestar desejo pelo pênis de outro homem. Fazê-lo significaria o mesmo que renunciar a seu *status* de homem. O ato sexual mais carregado de significado é "dar o cu" (isto é, deixar-se penetrar analmente). É um ato transformativo, como se tocado por varinha de condão: ele converte um indivíduo do sexo masculino de homem em viado (isto é, em alguém que partilha a mesma sexualidade das travestis).

Para as travestis, a natureza perturbadora dessa transformação reside no fato de que elas não se interessam por homens que partilhem com elas os mesmos desejos sexuais. Esta é uma das diferenças significativas entre as travestis e os outros homossexuais a quem elas chamam de "os *gays*" ou "as bichas *gays*". Ao passo que o relacionamento entre *gays* é entendido como fundado na identidade (ambos os parceiros desejam indivíduos do sexo masculino), a relação entre travesti e namorado – para funcionar e mesmo existir – é vista como fundada na 'diferença'. Nesse caso, um parceiro deseja o masculino, e o outro deseja o feminino. Essa configuração do desejo não é meramente a versão brasileira da conhecida insistência das transexuais (que mudaram de macho para fêmea) européias e norte-americanas em afirmar que seu relacionamento com homens é estritamente heterossexual, uma vez que elas se consideram mulheres (mesmo antes de se submeterem à cirurgia de mudança de sexo). Aqui já deve estar claro que as travestis não se consideram mulheres e, portanto, não vêem seu relacionamento com os namorados como uma ligação heterossexual. Se fossem lançar mão desse tipo de classificação para falar de seus relacionamentos, creio que elas definiriam a si mesmas como homossexuais, e a seus namorados como heterossexuais. Ou então, conforme Edílson afirmou de modo sucinto, ao ser perguntado sobre sua própria sexualidade: "Eu sou heterossexual. Eu não vou sentir amor por outro heterossexual porque, para isso acontecer, um dos dois tem que ser *gay*. Agora, entre um heterossexual e um *gay* pode existir o tipo de amor sincero".

Com essa fala Edílson articulou a base do sistema de gênero segundo o qual tanto as travestis quanto seus namorados compreendem e orientam seus relacionamentos. Nesse sistema, um heterossexual masculino – ou seja, um indivíduo de sexo masculino que deseja o 'sexo oposto' – é por definição um homem; e um homossexual masculino – ou seja, um indivíduo de sexo masculino que deseja o 'mesmo sexo' – é por definição o sexo oposto em relação ao 'homem'. "Entre um heterossexual e um *gay* pode existir o tipo de amor sincero", diz Edílson. Essa afirmação só faz sentido dentro de um sistema que percebe esse tipo de amor como produto do encontro de duas naturezas e perspectivas completamente diferentes. Aliás, a afirmação só faz sentido com base em uma matriz que conceitua o sentido do desejo em função da diferença. O pressuposto que dá forma e inteligibilidade a essa matriz é a idéia de que 'todo' desejo é um desejo heterossexual. O desejo homossexual – no sentido de um desejo entre dois indivíduos masculinos 'enquanto homens' (ou entre duas fêmeas enquanto mulheres) – não é reconhecido aqui; ou é reconhecido apenas como aberração, ou como farsa. É considerado até um pouco repugnante por muitas travestis (que julgam a pornografia *gay* masculina, por exemplo, ofensiva e "nojenta", uma vez que as imagens de intercurso sexual de dois machos tipicamente homens não faz sentido para elas). E não basta dizer que o desejo só faz sentido em relação à diferença; o desejo é também aquilo que 'produz' a diferença: um indivíduo do sexo masculino é um homem 'porque' deseja uma mulher; uma travesti pode "sentir-se como uma mulher" na medida em que ela deseja um homem e é por ele desejada. É essa relação entre desejo e produção da diferença que exclui os "viados" do rol de namorados possíveis das travestis. É necessário haver um homem para fazer uma travesti sentir-se como mulher. Um "viado" provoca um curto-circuito conceitual no sistema e faz com que uma travesti se sinta como... como o quê? A resposta é: como uma lésbica.[50]

Tudo isso significa que o *status* de gênero dos indivíduos de sexo masculino não é um dado; ele precisa ser construído por meio de desejos apropriados, e estes se manifestam por meio de práticas apropriadas. A mais importante dessas práticas é o comportamento sexual. A cama é a arena onde alguns indivíduos de sexo masculino se tornam 'homens' (ao penetrarem um parceiro), e onde alguns outros se tornam 'mulheres' (ao se deixarem penetrar por aqueles homens). Portanto, é na cama que o gênero realmente se estabelece. Mas é também na cama que o risco de deslizamento do gênero se torna mais acentuado. É ali que se experimenta "a hora H" (a hora da verdade), como expressou Tina com sagacidade. Edílson, sendo namorado de uma travesti, estava consciente disso. Ele me disse que em 15 anos de sexo com várias travestis nunca tocou no pênis de uma delas e jamais se deixou penetrar. Ele acreditava que "seu eu for ficar fazendo esse tipo de coisa, eu vou deixar de ser homem, né?". Para evitar tal destino, Edílson explicou, é preciso autocontrole: "Eu tenho que me dominar, né?".

Edílson teve dois relacionamentos prolongados com travestis. O primeiro durou seis anos. O segundo, com Keila, durou sete anos. E uma das razões dessa longevidade era precisamente sua capacidade de se controlar. No que diz respeito ao comportamento sexual de seus namorados, as travestis demonstram ter olhos de águia, e estão atentas a qualquer lapso e perda do autocontrole. Embora elas tenham prazer em penetrar indivíduos do sexo masculino (e o façam freqüentemente quando estão trabalhando ou quando convidam um boyzinho para o quarto e este se mostra propenso a "dar o cu"), é certo que praticamente nenhuma travesti irá tolerar um homem que demonstre desejo pelo seu pênis "dentro de casa". Assim, por exemplo, Érica explicou: "Eu acharia muito estranho ficar com um homem que deu o cu em casa". Adriana foi ainda mais taxativa. Ela disse que o único motivo para manter o namorado dentro de casa é que "ele tá me comendo". Se ele tivesse manifestado desejo de ser penetrado, Adriana o teria mandado embora. "Eu ia olhar para a cara dele e sempre ia ver que ele não é homem. Eu ia ver que ele é 'viado' igual a mim. E eu ia pensar: eu vou ficar fazendo sexo, sustentando, dando comida, tudo isso para um 'viado'? Ah, não!"

Outras travestis também demonstram a firme certeza de não querer homens que "dão o cu em casa", e tentam expulsar o namorado caso ele comece a dar. As razões para se livrarem de um namorado que "dá" são as seguintes.

Primeiro, elas acabam "perdendo o respeito" pelo namorado. Keila esclareceu que um dos motivos para manter um namorado em casa é ter uma "presença masculina" que imponha respeito – por ser "um pouco superior a você, mesmo que você seja a dona da situação e pague todas as contas". Se um indivíduo do sexo masculino – tido em alta conta por ser um homem – começa a demonstrar interesse no pênis de sua namorada travesti, ele passa a ser visto como nada além de "um viado igual a gente". Essa mudança no *status* de gênero é acompanhada de uma brusca perda de respeito. Eu escutei muitas travestis exprimirem seu sentimento em relação a esses indivíduos em termos muito duros, que incluíam 'nojo' (como disse Angélica) e 'vergonha'. Uma delas afirmou que se um homem mostrasse tal interesse estaria, no entendimento dela, "reduzido a nada". Tal "redução a nada" se revela na forma pela qual as travestis se referem aos namorados. Muitas travestis me contaram que estavam certas de que humilhariam publicamente seus namorados a partir do momento em que eles se deixassem penetrar por elas. Então elas jogariam na cara que eles são "mariconas" (isto é, uma bicha depravada). "A casa inteira vai ficar sabendo se um dia meu namorado me der o cu", disse Érica. "Eu já chamo ele de maricona, mesmo ele não sendo; imagina o que eu não vou falar na cara dele se ele realmente me der o cu".

Segundo, se um namorado se revela "viado", as travestis podem especular se realmente vale a pena continuar sustentando e dando dinheiro a ele. Afinal, por que ela deveria trabalhar na rua para sustentar alguém que deseja a mesma coisa que ela (sexo com homens)? O que impede essa pessoa de trabalhar na rua também? Treze tirou desse argumento as conseqüências lógicas e colocou seu namorado para trabalhar, vestido de mulher, assim como ela mesma fazia.

Terceiro, as travestis acreditam seriamente que se um namorado começa a "dar" (ser penetrado), ele não vai mais querer "comer" (penetrar). Mas elas são unânimes em concordar que são incapazes de rejeitar um pedido do namorado para ser comido. "Quem é que dispensa um cu?", comentam todas. Banana confessou que ela mesma chegou a pedir aos seus últimos namorados que lhe dessem: "Vá, painho, deixa mainha comer teu cu", ela costumava instigar. Mas esse pedido é uma espécie de teste. Ele é fruto da preocupação; afinal, elas sabem que se um namorado começa a "dar", ele fica tão entregue aos prazeres da penetração anal que nunca mais volta aos velhos tempos de homem. As travestis podem até ficar satisfeitas penetrando o namorado durante algumas semanas, ou alguns meses, ou excepcionalmente durante anos. Mas no final, acabam "enjoando" desse comportamento (todas as travestis utilizam a palavra 'enjoar' para descrever essa situação). "É como se a gente comesse galinha todo dia", uma delas comentou com desgosto. É interessante e significativo que a situação inversa – isto é, aquela em que o namorado deseja exclusivamente penetrar – nunca é retratada nesses termos. Nenhuma delas jamais sugeriu que poderia enjoar de um namorado que só quisesse "comer". Quando eu as questionei, dando a entender que considerava esse comportamento repetitivo um tanto tedioso, elas me olharam com surpresa e curiosidade. E logo afastaram minhas objeções, dizendo: "Ah, mas isso é porque você é *gay*".

A crença de que se um namorado começar a "dar" ele será incapaz de parar de "dar" está relacionada a uma outra idéia (aludida por Mabel e Angélica): um homem que começa a dar cai na promiscuidade compulsiva e passa a procurar incessantemente outras travestis para penetrá-lo.[51] Por isso uma travesti afirmou que evitaria levar um cliente para o quarto se soubesse que o namorado estava interessado em "dar", pois provavelmente ele acabaria dando para o cliente.

As travestis também suspeitam que um homem que começa a "dar" sempre teve vontade de "dar" – isso significa que ele pode estar dando em segredo há muito mais tempo. E a humilhação mais grave e cruel para uma travesti, como revela Mabel, é saber que o namorado vem dando para outras e não para ela. A extrema desonra que ela experimenta ao saber disso não se deve à infidelidade do namorado. Ao contrário, segundo indicaram Mabel e Angélica, as travestis já esperam que seus namorados sejam promíscuos – com mulheres. Elas são plenamente conscientes de que boa parte do dinheiro dado aos namorados será gasta em encontros e namoricos com mulheres. A grande vergonha deve-se inteiramente ao fato de que a travesti foi iludida – ela imaginava estar sustentando um homem, mas descobre que na verdade esse homem nada mais era que um "viado", igual a si mesma; uma pessoa que "dá o cu na rua", da mesma maneira que ela faz. Fernanda Farias de Albuquerque chama isso de "a pior das traições" (Albuquerque & Janelli,

1995: 74-75; ver também Fry, 1995: 204-205). A força decisiva dessa traição tem origem na configuração de gênero que sustenta o discurso e as práticas travestis: a revelação de que o namorado não é um homem implica, em contrapartida, que a travesti pode não ser muito como a mulher que acreditava e desejava ser.

Há ainda uma razão que faz as travestis colocarem um ponto final na relação com o namorado que "dá". Para elas, se o namorado "dá o cu", isso significa que ele está jogando a última cartada, isto é, está tentando desesperadamente agarrar-se a um relacionamento cujo fim estaria próximo. Érica exprimiu essa visão quando me contou, certa noite na rua, que seu mais recente namorado, um jovem conhecido de todos pelo apelido Negão, tinha dado o cu para ela logo no início de seu breve namoro. Ela pensou sobre o ocorrido por um tempo, mas depois concluiu que ele fez aquilo na tentativa de prolongar uma relação que sabia estar, de algum modo, fadada ao fracasso. Érica, que é negra, disse que não gostava particularmente de homens negros. "Eu nem gosto de negros para serem meus vícios", confessou. "Eu só faço sexo com negros na rua por dinheiro. Mas eu não gosto de negros. Eu estava com um cara negro. Eu nem sei onde estava com a cabeça quando resolvi namorar o Negão". E prosseguiu:

> Érica: *É maricona também, Negão.*
>
> Don: *É?*
>
> Érica: *É maricona, querido. Dá cu e tudo. Ficar com maricona, ainda mais negro. Acho que foi por isso que ele me dava a bunda.*

Keila também havia mencionado essa questão, sugerindo que todo namorado que "dá o cu" o faz com segundas intenções. Afirmou repetidas vezes que se um namorado começa a dar é porque percebeu que estava em vias de perder a namorada.

> *O homem, porque tem uma cabeça mais... errada que a do travesti, ele pensa que o travesti só está contente quando as coisas estão a seu favor – que na maioria das vezes é verdade. Então ele pensa o quê? "Eu tenho um travesti, que eu tenho tudo o que ele me dá, tudo que eu quero ele me dá. Mas a gente não está cem por cento de sexo bom. Então, mais dia menos dia, eu vou perder o travesti. Então o que eu faço? Para eu não perder o travesti? Eu vou tentar fazer alguma coisa para ele, do que eu posso, do que me cabe fazer, para eu conseguir ficar com ele sempre. Para eu não perder as minhas comodidade, a minha mordomia que eu tenho".*

Agora, aí, o que ele faz? Pra que o travesti fique dependente dele? Ele vai pra cama com o travesti e inverte os papéis, deixa que o travesti coma ele, chupa o travesti. Claro, naquele exato momento, naquele mês, naqueles meses que vão se seguir por diante, o travesti – por ser uma coisa nova, por ser uma experiência nova (porque todo travesti é curioso) – vai gostar da situação. Mas vai chegar um determinado momento que o travesti vai enjoar daquilo. Aí é quando ele não vai ter mais nenhuma chance para conquistar o travesti de novo, porque ele já fez a última coisa que ele tinha que fazer.

A partir do momento que ele perde a noção da coisa, que ele acha que ser passivo ele vai ter muito mais domínio sobre o travesti do que quando ele era ativo – porque ele pensa que vai segurar o travesti pelo sexo – ele tá redondamente enganado, porque aí acaba desmoronando de vez. Porque uma coisa que o travesti não vai se prender a ninguém é por sexo, porque o travesti não precisa de homem em casa pra gozar.

Portanto, o que emerge com clareza do discurso e da interação das travestis com os namorados é que esta relação se estrutura conforme um esquema firmemente estabelecido. A língua portuguesa falada no Brasil é muito feliz nesse aspecto por causa dos verbos utilizados para denotar relações socioeconômicas de oferta e consumo: dar e comer (Treze, por exemplo, usou este último termo quando declarou que nenhum homem iria "comer" – isto é, consumir – o que pertencia a ela). Ora, esses mesmos verbos são utilizados para denotar as práticas sexuais: ser penetrado = dar; penetrar = comer. Assim, quando um homem que penetra uma pessoa (do sexo masculino ou feminino), diz-se que "come" aquela pessoa; e da pessoa que se deixa penetrar diz-se que "dá" para o homem que a penetra.

O esquema que estrutura a relação travesti-namorado implica que a travesti deve "dar" – tanto no sentido econômico quanto no sentido sexual; e o namorado deve "comer" – tanto no sentido econômico (do consumo de bens e dinheiro) quanto no sentido sexual (penetração). A fronteira entre "dar" e "comer" é fortemente vigiada e defendida pelas travestis. Se um namorado começa a "confundir a situação" – como Keila expressou com muita finura – e tenta "inverter os papéis", isso irá custar o fim da relação com sua namorada travesti.[52]

É importante notar que, tanto no sentido econômico quanto no sexual, o agente controlador é o 'doador', pois a qualquer momento ele pode decidir interromper o fluxo de bens e serviços fornecidos ao 'comedor'. Nem sempre as travestis são bem-sucedidas nisso. A própria predileção que têm por homens fortes e másculos pode vir a causar problemas quando, por exemplo, elas querem se livrar dos namorados recalcitrantes mas se vêem na impossibilidade de desfazer um relacionamento violento e opressivo. Porém, na maioria das vezes, elas conseguem efetivamente romper os vínculos com os namorados indesejados.

Se analisarmos a relação travesti-namorado com base nas categorias normativas de gênero existentes no Brasil, podemos perceber claramente que os namorados – em virtude de todos seus méritos masculinos – são feminizados. Ao invés de trabalhar e sustentar suas parceiras, o que normalmente se espera dos homens brasileiros, os namorados de travestis são sustentados por elas. Eles são economicamente dependentes delas: residem nos locais de moradia delas, comem a comida que elas compram e se vestem com as roupas que elas lhes dão. Além disso, espera-se que os namorados fiquem em casa (e eles ficam), enquanto as parceiras saem para ganhar o sustento na rua. Certa vez eu voltava para casa caminhando com Tina depois de uma noite de trabalho. Eu ainda não havia me dado conta do grau de dependência dos namorados e perguntei a Tina se o namorado dela trabalhava. Ele me olhou com a expressão incrédula e soltou uma sonora gargalhada. "Não", ela respondeu, "ele fica deitado no meu quarto, vendo televisão e me esperando chegar em casa". Por sua vez, Edílson (ex-namorado de Keila) reclamava que enquanto os namorados e maridos de mulheres "dorme fora, arruma outra mulé e a porra, briga e tudo, e tal", as travestis gostavam de ter o homem em casa, sempre à disposição ("o tempo todo à disponibilidade").[53] Em contraste com a maioria dos relacionamentos heterossexuais no Brasil, em que aparentemente são as mulheres que correm maior risco de serem abandonadas, na relação das travestis com seus namorados quem corre o maior risco é o 'homem'. Travestis e namorados sabem que elas podem levantar e ir embora, a qualquer hora, deixando o namorado sem nada (a menos que ele consiga roubá-la antes).

O fato de os namorados serem tão explicitamente feminizados em relação às travestis (e, inversamente, elas são claramente masculinizadas em relação aos namorados) talvez explique por que elas costumam lançar mão de diversos argumentos e práticas que facilitam o encobrimento desta característica. É muito comum, por exemplo, ver uma travesti anunciar publicamente que seu namorado a proíbe de fazer isto ou aquilo, de ir a este ou àquele lugar, ou de vestir esta ou aquela roupa particularmente curtas. Érica me disse uma vez, sem disfarçar um sorriso orgulhoso, que por causa da proibição do namorado, ela "não podia usar saia curta, não podia usar blusa tomara-que-caia porque mostra o peito, não podia ir a festas... ele nem me deixa ir à praia". Ainda mais radical, Chica passou todo o Carnaval de 1995 dentro de casa na rua São Francisco. Ela não podia sair, contou para todo mundo, "O bofe não deixa".

Eu costumava ficar abismado com tais declarações porque sabia que travestis como Érica e Chica sustentavam economicamente aqueles homens. O que significava, exatamente, dizer que os namorados as proibiam de fazer o que elas queriam?

Foi Keila, com sua franqueza costumeira, quem mostrou o cerne da questão. Travestis, ela comentou, adoram que os namorados mandem nelas porque com isso a gente pode "se sentir amapô" (isto é, sentir-se como mulher). Travestis acham que os homens gostam de dominar as mulheres, explicou, "então, como a gente faz para se sentir igual mulher? Deixando o homem dominar a gente". E as travestis tornam essa dominação pública para provocar inveja umas nas outras. Ter um namorado que demonstra cuidado e ciúme e controla roupas e comportamento é algo que causa inveja.

Porém, mesmo uma pessoa muito perspicaz como Keila não foi capaz de identificar um equívoco na representação do relacionamento entre travestis e seus namorados. Keila explicou que um dos principais motivos que levam as travestis a insistirem em manter os namorados no papel de penetrador é que elas já são tão dominadoras em todas as outras dimensões da relação que acabam preferindo abrir mão da dominação na cama. O sexo é o único contexto em que os namorados 'realmente' dominam as travestis, afirmou Keila.

No entanto, sabendo que as travestis policiam o comportamento sexual dos namorados, talvez seja mais razoável interpretar o sexo não como o contexto em que as travestis abdicam da dominação sobre eles, mas, ao contrário, como o contexto em que elas 'exercem' essa dominação de modo mais incisivo e absoluto, mesmo na cama. Especialmente na cama. Em vez de configurar uma exceção à regra segundo a qual as travestis dominam os namorados, o comportamento sexual é a ratificação da regra. Na verdade, é a saturação da regra.

Um efeito prático importante da dominação na cama é que a maioria das travestis não costuma atingir o orgasmo durante as relações sexuais com o namorado. Sexo com o namorado consiste, quase sempre, em sexo oral (feito pela travesti no namorado) e penetração (feita pelo namorado na travesti) na posição de quatro ou de costas. O namorado quase não toca no corpo dela, excetuando-se algumas carícias nos seios e, eventualmente, beijos.

Mas não há contato dele com o pênis da namorada-travesti. Sei de algumas travestis que vestem calcinhas durante o ato sexual ou quando dormem junto com o namorado, para evitar que ele se depare com o fato de que elas têm um pênis. Uma travesti me disse que em dois anos de relacionamento a única maneira de seu namorado ver o pênis dela seria xeretando por baixo da calcinha enquanto ela dormia.

Assim, a gratificação sexual certamente não é o que as travestis buscam no relacionamento com os namorados.[54] De acordo com a explicação de Mabel, sexo com o namorado implica o seguinte: "Ele vai para cama com você, você vira de costas, ele enfia, pôu, goza – até mais, tchau!". E Keila afirmou textualmente: "Uma travesti não se liga a ninguém por causa do sexo porque ela não precisa do namorado para gozar". A importância de ter um namorado, ao contrário, está no fato de que ele é essencial para a travesti poder de se sentir igual a uma mulher. Para tanto, ele precisa parecer um homem e, sobretudo, comportar-se sexualmente como um homem. E os namorados de travestis pouco fazem além disso, porque é apenas isso que se espera deles. E desde que continuem parecendo homens e agindo como homens, usufruem de uma relativa segurança e as travestis ficam felizes (pelo menos até encontrarem um parceiro que possa fazer melhor o papel). Que tais expectativas e demandas resultem em pouquíssima gratificação sexual, não é algo importante para as travestis. Elas não querem um namorado por causa do prazer sexual. Elas não obtêm sexo dos homens, mas sim gênero. Prazer sexual é algo que as travestis obtêm em outro lugar: com os boyzinhos, com os "vícios" e com os clientes que conhecem na rua à noite.

4

O Prazer da Prostituição

Era madrugada, por volta das 2 horas, e eu voltava ao meu quarto na rua São Francisco depois de uma noite junto com as travestis que trabalhavam em um ponto de prostituição próximo ao centro da cidade. No caminho de casa, resolvi fazer um desvio e passar em outra rua onde algumas travestis costumavam ficar para saber quais delas estariam trabalhando ali naquela noite. Quando cheguei, percebi que a rua estava vazia, a não ser pela presença de Érica, uma jovem travesti negra que morava no quarto ao lado do meu. Naquela noite a rua estava "uó" (isto é, horrível), disse Érica. Ela já estava no ponto há mais de duas horas e ainda não tinha feito um único programa. Entediada de tanto olhar para a rua na tentativa de atrair os motoristas que passavam de carro, Érica sentou-se na calçada junto a mim e começamos a conversar. Perguntei sobre o novo namorado que passara a morar no quarto dela recentemente. "Ah, eu adoro ele", contou. E ele era totalmente dedicado a ela. Com um discurso que poderia ter vindo da boca de praticamente todas as travestis quando mencionam seus namorados, Érica relatou o seguinte:

> Érica: *Ele é um homem que/ ele é um homem que não fica com viado. Ele não fica com viado nenhum. Ele disse "Inha, enquanto eu tiver com você, eu vou respeitar você para sempre. Nunca vou lhe trair". Não sabendo ele que eu traio ele pencas. Cada* boy *gostoso que eu pego na rua...*
>
> Don: *[risos]*
>
> Érica: *Eu vou/ eu vou dizer, aqui na pista, aparece cada* boy *gostoso que a gente não resiste.*
>
> Don: *Não, claro que não.*

Érica: *Não resiste não, querido, mas não resiste mesmo.*

Don: *Lógico.*

Érica: *Cada* boy *gostoso com neca desse tamanho... ah... Adoro homem branco. Cois mais/ adoro homem branco, adoro, Don, ai!*

Don: *É?*

Érica: *Adoro homem branco. Essa semana mesmo, saí com um branco, que a neca/ a neca era desse tamanho, ó [põe os dedos indicador e médio da mão direita na altura da articulação do antebraço esquerdo para dar idéia da dimensão], a grossura [faz um grande círculo juntando os dedos das mãos]. Lindo, lindo, um boyzinho... Ai, que escândalo!*

Don: *É.*

Érica: *Branco. A minha neca endurece logo, Don, me dá uma ( ) inha.*

Don: *Não, mas essa coisa de só transar com uma pessoa, eu não acredito. Não acredito mesmo.*

Érica: *Olhe a gente/ o negócio do dinheiro – a gente não transa só por dinheiro não. A gente/ a gente tá na rua. A gente não se interessa por aquele cara, entendeu? Vai pra aqui só por causa de dinheiro? Não, não é, querido. Eu faço meu vício. Faço mesmo, né, amor?*

Nessa breve conversa, Érica faz o assunto deslizar facilmente de seu namorado para uma avaliação sobre o prazer que ela consegue obter pelo fato de trabalhar na rua se prostituindo. A prostituição e as atividades relacionadas – por exemplo, roubar clientes – são a principal fonte (às vezes a única) de renda da grande maioria das travestis de Salvador. Elas costumam trabalhar especificamente em determinadas ruas ou no entorno da cidade. Muitas também freqüentam um cinema de exibição de filmes pornográficos, onde passeiam por entre as fileiras das poltronas perguntando em voz alta se os homens (que estão ali assistindo a filmes cujos títulos podem ser algo como *Noites Quentes de Mulheres Perversas*) "quer gozar". As travestis podem fazer os programas dentro de automóveis, ou em vielas, em recantos isolados da praia, em quartos de hotel, no cine pornô entre as poltronas, em banheiros públicos ou em seus próprios quartos de moradia. Aquelas mais empreendedoras chegam a cruzar o Atlântico com o intuito de passar alguns meses ou anos na Itália, prostituindo-se nas ruas de Roma ou Milão e economizando dinheiro para garantir (a si mesmas e a suas mães) segurança financeira no futuro, quando forem velhas.

A diferença mais marcante entre a maioria dos relatos sobre prostituição e o caso específico da prostituição praticada pelas travestis de Salvador é que estas costumam se divertir mutuamente relatando de modo vívido e exuberante os encontros sexuais que tiveram com os homens durante o trabalho. É claro que as travestis nem sempre se deleitam em suas relações sexuais, nem desfrutam o sexo com qualquer cliente. No entanto, sempre que relatam uma experiência sexual incrivelmente satisfatória, prazerosa ou mesmo arrebatadora, isto diz respeito invariavelmente a um encontro com um "vício" ou um cliente. Em alguns casos, se o "vício" for especialmente atraente ou tiver um pênis notadamente avantajado, ou se for conhecido como bom de cama, as travestis podem mesmo pagar para fazer sexo com 'ele'.

A prostituição travesti não é apenas uma fonte de renda, mas também – como Érica enfatiza – uma fonte de experiências prazerosas e recompensadoras. Portanto, ela é pensada e praticada pelas travestis de modos bem diferentes daqueles relatados na maioria dos trabalhos e estudos sobre o tema. Ao invés de considerar a prostituição como uma forma degradante de exploração sexual, as travestis a vêem como um trabalho assim como qualquer outro – com a diferença que na rua elas não têm chefe, exceto elas mesmas – e que lhes garante acesso a muito mais dinheiro do que seriam capazes de ganhar em outros empregos assalariados. Além disso, a prostituição é a única esfera da sociedade brasileira onde as travestis podem ser admiradas e reconhecidas. A prostituição faz com que as travestis se sintam *sexy* e atraentes. É o único contexto em que elas podem desenvolver auto-estima, autoconfiança, valor pessoal, além de se sentirem como objeto de verdadeiro e intenso desejo.

Caindo na Vida

As travestis geralmente se referem ao momento de entrada na atividade de prostituição com a expressão "cair na vida". A expressão traduz com ironia o reconhecimento de que a prostituição de rua é considerada uma das ocupações menos valorizadas que um indivíduo pode exercer e, além disso, reflete o fato de a prostituição ser designada em todo o Brasil como "a vida" ou a "vida fácil". A maioria das travestis de Salvador "cai na vida" com a ajuda de outras travestis mais velhas e experientes. Luciana conta que aos 16 anos trabalhou em um salão de beleza fazendo serviços de manicure, pedicure e depilação. Na época ela já havia começado a tomar hormônios e tinha muitos amigos homossexuais. Algumas travestis conhecidas começaram a estimular: "Venha trabalhar com a gente, você vai gostar". "E eu fui, e trabalhei, e gostei", concluiu Luciana. Quando Magdala tinha 17 anos, uma travesti sua amiga ficava incentivando: "Bicha, vamos lá, dá umas voltas na rua de noite, não custa nada". "E foi assim que eu fiz", disse ela. Cíntia começou a se prostituir aos 13 anos, quando ainda residia na casa dos pais, por influência de sua jovem amiga travesti chamada Catita. Já Elisabeth tinha 12 anos quando ouviu o convite de uma amiga para ir trabalhar "na pista" (isto é, nas ruas). "Ela me levou", contou Elisabeth, "e eu nunca mais saí da rua desde então". Lia Hollywood também começou com a idade de 17, após ter sido demitida de um emprego de *office-boy* em um banco pelo fato de chegar no trabalho usando maquiagem. Na ocasião ela dividia um quarto com outras bichas no centro de Salvador. "Ai, meu Deus", ela lembra de ter dito a si mesma logo depois da demissão, "como eu vou fazer para pagar minha parte do aluguel?" Foi uma amiga travesti quem deu a sugestão: "Por que você não dá uma volta de vestido? Nunca se sabe, talvez você consiga um dinheiro". Essa travesti emprestou um vestido a Lia. Com ele Lia deu sua "primeira volta" de uma carreira de 15 anos como prostituta.

Nem todas as travestis saem da adolescência para a vida adulta residindo em cidades cujo mercado de prostituição travesti é plenamente desenvolvido. No Brasil, tradicionalmente, sobretudo nas áreas rurais do país, indivíduos do sexo masculino não se comprazem com a idéia de prostituição homossexual. Ao contrário, como os casos de Edílson e outros boyzinhos mencionados no capítulo anterior, os homens costumavam considerar – e ainda consideram – que são os "viados" (os homossexuais) que devem lhes pagar para fazer sexo. Quando as travestis vivem em regiões em que tais idéias prevalecem, quase nunca lhes ocorre a possibilidade de se prostituírem – até o dia em que, inesperadamente, por alguma razão um homem oferece dinheiro em troca de sexo.

Foi o que aconteceu com Keila. Ela fez seu primeiro programa como prostituta sem mesmo se dar conta. Keila tinha 14 anos. Já havia saído da casa dos pais na ocasião e trabalhava como empregada doméstica em uma pequena pensão na cidade de Teresina, capital do atrasado estado nordestino Piauí. Todas as noites, depois do trabalho na hospedaria, Keila se maquiava, aplicava condicionador no cabelo (para que aparentasse ser mais comprido), vestia uma blusa de crepe e calça larga de seda, pegava uma bolsinha e saía na direção da praça para se encontrar com o grupinho de bichas da cidade que ali se reunia. Todas essas bichas, que pareciam uma versão mais alta ou mais magra ou mais robusta ou mais velha da própria Keila, ficavam boa parte da noite na praça, conversando entre si e flertando com os homens que passavam.

Certa noite, uma bicha mais velha chamada Juraci sugeriu que ela e Keila saíssem da praça e fossem dar uma volta perto da feira de artesanato localizada no centro da cidade, que abrigava alguns bares e servia de ponto de encontro de homens que ali passavam a noite bebendo e conversando. Enquanto elas caminhavam pelo centro, "um certo senhor, um senhor gordo" começou a olhar muito para as duas e depois resolveu segui-las. Elas resolveram voltar rapidamente para a praça. O homem continuou seguindo-as. Ao perceber que ele estava mais interessado em Keila, Juraci disse que ia dar uma voltinha, deixando-a sentada em um banco da praça, só, enquanto o homem rondava pelas imediações.

O homem aproximou-se de Keila e eles começaram a conversar. Depois de algumas amenidades (como perguntar se Keila gostava da feira de artesanato), ele disse: "Olha, meu carro está parado depois daquele quarteirão. É um fusca azul, e a placa é tal e tal. Você vai?". "Eu vou", respondeu Keila, de acordo com seu relato para mim. E acrescentou, num aparte: "Para você ver como os homens eram tímidos [naquela época, naquela cidade]; ele jamais permitiria que eu andasse do lado dele em um local público. Ele tinha que ir primeiro, e só depois de alguns minutos eu podia ir encontrar com ele". E a narrativa de Keila prossegue:

> *Ele saiu, eu dei uma volta na praça, muito grande. Deixei ele se encobrir no quarteirão, quando ele se encobriu eu fui encontrar com ele. Cheguei lá, tava lá dentro do carro, um Fusca azul.*
>
> *Aí ele: "Entra aí", abriu a porta do carro, eu entrei. Ele já inclinou o banco todo, deixou o banco completamente deitado, eu me deitei, ele sentado, eu me/deitado no banco, conversando comigo.*
>
> *Ele falou: "Ah, vamo dar uma saidinha". Eu disse: "Como, saída?", eu já querendo dizer ao homem que eu não tinha dinheiro pra pagar, então eu não queria sair. Aí eu: "Como, sair?". Ele falou: "Não, a gente vai dar uma voltinha só". Aí eu falei: "Tudo bem! Se é pra dar uma voltinha só, vamo lá."*
>
> *Aí ele ligou o carro e saímos, eu deitado. Ele circulou a capital inteira com o carro. Fomos para um motel muito distante, Pôr-do-Sol. A gente conversando. Ele falou: "Você trabalha, você*

ganha pouco?". Eu falei: "É". "E você ganha quanto?". Eu disse: "Eu ganho mil e quinhentos cruzeiros". "Por mês?". Eu falei: "É".

O Brasil passou por tantas mudanças monetárias nas últimas décadas, em virtude de processos inflacionários, que os próprios brasileiros perderam a noção da seqüência de nomes das moedas e do seu valor relativo. Sem ter a menor noção do valor da quantia que ela acabara de mencionar em relação à moeda brasileira atual (ou seja, em 1994, época do meu trabalho de campo), eu interrompi o relato de Keila e perguntei a quanto equivaleriam aqueles mil e quinhentos cruzeiros hoje em reais. "Não faço idéia", ela respondeu. Seja o que for, Keila disse, era equivalente a 70% de um salário mínimo da época – ou seja, um valor próximo ao que a maioria dos trabalhadores brasileiros ganha por mês. Portanto, se o salário mínimo atualmente vale cerca de cem reais, Keila teria recebido o equivalente a setenta reais.

> *A gente ficou num motel. Eu nunca tinha entrado num motel, até aquele exato momento. Aí, quando chegou no local eu pensei que era a casa dele. Aí ele entrou, passou numa garagem, deixou o carro. Mas já tinha saído totalmente dentro do quarto, porque eu não tinha visto placa do motel nenhuma. Aí eu fiz/ eu fiquei assustado: "Por que você me trouxe para essa casa?". Ele: "Não, isso não é casa, é um motel. A gente passa a noite aqui". Eu disse: "Mas como é que vou passar a noite com o senhor aqui? Eu não devo, tenho que trabalhar cedo". "Não se preocupe, eu levo você na sua casa assim que a gente der um tempo."*
>
> *Aí eu já sabia que no quarto a gente ia transar, claro. Eu não era nem ingênuo nem nada. Aí eu fiz sexo com ele, também não acertei nada, não falei nada. Eu disse: "Bom", pensando comigo mesmo, "dinheiro eu não tenho, e esse homem velho não vai querer que eu pague ele, imagina. Eu vou fazer sexo, porque eu sou gay, eu gosto de fazer sexo com homem". E na época eu era muito novo. Ainda hoje eu tenho uma quedinha por pessoas, por homens mais velhos. Mas na época eu tinha uma fixação por homens mais velhos do que eu. Hoje eu não tenho mais, tenho assim um pouquinho, mas não como tinha antes, com 14, 15 anos.*
>
> *E aí, a gente fez sexo, eu e esse homem. Eu chupei ele, ele só me comeu, claro, não tocou em mim, no meu pênis, em nada meu. Ele só exigiu que eu fosse passivo, e eu fui, da hora que entrei até a hora que saí.*

Quando a gente terminou, ele dormiu, e eu dormi também.

E ele, quando deu sete horas da manhã, ele foi muito honesto, porque eu tava dormindo, eu ferrado no sono, ele me acordou. Sete não, umas seis horas da manhã só, ele fez: "Ô, menino... acorde, a gente já vai embora". Pegou o interfone, pediu a conta, veio o rapaz, ele pagou, entramos no carro e saímos. Novamente, ele inclinou o banco do carro, jogou uma toalha por cima de mim e a gente veio embora.

Keila contou que o homem ofereceu levá-la de volta até a pensão, mas ela ficou temerosa de que a dona do estabelecimento pudesse estar espiando e começasse a fazer perguntas se a visse saindo do carro. Então ela pediu ao homem que a deixasse em um local próximo da praça onde eles se conheceram na noite anterior. Enfim, quando ela já ia descer do carro,

Ele pegou, meteu a mão no bolso e me deu quinhentos cruzeiros e disse: "Tome, pra você fazer um lanche". Eu olhei aquela nota, eu fiquei em pânico, porque eu nunca tinha visto uma nota de quinhentos cruzeiros.

Novamente eu interrompi Keila para perguntar como ela poderia nunca ter visto uma nota de quinhentos cruzeiros se na ocasião ela já recebia salário pelo trabalho na hospedaria. Ela argumentou que esse episódio aconteceu antes de ela ter recebido o primeiro salário. Eu ainda estava um pouco confuso em relação ao valor das quantias em cruzeiros, e quis saber quanto valeriam quinhentos cruzeiros em moeda corrente (em 1995). Ela explicou:

... era como se fosse... eu ganhava três notas de quinhentos por mês, ele me deu uma, só faltava mais duas, entendeu? Eu tinha que trabalhar trinta dias para ganhar três cédulas de quinhentos, e ele me deu uma em um só programa que eu fiz com ele. Aí eu falei: "É meu?". Ele disse "É". Aí ele, "tchau", ele se despediu de mim e eu fiquei tão abismado que eu nem consegui ter reação para dizer tchau pro homem. Ele ligou o carro e foi embora.

Keila, então, entrou na pensão e deparou-se com a dona esperando, "com uma cara deste tamanho", ela riu e abriu os braços.

"Por que é que você está voltando para trabalhar?", a mulher lhe perguntou com raiva. "Eu tive que fazer o café-da-manhã sozinha.

E como é que fica?"

Eu disse: "Olha, dona, é o seguinte: se a senhora não quiser que eu trabalhe mais é só me dar as minhas contas, que eu vou-me embora". Eu achei que com aqueles quinhentos cruzeiros que estava na mão, eu estava com o mundo todo aos meus pés, eu não queria mais nada, entendeu? Ledo engano meu, que depois com o tempo eu vi que não era assim.

Aí ela disse: "Ah, por que cê tá com essa arrogância toda?".

"Porque a senhora... eu trabalho aqui na sua casa, eu passo um mês para ganhar três notas de quinhentos cruzeiros, com sua humilhação, com você toda hora com a sua antipatia, trabalhando de sol a sol sem ter folga nenhuma, nem aos domingos, e você fica / eu fico, na sua casa, pra ganhar menos que um salário. Eu saí ontem com um homem na rua e ele me deu uma nota de quinhentos." Eu mostrei a ela. "Eu saí com um homem agora de noite, a gente ficou a noite toda num motel. E ele me deu essa nota".

Ela ficou abismada: "O que é isso? Você roubou esse dinheiro onde?".

Eu disse: "Eu não roubei. O homem me deu ontem. O homem que eu saí com ele da praça Pedro II, fui lá pro motel Pôr-do-Sol, ele me deu essa nota de quinhentos cruzeiros. Então, dona Quitéria, eu acho que não preciso mais trabalhar pra senhora. Me dê o dinheiro que eu tenho na sua mão que eu vou-me embora agora".

Ela foi muito sensata. Ela disse: "Tudo bem, você quer o dinheiro, eu vou dar. Não queria que você fosse. Mas isso é ilusão. Você não vai conseguir sobreviver com esses quinhentos cruzeiros com mais os 750 que eu vou lhe dar" – porque eu tinha trabalhado 15 dias, então ela tinha que me dar 750.

Então ela me deu 750, e eu fiquei com 1.250 cruzeiros. Com esse dinheiro eu aluguei um quarto pra mim, paguei um mês. O resto, eu fiquei gastando com besteira, eu era muito jovem, eu não ia ligar pra comprar nada pra mim. Eu queria era comer chocolates, fazer lanches, sanduíches, chamar minhas amigas pra fazerem lanche comigo, e cinema, essas coisas todas. Eu sei que em menos de uma semana eu tinha gastado o dinheiro todo.

Quando o dinheiro acabou, Keila tomou a atitude que parecia a mais sensata naquele momento: convocou sua amiga Azeitona, a bicha com quem ela havia viajado de sua cidade natal até Teresina, e as duas saíram perambulando em volta da praça em busca de homens dispostos a pagar para fazer sexo. Infelizmente para ambas, não apareceu nenhum. Segundo Keila, "Nós encontrávamos homens que nos diziam 'Eu como você, se você quiser, e você pode chupar meu pau, mas eu não vou pagar'". Keila e Azeitona às vezes aceitavam a proposta, afinal ela estava ali para fazer sexo mesmo. "Mas eu continuava a acreditar que à medida que o mês transcorresse, ou pelo menos antes do dia de pagar o aluguel, aquele primeiro homem, ou alguém como ele, iria aparecer."

Finalmente, Keila e Azeitona viram-se obrigadas a retomar um trabalho assalariado, já que não conseguiam ganhar dinheiro como prostitutas. A situação permaneceu inalterada até que, muitos meses depois, a dona da cafeteria onde Keila passou a trabalhar junto com outra amiga bicha resolveu encerrar o negócio e fechar a loja. Essa mulher disse a Keila e a sua amiga Bruna que as duas deveriam ir para Recife, tentar a sorte por lá. "Em Recife", ela falou, "as bichas ficam nas esquinas e ganham dinheiro assim". Keila e Bruna não acreditaram. Mas a mulher insistiu, dizendo conhecer algumas travestis que moravam em Recife: "Lá as bichas têm casa, apartamento mobiliado, tudo comprado com dinheiro que elas ganham na rua". "Bom, nesse caso", observou Keila para Bruna depois de refletir um pouco, "vamos para Recife". E foram. Desde então, Keila tem ganhado a vida como prostituta.

O Trabalho de Prostituta

Travestis vêem a prostituição como um trabalho e consideram-se profissionais. Embora normalmente refiram-se a si mesmas como "prostitutas", ou algumas vezes, em tom jocoso, chamem umas às outras de "putas", em determinados contextos formais – uma entrevista a um jornal, por exemplo – elas costumam designar-se "profissionais do sexo".[55] As travestis usam a palavra "prostituição" para denotar seu ofício, mas na fala corriqueira e entre si, é mais comum que usem os termos "trabalho" ou "batalha" (esta última é uma gíria freqüentemente utilizada no Brasil para designar trabalho). E chamam os homens que compram seus serviços sexuais de "clientes" ou "fregueses", entre outros termos menos neutros. Elas costumam estender essa terminologia do trabalho até para se referir às roupas utilizadas à noite nas ruas: muitas travestis têm um traje favorito para trabalhar, que consideram chamativo e atraente aos olhares masculinos, e são chamados de "farda".

Uma vez escutei uma travesti que lavava roupa em uma grande bacia de metal virar-se para uma amiga e dizer, zombeteira: "Estou lavando minha farda pra amanhã entrar no serviço".

Tal como as próprias travestis – que começaram a surgir em maior número no Brasil apenas nos anos 1970, com o aparecimento dos hormônios e a posterior descoberta do silicone –, a prostituição de travestis como praticada hoje não tem uma história longa. Começou nas grandes cidades do Sudeste, como Rio de Janeiro e São Paulo, e depois foi se espalhando para outras regiões do país. Martinha contou que quando começou a se prostituir como travesti, a idéia era fazer o cliente acreditar que ela era uma mulher. Como o silicone não era conhecido ainda, muitas travestis utilizavam enchimento de espuma para aumentar os quadris e o bumbum (esses enchimentos eram chamados "pirelli", em alusão bem-humorada ao famoso fabricante de pneus de borracha). Além disso, elas utilizavam absorventes femininos colocados estrategicamente sobre os genitais, e faziam manchas vermelhas com batom para simular o sangue menstrual. Com isso elas podiam dizer aos clientes que estavam menstruadas e que só poderiam praticar sexo anal.

Levou muitos anos (e a abolição, em meados dos anos 80, do opressivo regime militar que vigorou no Brasil por mais de duas décadas) até que a prostituição travesti viesse a florescer. Durante o regime militar era impraticável para as travestis aparecerem publicamente na rua em trajes femininos. Os indivíduos do sexo masculino que se arriscavam eram presos e muitas vezes submetidos a longas sessões de humilhação e tortura, como por exemplo serem obrigados a sentar sobre um cassetete dentro de um camburão da polícia enquanto o veículo rodava em alta velocidade por ruas totalmente esburacadas. Muito embora a violência policial ainda exista nos dias de hoje (notadamente na forma de campanhas organizadas com o intuito de "limpar" as cidades), é certo que as travestis não mais são mandadas para a prisão pelo simples fato de aparecerem na rua. E mesmo que ainda tenham que se confrontar freqüentemente com policiais inescrupulosos (que podem achacar, roubar, bater e até atirar nelas), atualmente as travestis têm assegurada a liberdade de ficar nas ruas e esquinas durante a noite. Isso é resultado do que Keila chama de "a persistência" travesti. Ao enumerar as ações policiais mais comuns contra as travestis, Keila afirmou repetidas vezes que

> *a polícia pode jogar pedra, pode quebrar nosso braço, arrancar as unhas, cortar o cabelo, pode deixar os cães policiais nos atacarem, pode colocar várias travestis dentro de um camburão e levá-las para fora da cidade. A polícia pode fazer tudo isso, mas*

ainda assim as mesmas travestis vão voltar para a rua na noite seguinte, com o braço enfaixado ou com o que sobrou da unha pintada de vermelho.

De todo modo, a julgar pelos relatos de diferentes travestis, o que parece ter acontecido entre o final dos anos 70 e os anos 80 é que as travestis começaram a "inverter os papéis" e passaram a cobrar – ao invés de pagar – para fazer sexo com os homens. E isso foi possível, em parte, graças aos hormônios que tornaram as travestis mais atraentes e cobiçadas; e de outra parte, porque elas passaram a se inspirar no modelo da prostituição feminina. Martinha contou que ela e as amigas começaram a responder o seguinte aos homens que se mostravam hesitantes em pagar para fazer sexo com um "viado": "Você é que vai me comer. Eu vou ser a mulher e você vai ser o homem. Você paga uma prostituta, então você pode muito bem me pagar".

Foi com esse tipo de argumentação – e em virtude do aumento do número de pontos de prostituição especificamente travesti *pari passu* ao período de liberalização ampla (na esfera sexual inclusive) que o Brasil experimentava após décadas de regime militar – que a prostituição travesti começou a se tornar um fenômeno instituído nas maiores cidades do país em meados dos anos 1980, e que as travestis passaram a ser capazes de ganhar a vida exclusivamente com a prostituição.

Hoje as travestis dispõem de vários meios de anunciar seus serviços. Em Salvador, basta ter acesso a um telefone para conseguir abrir ou fazer parte do que se chama – enganosamente mas com certa grandiloqüência – de "agência". As travestis consideram que uma pessoa tem uma agência no caso em que ela publica um curto anúncio intitulado "Massagista" na seção de classificados dos jornais. A palavra que funciona como código para as travestis nesse contexto é boneca. Nenhum dos anúncios que eu vi fazia mais do que alardear a disponibilidade das bonecas: textos tais como "Isabela e suas bonecas femininas", ou "Boneca bem bonita, *sexy*", seguidos de um número de telefone, são típicos do gênero.

Embora algumas delas anunciem seus serviços dessa forma (por períodos que podem ser mais longos ou mais curtos), a maioria das travestis de Salvador não gosta de trabalhar por intermédio de agências, mesmo considerando que se pode ganhar mais dinheiro do que com o trabalho de rua. Mas a principal razão é que, com a mediação da agência, as travestis não vêem o cliente previamente, e portanto não fazem a menor idéia de como é a pessoa que vão encontrar. Elas também reclamam de ter que pagar uma parte do dinheiro (geralmente a metade) para o dono do telefone (e na maioria das vezes, de fato, elas não são as donas do telefone). Além disso, por fim, as travestis não gostam de trabalhar via agência porque a relativa formalidade da situação (números de telefone conhecidos, pessoas que sabem onde elas moram etc.) implica um grau de vigilância e controle que acaba atrapalhando as intenções de algumas delas de cometer roubos contra clientes.

Por isso, a maioria esmagadora das travestis – incluindo-se aquelas que trabalham por meio de agências – trabalham na rua, ou "na pista", como costumam dizer. Em Salvador existem três principais áreas onde as travestis fazem "pista". Duas localizam-se no centro da cidade – a primeira na rua da Ajuda, fora do Centro Histórico, e a outra a 15 minutos a pé da praça central (Campo Grande), em uma região conhecida como Os Aflitos.[56] A terceira área, e a mais popular, situa-se em uma movimentada avenida ao longo da orla (atravessando a Pituba, bairro de classe média), a cerca de meia hora de ônibus do centro da cidade.

Além dessas três áreas principais, outras travestis "batalham" na avenida em frente à praia da Barra – outro bairro de classe média perto do centro. E finalmente, algumas travestis que vivem na rua São Francisco nem saem do seu local de residência para trabalhar. Elas simplesmente sentam-se na calçada em frente a suas casas e procuram atrair clientes entre os homens que passam na rua, às vezes indo ou voltando do trabalho.

Cada uma dessas três áreas de Salvador apresenta um perfil diferente de cliente. A avenida que passa na Pituba atrai mais homens de classe média que andam de automóvel do que as ruas estreitas e vielas em torno da rua da Ajuda ou da rua São Francisco, onde os clientes normalmente são mais pobres e andam a pé. As travestis conhecem bastante bem a topografia sexual e econômica da cidade. Elas escolhem o local de trabalho em função da distância que estão dispostas a percorrer e em função de quanto dinheiro pretendem (ou precisam) ganhar. E, além disso, em função da situação de seu relacionamento com outras travestis que trabalham nesta ou naquela área.

Para as travestis existe uma hierarquia das zonas de prostituição. A Pituba ocupa a posição mais alta do *ranking*. Toda noite há pelo menos dez (podendo chegar a mais de vinte ou 25) travestis fazendo ponto ao longo da avenida e nas ruas próximas. Em seguida vem os Aflitos. Uma boa noite é capaz de aglutinar de sete a 15 travestis nas esquinas do bairro. A rua da Ajuda ocupa a posição mais baixa porque os homens que por ali passam costumam ter menos dinheiro. No entanto, é um ponto atrativo para travestis que residem perto. Há um grupo fixo, variando de cinco a oito travestis, que trabalha ali quase toda noite. Já na rua São Francisco trabalha-se o dia inteiro, de manhã cedo até alta madrugada – mas só quem reside no local. Finalmente, na Barra, a ruazinha onde as travestis trabalham tem uma fila de bares e restaurantes em uma das calçadas, o que as deixa muito expostas a pessoas de todos os tipos (muitas das quais alcoolizadas), e por isso não as agrada. Ali também é um ponto conhecido de prostituição feminina, o que torna o local ainda menos atrativo para as travestis, que sabem que muitos homens as abordam pensando que são mulheres. Já nos outros pontos de prostituição, a maioria dos homens está efetivamente procurando travestis. As poucas travestis que trabalham na Barra tendem a viver razoavelmente afastadas de (e sem muito contato com) outras travestis que trabalham em locais diferentes da cidade. Assim, por exemplo, Treze e seu parceiro que também se veste de mulher trabalham juntas na Barra.

Além dos pontos de prostituição de rua, há o cinema pornô: o Pax. Eu logo descobri que quando uma travesti anunciava "fui ao cinema", isso não significava de maneira alguma que ela havia assistido ao último lançamento de Hollywood. (Além de se referirem ao Pax simplesmente por "o cinema", elas também o chamavam de "o colégio", uma vez que o cinema fechava às 20 horas e elas só podiam trabalhar durante o dia. Quando saíam para o cinema, elas costumavam alardear que iam "para o colégio.") O Pax é concorrido. Cerca de 15 a vinte travestis costumam perambular entre as fileiras e corredores, a cada sessão, em busca de clientes. O cinema comporta esse número de travestis porque é bem grande. Com mil e trezentos lugares, é um dos maiores de Salvador. Embora nunca esteja lotado, eu calculo que a cada sessão haja em torno de cem a duzentos homens – fumando, largados displicentemente em poltronas sebentas, masturbando-se diante de velhos filmes pornôs heterossexuais dos anos 70 cujos títulos podem ser *Ânus de Veludo* ou *As Máquinas do Orgasmo*.

O Pax ocupava o mais baixo *status* na hierarquia das travestis, sobretudo porque os homens que o freqüentavam eram "penosos" – isto é, pobres e sovinas. O preço máximo que a maioria dos homens costumava pagar (em 1995) pelos serviços de uma travesti girava em torno de três a cinco dólares. O serviço quase sempre consistia em pedir para a travesti enfiar a mão entre as pernas do homem e dar uma rápida "chupadinha" (isto é, fazer sexo oral), enquanto ele se concentrava nas cenas do filme. Mas o Pax também é freqüentado por homens homossexuais à procura de sexo rápido. Eles espontaneamente masturbam e fazem sexo oral em outros homens de graça – fato que irrita as travestis que estão ali para ganhar dinheiro. Mas a razão que move as travestis a freqüentarem o Pax apesar da competição e do parco dinheiro é que, no cinema, elas estão completamente livres das agressões e da violência a que estão expostas na rua. E, além disso, com um pouco de sorte, uma travesti consegue algumas "chupadinhas" e quem sabe uma ou duas transas na cabine do banheiro, ao longo de duas ou quatro horas de permanência no cinema. Uma vez eu entreouvi uma travesti reagir com raiva ao comentário depreciativo de uma colega sobre o Pax. "Eu não trabalho ali porque é muito 'penoso'", dizia a colega com desdém. Ao que a outra retorquiu com o tom de voz irritado: "Naquele cinema 'pobre', você pode ganhar quarenta ou cinqüenta reais num dia bom. Eu não vou lá todo dia", continuou, "mas só quando a rua não tá dando".

O Programa

O serviço que as travestis prestam aos clientes é chamado "programa". Um programa começa no momento em que os lábios de uma travesti tocam o pênis de um homem no cine Pax, por exemplo. Ou, no caso do trabalho na rua, no momento em que ela entra no carro de um homem, ou entra em seu próprio quarto com um homem, ou quando ela dá instruções para que o cliente a siga até uma viela ou um motel. A partir desse momento, as travestis consideram que é seu direito receber o dinheiro, e se por qualquer motivo o cliente muda de idéia e resolve desistir de fazer sexo, elas ainda assim exigirão o pagamento integral. Em uma noite chuvosa, Banana e eu estávamos encolhidos no portão da rua São Francisco, quando eu expressei dó das travestis que deviam estar trabalhando na Pituba àquela altura sem abrigo. Banana discordou. Ela gostava de trabalhar na Pituba em noites de chuva porque os homens não conseguiam enxergar claramente a rua de dentro do carro e acabavam parando para a primeira travesti avistada. Esta era a vantagem: ela podia saltar rapidamente para dentro do carro e só sair depois de fazer com que o homem pagasse pelo programa e/ou depois tê-lo roubado.

Normalmente, o programa termina quando o cliente ejacula. O tempo de programa permitido pelas travestis varia segundo o grau de atração que elas sentem pelo cliente, segundo o preço combinado, segundo o humor da travesti na ocasião e segundo o tipo de serviço contratado (elas demonstram muito menos paciência com um homem que paga cinco reais por uma felação do que com um outro que paga sessenta reais para fazer sexo anal). Em geral, o tempo permitido para o sexo oral na rua ou na praia é de cinco a dez minutos; vinte a trinta minutos para sexo completo no carro do cliente ou em qualquer motel pulgueiro barato da rua da Ajuda; e até uma hora ou mais para sexo completo em motéis um pouco mais caros na Pituba. Caso o cliente não consiga ejacular durante esse intervalo de tempo (o que, na verdade, acontece muito raramente), as travestis dão o programa por encerrado e exigem o dinheiro do pagamento. Se o cliente reclama, elas podem deixá-lo prosseguir, mas só se ele pagar um pouco mais. E se o cliente recusa, elas se vestem, roubam-no e saem rapidamente.

Apesar de as travestis costumarem dizer prontamente a jornalistas, por exemplo, que têm um preço fixo por programa, na prática o preço varia muito de cliente para cliente. O programa pode custar mais ou menos, de acordo com três critérios principais: 1) o quanto as travestis julgam que o cliente pode pagar; 2) a urgência delas em ganhar algum dinheiro; 3) o grau de atração que o cliente desperta. Exemplos: a um homem dirigindo um automóvel caro será requisitado um preço mais alto do que a um homem que aborda as travestis andando a pé; quando uma travesti está em vias de perder o prazo para pagamento do aluguel e ainda não conseguiu ganhar (ou roubar) dinheiro suficiente durante uma noite de trabalho, ela pode fazer o que as travestis chamam de "varejões", isto é, desconto – baixar o preço do programa para conseguir clientes com mais facilidade e obter qualquer dinheiro.

As travestis também podem fazer descontos para homens que têm pouco dinheiro, mas por quem se sentem atraídas. Em geral essa atração não está relacionada à aparência física do cliente. Muitas vezes elas apontaram alguns homens considerados atraentes que não eram, em hipótese alguma, padrões de beleza e *sex appeal*. Vários deles estão na casa dos 40 anos ou mais, acima do peso, mal vestidos etc. Um dos moradores da rua São Francisco com que as travestis regularmente faziam "vício" era um homem apelidado de O Vampiro, porque só tinha dois dentes podres nas gengivas. Mas o que esse homem e os outros por quem as travestis se sentem atraídas possuem, na verdade, é um pênis grande.

A atração por pênis grande é algo que aparece constantemente nas conversas das travestis. É quase impossível passar uma hora em companhia delas sem que alguém faça o gesto de colocar os dedos indicador e médio da mão direita na altura da articulação do antebraço esquerdo, para mostrar "uma pica deste tamanho" de algum cliente ou vício. Mas o incidente que expressou tal atração de modo mais exacerbado ocorreu uma tarde em que eu estava na calçada conversando com Rita Lee e Elisa, uma bela travesti de 20 anos. Enquanto conversávamos, apareceu um homem beirando os 60 anos, bêbado, com a barba por fazer, quase inteiramente banguela, vestindo *short* surrado e camisa manchada. Ele parou cambaleante atrás de nós e ficou olhando para Elisa despudoradamente. O homem estava tão bêbado que mal podia falar algo compreensível. Mas era óbvio que estava fascinado por Elisa. Ficou balbuciando sem parar que ela era bonita e gostosa.

Do lugar em que estava, cerca de três metros afastada dele, Elisa olhou por trás dos ombros e grunhiu: "Trinta reais". O homem nem respondeu e continuou dizendo que ela era linda.

Nesse ponto, Elisa disse "Vai embora", mas ele não saiu do lugar. Elisa então foi até ele, repetiu "Trinta reais" e perguntou se ele tinha dinheiro para pagar o programa. Ele gaguejou que não tinha dinheiro, mas em compensação tinha um pênis grande. Elisa fez um muxoxo de desprezo e veio novamente em nossa direção. Retomou a conversa conosco, mas ficou de olho na rua. Nesse meio-tempo, o homem se arrastou para alguns metros adiante e parou entre um muro e um telefone público. Encoberto e fora do alcance do olhar dos passantes, ele abaixou o *short* sujo e colocou o pênis para fora. Eu me dei conta disso porque escutei Elisa engasgar de repente. "Ô, meu Deus", ela exclamou, e levou a mão à boca. Chamou Rita Lee para ver o que o homem tinha nas mãos. Rita Lee veio correndo e também abriu a boca de espanto. E com razão, porque o pênis flácido daquele bêbado tinha o tamanho de um grande salame italiano.

Rita Lee e Elisa explodiram numa gargalhada, escorando-se uma na outra enquanto se retorciam de tanto rir. Esse incidente aconteceu logo no início de minha temporada com as travestis, então eu voltei para junto de Elisa e Rita Lee imaginando que elas estavam rindo 'do' homem, rindo de quão ridículo ele era por achar que Elisa teria interesse nele apenas por causa do tamanho exageradamente incomum de seu pênis. Mas eu estava enganado. Rita Lee disse a Elisa: "Esse é do tipo que você gosta, né?". E elas convidaram o homem a se aproximar. Ele caminhou, trôpego, e quando chegou perto, elas começaram a apalpar e apertar seu pênis como se fossem donas-de-casa verificando se um melão está maduro. De súbito, Elisa proclamou: "É meu programa". Ela, então, segurou o homem pelo ombro e foi conduzindo-o rua abaixo, dizendo que o preço agora era dois reais (!) e que eles podiam ir até o quarto dela na rua São Francisco para transar.

Os preços dos programas sofrem flutuações consideráveis em função dos clientes porque, no fim das contas, o preço acertado antes do programa não faz muita diferença. Em outras palavras, independentemente do valor combinado antes do programa começar, o preço é sempre inflacionado ao final e as travestis invariavelmente exigem mais dinheiro do cliente. Assim, uma das diferenças entre a prostituição praticada pelas travestis e outras formas de prostituição é que no primeiro caso o pagamento é sempre feito 'depois', nunca antes, do programa. A única situação em que as travestis exigem dinheiro antes do sexo é quando o programa acontece em uma praia isolada e escura, onde as travestis sabem – por experiência própria – que os clientes podem subitamente sair correndo no meio da escuridão e nunca mais ser encontrados.[57]

À primeira vista, receber o pagamento depois do programa parece colocar as travestis em situação desvantajosa, pois os clientes sempre podem trapacear, fingindo ter dinheiro, ou mais dinheiro do que realmente têm. Mas, na verdade, é extremamente raro que isso ocorra. Quando uma travesti pressente algum motivo para desconfiar do cliente, o que ela faz é pedir para ver o dinheiro antes de aceitar o programa. Mas ela só pede o dinheiro quando o programa termina. Umas das poucas situações em que as travestis podem terminar a noite sem dinheiro (ou com muito pouco) é quando elas levam homens embriagados para os seus quartos, no fim de semana ou durante o Carnaval, por exemplo, supondo que eles carregam mais dinheiro do que dizem. Elas podem fazer sexo com um homem apenas para poderem vasculhar a roupa ou os bolsos da calça enquanto ele se distrai tentando penetrá-las. É surpreendente que em vários casos as travestis consigam realmente encontrar mais dinheiro (parece que elas têm um sexto sentido para essas coisas). Algumas vezes, no entanto, elas descobrem – com enorme desapontamento – que o bêbado dizia a verdade e não dispunha de qualquer centavo. Vi muitos homens embriagados sendo atraídos até os quartos pelas mãos suaves das travestis que mais pareciam sereias; e vi esses mesmos homens sendo literalmente arremessados para fora do quarto dez minutos depois pelas mesmas sereias, agora já metamorfoseadas em autênticas Fúrias ensandecidas, mostrando alguns míseros reais nas mãos.

Receber o dinheiro ao final do programa permite às travestis obter duas vantagens. A primeira é que depois de sexualmente satisfeito o homem estará menos inclinado a resistir ao aumento de preço solicitado pelas travestis. A propósito, faz parte do entendimento delas sobre os processos corporais a idéia de que ejacular é um dispêndio de "força" ou de "vigor" que deixa a pessoa psicológica e fisicamente menos propensa a brigas. Por isso, elas dão o bote quando supõem que o cliente está se sentindo satisfeito e fraco, desejando apenas sair de cena tranqüilamente para aproveitar seu orgasmo – "curtir a *nice* dele", conforme comentou uma delas.

A segunda vantagem é a possibilidade de argumentar que o cliente fez alguma coisa durante o programa que implica aumento do preço previamente estipulado. Ora, as negociações iniciais entre as travestis e os clientes giram normalmente em torno do preço e nada mais. Por exemplo, um homem que sai do carro na Pituba e pergunta "Quanto custa o programa?" costuma escutar a seguinte resposta: "Vinte no carro, quarenta no motel". Note-se que a especificação exata do tipo de ato sexual a ser praticado fica estrategicamente de fora da combinação. Isso cria uma ambigüidade que, adiante, as travestis podem muito bem explorar a seu favor. A definição do programa é sempre imprecisa, de modo que o combinado fica apenas subentendido pelo cliente. Entretanto, ao final do encontro, as travestis chamam a atenção do cliente para as 'letras miúdas' do contrato original. E as letras miúdas trazem sempre uma surpresa.

Roubando os Clientes

O que costuma ocorrer quando os clientes realizam o pagamento? Inicialmente, as travestis exigem mais dinheiro. E então, mesmo nos casos em que os clientes concordam em pagar mais, elas acabam, inevitavelmente, roubando-os. Tina era conhecida em Salvador por seus retumbantes assaltos a clientes. Certa ocasião, ela relatou: "Se o homem abrir a carteira pra mim, Don, e me pagar cinqüenta, e se ele tiver mais do que isso, ele vai me dar tudo". Durante uma entrevista realizada por mim e por Keila, Cíntia, de 19 anos, relembrou um incidente que é bastante característico do modo como as travestis finalizam os programas.

> *Sim, naquele dia, não foi, naquela, foi quinta-fe, uma quinta-feira. Eu saí com um homem, sabe? Aí, ele parou pra mim; agora, ele parou muito longe. Aí eu não fui atender, aí ele arrodeou e parou nos meus pés, aí ele disse "quanto é?", eu disse "é vinte", não, ele foi logo abrindo a porta, aí eu não entrei, eu disse "eu não vou entrar não". Aí eu conversei com ele da porta, aí ele disse "quanto é?", aí eu disse "é vinte no carro e quarenta no hotel", ele disse "entre, mas só que eu tô muito avexado, e a gente vai dar uma pressinha". Eu disse "tá ótimo", aí ele me levou pro jardim.*
>
> *Quando chegou no jardim dos Namorados, lá na Pituba, tava muito lotado. Aí ele disse "vamos pro aeroclube", eu peguei fui pro aeroclube com ele.*
>
> *Lá embaixo nós, numa vaga bem escura, perto do posto. Aí eu fui com ele prali, quando cheguei ali a gente, ai, esse homem fez o pior romance, agora, só que era homem homem, não era maricona. Aí ele disse já que você foi muito legal comigo, aí me deu trinta reais...*
>
> *Só que eu vi ele muito mole [risos], aí eu disse, eu vou azuelar. Aí quando eu venho com ele, eu ven/ eu não ia azuelar não, mas eu*

disse, eu vou. Quando eu chego num, aí ele me pegou num lugar e deixou eu em outro. Aí quando ele parou o carro, eu disse, não "mas me dê mais um dinheirinho". Ele, "não tenho", "me dê mais", "não tenho", "me dê mais", "não tenho", eu peguei, puxei a chave do carro dele.

Aí nisso o Rafane já chega, só sei que foi uma confusão, esse homem não quis deitar de jeito nenhum [risos]. Eu na, eu dentro, Rafane na porta, Rafane deu gogó, fui no bolso, o homem dava em mim, eu dava no homem, dava em mim, eu dava no homem, Rafane disse "deixa esse peste pra lá, vamos sair do carro dele". Aí Rafane deixou ele, aí a gente desceu. Aí ele ficou apontando pra mim, vou lhe pegar, vou lhe pegar, aí, corre...

Ele sumiu, daqui a pouco, quando eu tô no posto, aí Rafane [falou] "Ele vê só o louro" [do meu cabelo]. Quando ele arrodeou [o homem estava à procura dos dois], a gente pegou a carona veio pra Ajuda...

Assim como Cíntia, a maioria das travestis de Salvador costuma roubar seus clientes (mas elas roubam apenas os clientes, apesar da crença geral de que as travestis assaltam qualquer pessoa). E isso pode acontecer de várias maneiras. A mais comum é bater carteira. As travestis têm muitas gírias para designar o ato de punguear: "azuelar", "dar a Elza", "dar uma churreada", "beijar", ou ainda "dar uma dedadinha". E isso pode ocorrer com uma rapidez verdadeiramente mágica, por exemplo, enquanto elas negociam o programa na rua massageando o pênis de um cliente em potencial. Eu mesmo cheguei a ver uma travesti punguista, notadamente habilidosa, retirar a carteira do bolso de um homem, contar o dinheiro, ficar com a maior parte, recolocar as notas miúdas e o documento de identidade de volta na carteira e enfiar novamente no bolso do incauto, tudo isso em questão de segundos. Para conseguir, ela primeiro manteve o cliente distraído apalpando o pênis dele com uma das mãos (enquanto o roubava com a outra); depois virou-se de costas para ele, esfregando o traseiro na altura da pélvis dele (enquanto examinava o conteúdo da carteira); enfim, virou-se novamente de frente e recomeçou a massagear o pênis dele (enquanto recolocava a carteira de volta no bolso). Quando uma travesti consegue bater a carteira do cliente, ela costuma dispensá-lo tão logo tenha recolocado a carteira de volta no bolso dele, com o argumento de que "está ocupada" e não pode fazer o programa. No entanto, se ao examinar a carteira ela nota que o cliente tem muito dinheiro, o procedimento passa a ser o seguinte: tirar só uma parte do dinheiro, de tal modo que o homem não se dê conta imediatamente de que foi roubado. Daí, ela recoloca a carteira no bolso e tenta convencê-lo a fazer o programa. No final, quando chega a hora de pagar e ele percebe que não tem o suficiente, ela passa a acusá-lo de tentar trapacear e se torna agressiva. O resultado, quase sempre, é que ela sai de cena tendo tomado todo o dinheiro do cliente, além do relógio e outros itens de valor que ele porventura estivesse portando.

Bater carteira também é muito freqüente quando as travestis fazem sexo oral nos clientes dentro do carro. Nesse caso o truque consiste em fazer o cliente abaixar a calça até o chão. A travesti, então, posiciona-se estrategicamente por sobre as pernas dele, de tal forma que seu corpo e principalmente seu cabelo – que ela faz questão de despentear, avolumar e sacudir repetidas vezes – atrapalhem a visão do cliente, impedindo-o de saber o que ela faz com as mãos enquanto a boca está ocupada com outro serviço. Também se bate carteira durante outros tipos de ato sexual, no motel, no quarto das travestis ou na praia. De modo geral, sempre que um cliente se despe ou tira a calça, as travestis tentam obter algum dinheiro. (E todas elas sabem que muitos clientes escondem o dinheiro nos sapatos, de modo que estes devem ser tirados também, e elas encontram um meio de vasculhá-los em algum momento durante o ato sexual.)

A segunda maneira de roubar os clientes é o assalto direto ("azuelar", "grudar", "tomar no grito", "pegar na tora", "dar o gogó"). Isso costuma acontecer quando as travestis julgam – como fez Cíntia – que o cliente é "mole". As travestis também procuram se certificar de que seu cliente não está portando arma de fogo, ou localizam a arma no carro ou nas roupas e a subtraem às escondidas. Quando estão razoavelmente seguras de que podem sobrepujar o cliente, agem ao modo de Cíntia e sua amiga Rafane: agarram-no pela camisa na altura do pescoço e o empurram contra a parede ou contra a lataria do carro, extorquindo-lhe o dinheiro.

Ao assaltar os clientes, algumas travestis às vezes utilizam facas e navalhas. Ou então pequenas tesouras de unha pontiagudas. Uma travesti especialmente inventiva chegava a usar uma seringa cheia de suco de tomate, que pressionava contra o pescoço dos clientes dizendo ser sangue infectado com HIV. Em Salvador, nenhuma travesti usava arma de fogo para assaltar os clientes. Elas sabem que assalto à mão armada é considerado pela polícia e pela justiça crime mais grave do que assalto com arma branca. De fato, se forem pegas de posse de arma de fogo as conseqüências são mais severas.

É comum que as travestis se auxiliem mutuamente nos assaltos aos clientes. Tal sistema é denominado "fazer a portinha" (do carro). Foi o que Rafane e Cíntia fizeram, por exemplo. Elas podem fazer a portinha do carro nos casos em que o cliente, depois do programa, as leva de volta ao local em que as encontrou (e todas as travestis insistem com o cliente para que façam isso). Uma delas anuncia à comparsa sua intenção de roubar um cliente no momento do retorno, por meio de um gesto discreto com os dedos, sinalizando "venha cá", enquanto entra no carro e senta-se no banco do carona. Alternativamente, ela pode avisar usando um jargão travesti: "Cuenda a portinha, mona, quando eu voltar" ("Faz a porta do carro, bicha, quando eu voltar"). Ao retornar ao ponto com o cliente depois do programa, ela procede como Cíntia: arranca a chave do carro da ignição e exige o dinheiro. Nesse momento, uma ou mais travestis vêm em auxílio da colega posicionando-se em frente à porta do automóvel do lado do motorista para impedir que ele saia do veículo e ao mesmo tempo adicionar mais um elemento de ameaça. Se o cliente cede e dá o dinheiro, as chaves do carro são devolvidas, as travestis afastam-se rapidamente e ele pode seguir. Se resiste, como fez o cliente de Cíntia, ele é agredido e roubado.

A terceira maneira de tirar mais dinheiro do cliente é o procedimento que as travestis chamam de "fazer um rebucetê", "dar um show" ou "fazer um escândalo". O escândalo consiste simplesmente no seguinte: a travesti procura colocar publicamente o cliente em situação constrangedora ou vexaminosa, como meio de forçá-lo a entregar o dinheiro. Elas fazem escândalo quando a punga não dá certo; quando por alguma razão o assalto é impraticável em determinada circunstância; quando o cliente descobre que foi roubado (ou que está em vias de ser roubado) e reage agressivamente; ou quando o cliente não tem dinheiro ou bens mas possui um cartão de banco ou um talão de cheques. (As travestis acompanham o cliente até os caixas eletrônicos e esperam que ele faça um saque e retire o dinheiro. Elas também aceitam pagamento em cheque.)[58] Mas em qualquer desses casos, elas podem decidir fazer um escândalo.

O escândalo consiste em insultos e ofensas feitos aos berros, como por exemplo chamar o cliente de "maricona safada" ou "maricona desgraçada" por ter contratado os serviços e se recusado a pagar o preço. O item lexical central aqui, que está claramente presente em todos os escândalos, é "maricona" – palavra que contém uma informação culturalmente carregada, a saber, que o referente é um homossexual que gosta de ser penetrado analmente. A despeito de ser ou não verdadeira a afirmativa, as travestis anunciam que penetraram o cliente ("comi o cu") e podem continuar ornamentando as afirmações com supostos detalhes dos atos do cliente: "chupou meu pau, quis ser chamado por termos femininos durante o ato sexual" etc. Grandes escândalos freqüentemente resultam em uma travesti tirando a roupa (ou ameaçando tirar) na porta do carro (se ela sai do carro para fazer o escândalo, costuma levar as chaves e os documentos do cliente) ou nas dependências do motel onde o programa foi feito.[59]

As travestis sabem muito bem que afugentam os clientes com tais práticas. Banana disse que "um cliente sai com elas (travestis mais velhas) algumas vezes; depois aparece uma mais nova e ele passa a sair com ela; mas quando a travesti nova comete um roubo, ele volta para as velhas. E quando ele volta para nós, nós o roubamos também. E assim vai". No fim das contas, prosseguiu Banana, os clientes vão acabar parando de sair com as travestis. Ela lamentava não ter mais clientes porque havia roubado tantos e tantas vezes que não sobrou nenhum; todos ficaram com medo dela.

Todas as vezes que as ruas passam por um período longo de "uó" (isto é, ruim) ou "morta", as travestis – ao verem que estão perdendo tardes e noites inteiras em vão – começam a se queixar umas com as outras, dizendo que os homens não saem mais com elas por causa dos assaltos. E começam a reclamar umas com as outras, dizendo que se as travestis trabalhassem somente "na moral" – isto é, honestamente, sem roubar – haveria uma quantidade tão maior de clientes satisfeitos procurando travestis que nunca mais seria preciso roubar. Ironicamente, é justo nesses momentos de lamentações e sermões que os assaltos aumentam. Como a clientela se mostra reduzida, as travestis presumem que todo cliente que aparece pode ser o único da noite e que, então, é preciso espremê-lo ao máximo, tirar tudo o que for possível, para maximizar os ganhos.

A mesma dinâmica ocorre quando a polícia resolve perseguir as travestis e expulsá-las dos pontos de prostituição mais freqüentes. O efeito mais palpável dessas ações é impelir as travestis a cometer mais assaltos, valendo-se de meios cada vez mais violentos, porque precisam do dinheiro mas não sabem se conseguirão outros clientes tão cedo.

As próprias travestis demonstram surpresa pelo fato de os homens continuarem procurando seus serviços mesmo depois de terem sido assaltados. Todas concordam que se um homem já fez um programa com uma travesti, a probabilidade de que ele tenha sido assaltado também é de quase 100%. Como costumava dizer Adriana, todos eles foram "passados" e "repassados" pelas travestis. A muitas eu perguntei que razões elas atribuíam ao fato de os clientes continuarem procurando os serviços mesmo sabendo que muito provavelmente seriam roubados. "Esta é a grande incógnita da questão", respondeu Keila. Ela aventava a hipótese de que os clientes gostavam tanto de travestis que não eram capazes de ficar longe. E mencionou o caso de um homem que saía regularmente com travestis: "Eu não vou nem perguntar quanto você cobra", ele teria dito, "porque qualquer que seja a combinação, eu sei que você vai roubar tudo que eu tenho".

As travestis comentam entre si que muitos homens "parece que gostam de ser roubados". E mesmo que se possa reconhecer que o argumento serve em causa própria, é difícil em muitos casos discordar dele. É difícil conter a tendência a interpretar os atos desses homens como de alguém que deseja simplesmente brincar com fogo. Não é incomum ver travestis retornando da Pituba, que fica perto de uma casa de bingo, com o equivalente a cem dólares ou mais roubados de um único cliente. Quando uma delas consegue roubar uma quantia grande, pula imediatamente em um táxi, volta direto para casa e permanece longe da área por alguns dias, para evitar ter que se deparar com o irado cliente ou, o que pode ser pior, com a polícia.

No final de 1996, uma travesti roubou o equivalente a mil e quinhentos dólares de um "velhinho" quando ele ia entrando no quarto dela na rua São Francisco para fazer um programa. Já o maior golpe de Pastinha aconteceu há alguns anos, quando ela convidou um cliente para ir ao seu quarto e sorrateiramente adicionou seis comprimidos de Rohypnol à garrafa de cerveja que ofereceu a ele. Fez isso porque tinha escutado de outras travestis (que o haviam roubado antes) que ele costumava andar com muito dinheiro. Quando o homem desmaiou, Pastinha revistou os bolsos e encontrou 41 mil cruzeiros (que valiam, na época, cerca de quatro mil dólares). Ciente que ele não ficaria muito satisfeito em perder tal quantia, Pastinha esvaziou o quarto e tomou um ônibus para uma cidade em outro estado, onde ficou por alguns meses até o dinheiro acabar.

Se tantos homens carregam grande quantia de dinheiro ao abordar uma travesti, isso pode indicar que pelo menos alguns deles devem encontrar algum tipo de excitação expondo-se dessa maneira deliberada ao risco de perder tudo. E as travestis ficam muito satisfeitas em entrar no jogo. Levam esse prazer ao ponto máximo, propiciando ao cliente, em troca do dinheiro, uma instigante (e às vezes violenta) aventura.

Os Clientes

Mas quem são os homens que procuram sexo com travestis? Em certo sentido esta é outra grande "incógnita da questão". Vistos à distância, esses homens são brasileiros das mais variadas faixas etárias, raças e classes sociais.[60]

A cada noite, durante todo o período de pesquisa com as travestis de Salvador, em áreas diferentes da cidade, tomei notas sobre os homens que saíam com as travestis de automóvel em direção a becos escuros ou motéis baratos. No final, não fui capaz de discernir um padrão ou um tipo 'médio' de cliente. Os clientes têm idades que vão dos 13 aos 60 anos (a maioria entre 17 e 45 anos); são de cor branca, preta e todas as outras do espectro cromático; podem ser muito ricos, muito pobres ou nem uma coisa nem outra.

Ao longo de minha permanência em Salvador, não pude conversar com os clientes das travestis. Havia razões de ordem prática: quando um homem aborda uma travesti na rua, trocam-se palavras rápidas para combinar o programa; daí ou ela entra no carro e parte imediatamente com o cliente, ou eles saem caminhando em direção a um motel ou local ermo. Depois do programa, se estão a pé, cada um toma seu caminho; se estão de carro, o cliente pode levá-la de volta ao local de origem do encontro e partir rapidamente. Se eu procurasse abordar um cliente em qualquer desses momentos, isso seria visto pelas travestis como uma brutal interferência em sua atividade profissional, um gesto que poderia, aliás, intimidar e espantar os clientes. É claro que eu jamais considerei essa hipótese. Além disso, estou convencido de que os próprios clientes não reagiriam com simpatia diante da situação (um estrangeiro correndo atrás deles para fazer uma série de perguntas sobre o tipo de relação sexual que acabaram de pagar para ter com uma prostituta transgênero). Keila gostava de dizer que se fizessem uma pesquisa com os homens brasileiros, a conclusão seria que nenhum deles jamais teve qualquer relação com travesti, uma vez que isto não é admitido publicamente.

Como não tive acesso aos clientes, minha alternativa foi obter informações indiretas, ou seja: perguntar às travestis a respeito das motivações de seus clientes. Elas, é claro, refletem e têm muitas opiniões sobre o tema. Assim, deram uma série de explicações para o fato de os clientes procurarem seus serviços sexuais.

A primeira delas é que as travestis são "diferentes". "Muitos clientes têm mulher em casa", revelou Elisabeth. "Então eles saem com as travestis porque querem outra coisa diferente, entende?" Cíntia expressou algo semelhante:

> *Eu acho que os homens, eles já sabem, eles têm muitas mulheres, eles já conhecem mulher, então eles desejam uma coisa diferente, uma coisa nova. É porque os homens não se contentam com uma pessoa, sabe? Não se contentam com só um tipo de sexo. Hoje em dia eles querem experimentar todo tipo de sexo.*

A 'novidade' e a 'diferença' das travestis é que elas parecem mulher, mas têm órgão sexual de homem. Magdala pensa que é justamente essa característica que atrai os homens:

> *Olhe, eu acho, Don... que os clientes gostam na gente é de ver uma aparência feminina... com pênis de homem. É o mesmo que você tá vendo uma mulher... uma mulher, mais de que mulher, entendeu? Porque, é, um travesti ele, é, tem... como se diz?... tem um lugar onde seria uma vagina... pra eles.../ satisfazerem o lado mulher. E tem uma, um, pênis que é pra satisfazer o lado... masculino, feminino. Então eles procuram o travesti, porque o travesti tem os dois lados, eles po, tanto podem sastifazer... o homem ativamente como passivamente, eu acho que é por aí. Porque o travesti tem esses dois lados, então faz a tra, a fisionomia, a beleza de um travesti, uma, você... pára na esquina, cê vê ali uma mulher. Mas ali, você tirar a roupa, você vai ver que não é uma mulher. Então tem o pênis que vai sastifazer e tem outras coisas mais, né?*

Lia Hollywood argumenta que os homens desejam o pênis das travestis com o intuito de "desenvolver a parte mulher dele". É de Lia também a interessante proposição de que o desejo masculino pelo pênis das travestis é uma forma de rebelião contra as estruturas morais da sociedade brasileira.

> *É aquele tipo da coisa, "Não faça que é errado. Deus castiga. É pecado". Acho que o homem vai muito contra isso. Aí procura a gente nesses momentos que eles tão procurando alguma coisa que seja... Tanto que já teve um caso comigo, que o homem saiu comigo... e disse "Hoje eu vou dar meu cu pra você". Eu disse: "Meu amor, por quê?". "Briguei com minha mulher. Quero fazer uma coisa bem... horrível". Agora, imagine. Querer dar o cu pra mim porque brigou com a mulher. Um jeito de se des... talvez de desabafar. Soltar a raiva que ele tá sentindo porque brigou com a mulher.*

Martinha acredita que os clientes de travestis manifestam "tendências homossexuais" mas não têm coragem para concretizar tais tendências em uma relação com outro homem. O temor de se aproximar de outros homens em busca de sexo é precisamente a segunda explicação aventada pelas travestis para o fato de os clientes procurarem seus serviços sexuais. Adriana contou que um de seus clientes recentes disse a ela: "Eu só tenho coragem de transar com você, que tem rosto de mulher. Não conseguiria colocar um homem barbado dentro do meu carro. Porque você é realmente feminina, você é aquilo que eu estava procurando". "E o que ele estava procurando?", concluiu Adriana com esta pergunta retórica. "Pica. Ele quer uma pica".

Quando perguntei a Luciana, a resposta trouxe à pauta a questão da vergonha:

> *Eu não sei, eu acho é porque... eles são tudo vicioso mesmo, né? Mas é que... quer dizer o homem que sai com travesti... ele jamais vai sair com um rapaz... ou com você... ou com outro rapaz, sabe?... porque... ele tem vergonha de pegar um rapaz, né? Ele se sente homem, é casado... e tem vergonha de pegar um rapaz na rua, então... aí ele pega um travesti, que tem aparência de mulher, se veste de mulher, mas... não deixa de ser um rapaz, não deixa de ser um homem, vai ter a mesma atitude que um homem e aí ele vai se satisfazer... a vontade dele... sabe?... [risos] Eles têm vergonha de sair com rap... muitos dele falam, né? É... eu disse "Você já saiu com rapaz?". Ele disse "Eu?! Com rapaz!?".*

Keila interrompeu Luciana para acrescentar:

> *É, com a exceção de que eles dão a bunda para nós, mas se você pergunta para eles "Por que você não sai com um homem, por que você sai com um travesti?", eles vão responder "Não, eu não gosto de homens, eu gosto de mulheres, e você parece com uma mulher". Uma mentira. Nós sabemos que o que eles gostam é do nosso lado masculino, o lado mulher [que] vá se foder. Tudo que eles querem é pica.*

A diferença nas explicações atesta, no entanto, dois fatos sobre os clientes sobre os quais todas as travestis estão de acordo. Primeiro, a maioria esmagadora dos clientes se define como heterossexual e mantém relações com mulheres. Segundo, um grande número deles gosta de ser penetrado pelas travestis.

As travestis sustentam que a maioria dos clientes está mesmo interessada em "dar". Muitas travestis reclamam que "não existem mais homens" – como vimos Érica fazer, por exemplo, no capítulo anterior, em relação ao boyzinho que agarrou o pênis dela. Banana estimou que apenas 10% dos seus clientes querem penetrá-la durante o programa, o restante prefere ser penetrado. "Não era assim antigamente", ela refletiu. "No começo da putaria da minha vida, tinham mais homens do que mariconas. No começo da minha... carreira artística, certo?", Banana riu, "tinham mais homens. Hoje em dia é o contrário, todos querem dar. Mesmo os boyzinhos. Hoje em dia todos querem chupar, dar – antes não era assim". Em uma conversa com Martinha e Keila sobre como não existem mais homens atualmente, Keila me contou como

> *a gente costumava fazer 15, dez programas, na casa do Zé Mocotó (uma casa em frente à de Keila, cujo dono, Zé Mocotó, também conhecido como Angélica, era uma travesti sexagenária que alugava quartos para prostitutas por três reais o programa), todos eles com os homens metendo na gente. A gente ia no banheiro para lavar a gala [esperma] de dez, de oito homens porque a gente nem tinha tempo de ir no banheiro, fazer higiene. Era um atrás do outro, só pra comer a gente. Hoje em dia vêm com suas bundas abertas, querendo dar.*

"E eles querem picas grandes, grossas", Martinha completou, "porque as bundas deles estão tão abertas... são como túneis". Outra travesti acrescentou a sugestão ácida de que, antes, aquelas que colocavam mais silicone em seus quadris eram as que ganhavam mais dinheiro. Hoje em dia, um modo certo para uma travesti fazer fortuna seria injetar cinco litros de silicone em seu pênis.

Era difícil avaliar em que medida esse consenso em torno dos homens de hoje refletia a realidade empírica ou expressava um certo folclore travesti. Em 1995, com a intenção de esclarecer este ponto, Keila e eu resolvemos tabelar alguns dados, de maneira informal. Classificamos os programas feitos por cinco travestis em um período de um mês. A cada semana pedíamos que elas recapitulassem os programas, especificando as atividades sexuais praticadas em cada um. Conseguimos coletar informações sobre 138 programas. O resultado aparece nesta tabela:

Serviço sexual prestado pela travesti	Número de programas	Percentagem
Dar	72	52%
Chupar	26	19%
Comer e dar	25	18%
Comer	12	9%
Bater punheta	3	2%
Total	138	100

Os resultados expressam as informações rememoradas pelas travestis. Além disso, esse tipo de amostra é sempre influenciado, em maior ou menor grau, pelas preferências sexuais das travestis (algumas gostam mais de penetrar, outras gostam mais de "dar" etc.). Mesmo reconhecendo a natureza bastante imprecisa da amostra, o resultado foi um tanto surpreendente se consideramos as afirmações peremptórias das travestis sobre as preferências dos clientes. Na realidade, muitas lembravam terem sido penetradas por vários clientes, bem como terem feito sexo oral neles. Esses dois serviços perfaziam 71% de todas as atividades sexuais relatadas. Certamente não é insignificante que 27% dos homens da amostra tenham sido penetrados. Mas esse número não é, de forma alguma, condizente com o retrato esboçado pelas travestis.

O antropólogo brasileiro Hélio Silva, no livro *Travesti: invenção do feminino*, já havia levantado dúvidas quanto à afirmação de que a maioria dos clientes deseja ser penetrada (embora tenha admitido a ausência de dados empíricos). Ao invés de considerar que tais afirmativas expressavam fatos, Silva (1993: 99) interpretou-as como "uma espécie de guerrilha contra os machos, os casados, os pais-de-família, os 'caretões', todos aqueles que sob a capa do bom comportamento podem deslizar, sob proteção, para práticas não compatíveis com suas imagens públicas". Creio que a interpretação de Silva é um relato plausível do 'efeito' que as afirmativas das travestis sobre os clientes podem gerar quando veiculadas em artigos de jornal e revista. Se o público mais amplo viesse a crer que as travestis penetram os clientes regularmente (e a maioria dos brasileiros parece não saber disso, a despeito das reportagens), o resultado seria o desmoronamento da percepção popular a respeito das travestis (o que elas são, o que fazem na cama), porém, mais do que isso, o efeito seria o de desacreditar totalmente qualquer homem que, visto em companhia de travestis, afirmasse não ser "viado". No entanto, quando Silva sugere que as travestis conscientemente vêem suas afirmações sobre as preferências dos clientes como estratégia de guerra cultural, a explicação dele parece-me bastante forçada.

Minha intuição é que as afirmações das travestis sobre os clientes, independentemente de sua freqüência estatística real, expressam as experiências que são mais relevantes para elas. E as experiências mais importantes são justamente aquelas que permanecem de maneira mais resistente na memória. Todas as travestis só começam a praticar sexo penetrando homens depois que "caem na vida". Desconheço travestis que o tenham feito antes de se tornarem prostitutas. Penetrar é uma prática que elas aprenderam nos programas, mediante dinheiro. Experiências como essas provavelmente constituíram uma associação duradoura entre prostituição e penetração. Além disso, as travestis vivenciaram essas experiências como algo extremamente prazeroso. Ejaculação só ocorre, na maioria das vezes, durante relações sexuais com os clientes e quando elas assumem o papel de penetrá-los. Magdala sugere que um dos motivos por que as travestis gostam de ser "comidas" pelos namorados é que, assim, elas podem sentir o mesmo prazer que o cliente sente quando está sendo "comido" por elas: "Nós gostamos de comer, e queremos que o nosso homem em casa sinta o mesmo prazer que nós estávamos sentindo quando estávamos comendo aquele homem na rua".

Porém, uma outra causa da relevância do ato de penetrar um homem é que, apesar de sentirem muito prazer, quando pensam no assunto as travestis não deixam de considerar essa prática um tanto desconcertante.[61] Por diversas vezes, falando sobre os contextos em que elas se sentem mais femininas do que masculinas, eu perguntei especificamente a diversas travestis o que sentem quando penetram os clientes. A resposta de Mabel foi curta e direta: "Me sinto másculo pra ele... me sinto homem". E ela achava que o homem deveria sentir-se "igual a mulher". Banana foi menos econômica na explicação:

> *É uma coisa estranha, a gente olha no espelho, o cabelo da gente, balançando, a gente tendo peito grande, o peito balançando, e comendo o homem, ó, olho assim... eu digo: isso é uma safadeza, às vezes no meu pensamento ( ), que safadeza. Eu vim me servir de mulher, o home quer que eu sirva de homem pra ele. Isso é uma descaração, no meu pensamento, aí dentro. Mas eu não digo nada a eles, não. Depois que eu falo, né? Que eu tando a fim de... azuelar eles, aí pronto.*

Você diz o quê?, perguntei.

> Banana: *"Tome vergonha, rapaz. Seu descarado [risos, palmas], você veio, pra mim você era homem; eu venho dar uma de mulher, você vem dar de, de puta, pior do que eu. Quero meu dinheiro a mais. Pra comer é um preço... pra dar é outro, pra chupar é outro". Aí aumento, tá entendendo? Vai aumentando.*

Keila explicou o problema em detalhes. Quando uma travesti penetra os clientes...

> Keila: *Eles dizem "Ah, eu sou gostosa! Diga que eu sou gostosa. Vá, coma meu rabo, diga que tá comendo um cu. Diga que tá*

comendo meu cu, diga que você tá gostando, diga, diga, vá, diga, cê não tá gostando? Você não gosta de comer uma bunda?". Aí começa com essas coisas todas.

Don: *Mas elas... as mariconas mesmo falam/*

Keila: *"Gostosa."*

Don: *"Gostosa"?*

Keila: *Falam, falam.*

Don: *"Gostoso" não.*

Keila: *Não. "Gostosa". É "gostosa". Ela tá se sentindo mulher enquanto eu tou comendo ela. Então, ela tem que se sentir mulher, ela tem que usar o termo feminino. Elas dizem.*

Don: *É comum?*

Keila: *Comum, muito comum. Todos os que dão, que são... gostam de dar, com freqüência, elas acabam adotando esse termo "gostosa", "boa". Outro termo feminino muito usado é... é... como elas dizem? Mandam a gente chamar elas de mulher. Elas inventam nomes fictícios: "Bote nome em mim, me batize". Essas coisas das mariconas são ridículas!*

Don [rindo]: *Não sabia.*

Keila: *São horríveis, é um horror.*

Don: *Mas então, as mesmas mariconas que falam assim devem falar que você é "gostoso".*

Keila: *É, e ela se auto-identifica mulher, e fica agindo como seu eu fosse homem. Enquanto ela está dizendo que ela é gostosa, ela vai me chamar de "Gostosão, meu macho, que pau gostoso que você tem, enfie todo no meu rabo que eu quero me sentir mais mulher ainda". Elas falam todas essas coisas. Tem maricona ridícula. É horrível! Tem muitas que não, que dá o seu cuzinho numa boa, lá assim deitado, dá, bate uma punhetinha, goza e pronto, como a que tem aos sábados e aos domingos. Mas tem muitos, não, que são chatos, e eles inventam essas histórias e quer que a gente fale que eles são "gostosa". E não dá pra concatenar, um homem chamando ele por/ com termos femininos, de "gostosa." Fica uma coisa tão desconexa. Se você já não tá concentrado pra fazer sexo com aquela pessoa, e você, a partir desse momento vai tratar ele como se fosse uma mulher? Aí, acaba tesão, acaba o caralho de asa todo. É horrível. Você já tá ali porque é um homem. De repente, o homem vira uma mulher pra você, quer que você chama ele com nome feminino, com termos femininos, pronto. O tesão vai pra casa do caralho. É horrível.*

Só posteriormente eu entendi que as experiências rememoradas por Keila nesse trecho são comuns a todas as travestis. Ouvi inúmeras histórias sobre clientes que pediram para ser chamados de Gretchen, Baby Consuelo ou Fabiana. Clientes que gostavam de ser chamados de "bonita e gostosa". Clientes que trajavam calcinha, sutiã e outras peças femininas enquanto eram penetrados. Tais histórias circulam com tanta freqüência entre as travestis que não se pode simplesmente desconsiderá-las como mera fabulação. Por outro lado, idealizá-las como uma espécie de guerrilha estratégica das travestis contra os machos oblitera inteiramente o fato de que tais experiências têm um aspecto perturbador para elas. Os termos utilizados pelas travestis para descrever suas sensações diante dessas experiências –"estranho" (Banana), "uma safadeza, horrível" (Keila), "ridículo" etc. – demonstram com clareza que tais experiências estão longe de ser apenas positivas ou inequívocas.

O desconforto parece ser resultado direto do modo como é pensado o ato sexual de penetrar. Conforme discuti previamente, aquilo que a pessoa faz na cama tem conseqüências imediatas e duradouras no modo como ela é classificada (e no modo como se autoclassifica) no tocante ao gênero. Nessa configuração específica de gênero e sexualidade, quem penetra é "homem". Quem manifesta desejo pelo pênis do parceiro e principalmente quem "dá" não é mais homem; na linguagem das travestis, é "um viado" ou uma mulher. Portanto, é na cama, através da sexualidade, que o gênero é equacionado. Por isso mesmo, é na cama que as travestis se mostram mais vigilantes com seus namorados, à espreita de qualquer indício de que seu "homem" possa ser na verdade "uma mulher".

A margem de deslizamento de gênero que a penetração permite é explorada vivamente por muitos clientes. Eles aproveitam plenamente o fato de que a penetração pode mudar seu gênero. Alguns elaboram a idéia e tiram dela as conseqüências lógicas. Assim, podem querer ser chamados por nomes de mulher e vestir trajes femininos. Em outras palavras, o que os clientes fazem durante esses breves encontros é precisamente o mesmo que as travestis fazem ao longo de uma vida: "sentir-se como se fosse mulher". Há uma forte correspondência entre o comportamento dos clientes na cama e o comportamento das travestis "na vida" que é absolutamente impressionante. E as travestis falam desse comportamento exatamente da mesma maneira como os brasileiros, em termos mais amplos, falam do comportamento delas. Quando Keila exprime sua consternação diante do cliente que "vira mulher para você, quer que você o chame por nome de mulher, por termos femininos etc.", ela está ecoando a *vox populi brasiliani* quando se refere às próprias travestis.

Ainda que nenhuma travesti tenha evocado esta interpretação, eu sugiro que uma das razões pelas quais elas se lembram dos clientes "comidos" e consideram tais encontros estranhos e horríveis é que, no comportamento e nos desejos dos clientes, as travestis vislumbram algo de si mesmas. Elas vêem uma pessoa do sexo masculino aspirando a ser tratada "como se fosse mulher". Expostas a vida toda ao ambiente de mensagens discriminatórias e opróbrio contra esse comportamento, elas instintivamente vêem o mesmo desejo em outra pessoa como "ridículo". Elas também vivenciam concretamente a natureza altamente contextual e transitória do gênero nesse sistema durante o ato sexual. Ali, ao penetrar o cliente, subitamente elas se vêem transformadas em um "gostosão". Quem poderia esquecer?

Prostituição na Itália

As travestis não se prostituem apenas nas ruas de Salvador e de outras cidades brasileiras. Muitas delas deixam o país para viver um período na Europa, notadamente na Itália, trabalhando como prostitutas. A Itália está para as travestis como o El Dorado estava para os conquistadores espanhóis do Novo Mundo. É a terra de fabulosas riquezas, é o destino almejado por viajantes que desejam fazer fortuna e retornar à terra natal com dinheiro suficiente para realizar seus sonhos.

A emigração das travestis para a Europa em busca de riqueza é um fenômeno que se inicia no final da década de 1970, quando travestis brasileiras passaram a viajar em massa para Paris com a intenção de trabalhar na região conhecida como Pigalle e também, principalmente, no Bois de Boulogne à noite. No princípio, por volta de 1978, a presença de travestis brasileiras em Paris ainda era bem reduzida. Uma das pioneiras relembra que durante alguns anos não havia mais do que cinqüenta travestis naquele país (*Fatos e Fotos*, 4 nov. 1984). Elas chegavam a ganhar mil dólares por semana – soma fantástica para a maioria das pessoas, mas verdadeiramente inimaginável para alguém que vinha de um país onde a média do salário mínimo não ultrapassava cerca de setenta dólares 'por mês'.

À medida que os boatos chegavam ao Brasil dando conta das fortunas conquistadas em Paris, um número cada vez maior de travestis decidia também atravessar o Atlântico. No auge dessa onda migratória, nos anos 1980, jornalistas estimavam haver entre mil e duas mil travestis residindo e trabalhando como prostitutas em Paris. Em pouco tempo o mercado começou a dar mostras de saturação, e isso acabou causando disputas violentas entre as próprias travestis, bem como entre elas e as mulheres prostitutas francesas, envolvendo os direitos de permanecer em certos trechos e pontos das calçadas parisienses. As travestis ganharam visibilidade e notoriedade ao mesmo tempo que a imprensa local passou a publicar com freqüência reportagens sensacionalistas e indignadas sobre elas. Houve um determinado momento em que as agências de turismo chegaram até mesmo a criar excursões de ônibus ao Bois de Boulogne para que os visitantes pudessem ter uma visão da mais nova atração exótica de Paris.

Em parte como resposta a essa notoriedade e visibilidade, em 1982 o governo francês impôs restrições à concessão de vistos de entrada no país para brasileiros. A partir daí o visto tornou-se obrigatório a todos os brasileiros que quisessem ingressar na França. Entre as travestis, o nome de François Mitterrand é conhecido unicamente por causa disso, e a simples menção ao ex-presidente francês provoca grunhidos imediatos de desagrado em todas as travestis, mesmo quando elas não fazem a menor idéia de quem foi ele. Ao lado do maior controle da imigração, a polícia francesa começou a prender e deportar travestis. Na verdade, levou alguns anos para que essas medidas tivessem efeitos concretos. Em 1984, por exemplo, ainda era possível ler uma travesti afirmando a um repórter do jornal *Folha de S.Paulo* (9 out. 1984): "Há muitas travestis trabalhando em Paris. É um dos melhores mercados da Europa. Apesar da polícia, ainda vale a pena tentar a sorte por lá. Para cada travesti deportada, outras dez chegam no dia seguinte".

Porém, no final da década de 1980, o mercado francês fechou-se e o centro de prostituição travesti deslocou-se para a Itália. A Itália é hoje o que foi a França no início dos anos 1980. Diariamente, levas de travestis deixam o Brasil com passagens de ida e volta para Bruxelas, Frankfurt ou Viena, mas seu destino final é mesmo Roma, Milão ou Gênova. E o que se dizia sobre a França nos anos 1980, como se vê na reportagem citada da *Folha de S.Paulo*, é duplamente verdadeiro para a Itália do final dos anos 1990: para cada travesti deportada, outras vinte (ou mais) chegam no dia seguinte. Fernanda Farias de Albuquerque descreve o fluxo de travestis brasileiras para a Itália como uma "invasão" (Albuquerque & Janelli, 1995: 117).

Cidadãos brasileiros não necessitam de visto para entrar em território italiano como turistas. Mas as travestis acreditam, possivelmente com razão, que serão deportadas caso tentem ingressar no país sem precauções. Por isso sempre embarcam primeiro para outras cidades européias onde podem entrar sem restrições. De todo modo, atravessar fronteiras internacionais com um passaporte que as identifica pelo nome masculino é sempre um transtorno para quem tem seios, cabelos longos, sobrancelhas feitas e principalmente bundas conspícuas e repletas de silicone. Muitas travestis tentam contornar o problema e viajam passando-se por homem: vestem calças largas e compridas, camisa masculina, não usam maquiagem e escondem o cabelo por baixo de bonés. Outras acreditam que esse disfarce só pode torná-las ainda mais suspeitas. No dia em que Chica chegou de volta a Salvador, depois de uma temporada na Itália, ela narrou, para mim e algumas travestis que se reuniram para ouvi-la, a experiência de passar pela primeira vez pelo controle de passaporte em Viena.

> Chica: *Eu rezei muito, digo "Com fé em Deus e Nossa Senhora, não vai ter babado". Aí fui, bicha. Na hora de dar os passaporte... O babado é a hora de dar os passaporte, tu sabe, né?*
>
> Don: *Sim.*
>
> Chica: *Tem umas cabine assim, né?*
>
> Don: *Sim, sim.*
>
> Chica: *Aí todo mundo em pé, você/ você acompanha – tu sabe dessas coisas. Aí, pá pá pá pá pá. Ninguém é de ninguém naquela hora. Não pode ficar cochichando nem não. Você fica sério na sua fila.*
>
> Piupiu: *Cada um é cada um.*
>
> Chica: *Aí fica, espera sua hora. Aí vem...*
>
> Piupiu: *Ave, Maria.*
>
> Chica: *Ali seu cu tá assim, Piupiu [Chica faz um pequeno círculo com os dedos polegar e indicador]. Aí se você botar uma linha, um cordão, um barbante, parte!*
>
> Piupiu: *Acredito. Fica preso lá.*
>
> Chica: *Naquela hora é babado. Ai, meu Deus do céu. E eu de mulher. Não tinha como ir de homem. Minha amiga disse "Chica,*

não vá de homem, que é mais ridículo ainda, parece como qualquer traficante. Vá do jeito que você é". Eu peguei, prendi minhas tranças, botei um blazer *chique, minha calça* jeans*. Agora, não fui depravada. Um* blazer*, uma camisa por dentro, assim, bem chique, né? Aí, nisso o homem só "Olhar seu passaporte aí". Aí eu passei primeiro do que ela. E a vez dela: "Vai indo na frente, Chica, pelo amor de Deus, vai na frente que tu nunca veio. E qualquer coisa" – ela foi nessa fila, eu fui nessa – "qualquer coisa, se você não souber falar, eu já digo que você veio fazer compras". Aí também não precisou. Na hora ela deu o passaporte dela, o homem carimbou, aí passou. Quando chegou do outro lado, ela olhou pra mim, disse: "Pronto, querida, bem dizer você já está na Itália, né? Que já passou aí?".*

Tendo conseguido entrar na Áustria, Chica e Marcela tomaram a rota diretamente para a Itália e ingressaram com segurança naquele país em um compartimento de trem que foi colocado à disposição delas por um maquinista simpático com quem fizeram sexo. Todas as travestis entram na Itália clandestinamente, de um modo ou de outro, mas nem todas conhecem maquinistas amigáveis. Muitas precisam driblar os postos de fiscalização de fronteira, atravessando morros e montanhas. Algumas entram no país escondidas em cabines de dormir de algum caminhoneiro – que em geral ajuda, também neste caso, em troca de sexo.

O trajeto para a Itália é complicado, como se vê. Por isso a maioria das travestis, quando decide viajar para a Europa pela primeira vez, tenta fazer como Chica: viajar em companhia de alguém mais experiente. Luciana, por exemplo, foi junto com uma travesti conhecida em Salvador pelo apelido de Simone Concreto (porque os vários litros de silicone que ela havia injetado solidificaram-se e pareciam duros como concreto). Simone havia trabalhado em Paris. Foi deportada, mas voltou à Europa e foi viver na Itália por um tempo. Luciana viajou com ela porque Simone conhecia os atalhos para chegar à Itália: aonde ir e o que fazer quando chegar lá. Mesmo assim, a primeira experiência de Luciana no trajeto até a Itália foi "horrível", como ela mesma afirmou.

A primeira vez foi horrível pra mim... porque, não sabia falar nada de italiano... e eu fui por Lisboa... aí, chegou, fui com Simone, entramos nós duas por Lisboa... aí batalhamo em Lisboa, um, dois dias, depois fomos pra a Espanha... na Espanha a gente batalhou, acho que uns... dois dias também... aí, depois, eu fui, fomos pra

Barcelona... de Barcelona, a gente ficou um dia só, não dava pra batalhar, a polícia tava perturbando... a polícia tava incomodando, aí não batalhamo, dormimo num hotel e de manhã a gente foi pra... duana, Junqueira, que é a fronteira da... da Espanha com a França... sabe... e depois atravessa a França toda pra chegar na Itália, né?

Aí... chegamos lá, tem um, estacionamento grande dos caminhão, né?... onde fica os caminhonista tudo parado, pra... resolver os papel, os documento na duana, né?.. aí chegou lá... encontramos, não encontramos um caminhão só, que levasse nós duas, pra atravessar a fronteira... era dois caminhão, amigos, da mesma firma... Ela ia com um, eu ia com outro.

E mais, passava a fronteira, a duana, depois na... no, no, no... no próximo... pedágio... a gente pegava e... e se encontrava... só que o caminhão dela passou... foi... pra lá... o meu passou também... e tava indo pra lá, só que, antes, ele parou, numa firma ali na... perto da auto-estrada, pra resolver uns negócio de documento... e demorou... demorou... aí quando ele foi, saiu, pra me levar... eu cheguei lá, ela tinha acabado de ir embora... ela me esperou, me esperou, me esperou... aí viu que eu não aparecia, pegou uma carona pra ir pra Itália, e me deixou sozinha sem saber falar nada, sem saber de nada... Só tinha, na minha agenda, um endereço de hotel, essas coisa assim... em Milano, né?... não tinha nem dinheiro.

Aí fiquei desesperada, né? Assim... comecei a chorar e tudo, não sabia se voltava pra trás ou se ia pra frente, sem saber falar nada... aí eu disse não, pra trás eu não vou voltar, né? que é ruim... eu vou pra frente... aí eu pedi carona normalmente, o caminhão parado, eles me levavam... ela chegou eram... seis horas da tarde, na Itália, e eu cheguei seis horas da manhã... sozinha, sem saber nada, passei o pão que o diabo amassou mas cheguei, peguei duas carona... uma... e levou dali da... da onde eu des... da onde eu desci... da, na, no pedágio da França, me levou até... Nice, depois de Nice eu peguei uma outra que atravessou e me deixou dentro de Milano. Eu cheguei em Milano, ele me deixou... na entrada de Milano, né? Num viaduto... aí eu, sem saber nada, né?

Aí parou um carro... com dois rapazes, né, perguntando... pra mim, onde é que eu ia, aí eu disse assim, ah, eu vou... aí mostrei a

> *agenda, mostrei o nome do hotel, não sabia falar italiano, né? Aí mostrei a agenda assim, o nome do hotel, né? que era... não me lembro agora o nome do hotel... aí disseram tudo bem, a gente leva você... aí fomos nesse hotel, não tinha mais ninguém, o hotel tinha sido tombado, a polícia tinha já... feito a limpa no hotel, não tinha mais travesti nenhum [bate palmas]... aí eu fiquei desesperada, com aqueles dois homem dentro do carro, sem saber o que fazer, né? Aí eu... aí eu abri o jogo com eles, disse assim, ah, onde é que... aí disse pra eles que era brasileira e queria saber onde é que tinha outras brasileiras... que trabalhavam por ali... aí eles me levaram no ponto onde elas trabalhavam, que era avenida Melchiorre Gioia, aí me levaram lá... e eu aí encontro quem, de cara?, Ximena... [ri, palmas]... encontro Ximena, aí pronto... ela tava no mesmo hotel de Simone... aí ela me pegou... eu desci do, da carona deles... não fiz nada com eles [palmas], que desci da carona e... falei com ela, ela me pegou um táxi, me levou pro hotel, chegou lá Simone tá dormindo na cama, linda, disse "Bicha, você!", eu disse, "Você, descarada... me deixou na estrada, sem saber falar nada!".*

As travestis viajam para a Itália pela mesma razão por que viajavam para a França: fazer dinheiro. As informações circulam entre elas dando conta de que se pode ganhar uma montanha de dinheiro na Itália, muito mais do que se ousa sonhar no Brasil. De certo modo isso é verdade: ainda que os números exatos sejam difíceis de obter, já que as travestis, compreensivelmente, são muito relutantes em expor abertamente seus ganhos na Itália, muitas delas voltam com dinheiro suficiente para comprar casa ou apartamento, e além disso, às vezes, automóvel. Uma travesti confidenciou que durante os três meses passados na Itália em 1995, conseguiu ganhar 16 mil dólares – e voltou ao Brasil com esse dinheiro acondicionado dentro de um preservativo e escondido no reto. Se somarmos a essa quantia todos os custos para sua manutenção na Itália (hospedagem, alimentação, roupas etc.), bem como jóias, acessórios, além de passagens aéreas, parece bastante razoável estimar que ela conseguiu, em três meses, algo em torno de trinta mil dólares.

As travestis que vão para a Itália 'precisam' ganhar muito dinheiro porque, ao retornarem, geralmente encontram-se endividadas. Muitas não dispõem de recursos para adquirir a passagem aérea rumo à Europa (que custava aproximadamente mil dólares em 1996, partindo de Salvador), nem para garantir o deslocamento do ponto inicial de entrada no Velho Continente até a Itália propriamente (que custava, em média, cerca de quinhentos dólares). O que acontecia, na maioria das vezes, é que as travestis já capitalizadas após algumas temporadas na Europa funcionavam como agiotas: emprestavam às outras o dinheiro necessário para a viagem, contanto que ele fosse pago na volta – com juros. O ponto é que os juros eram bem altos: 400% por viagem em 1996. As travestis agiotas conhecidas costumavam emprestar dois mil dólares e exigir, na volta, o pagamento de oito mil.

Para as travestis sem capital, esse sistema oferecia vantagens e desvantagens. A principal vantagem é garantir um meio de chegar à Europa e – a menos que ocorra um incidente importante com a polícia de fronteira – à Itália. Algumas vezes, a travesti que emprestou o dinheiro viaja junto com a tomadora do empréstimo, como relatei anteriormente. Chegando lá, a tomadora neófita passa a contar com o apoio da rede de contatos da agiota mais experiente e rapidamente se integra ao círculo de travestis brasileiras ligadas à última.

As desvantagens são as seguintes. Em primeiro lugar, a tomadora estará sob constante vigilância desse grupo de travestis e sob enorme pressão para ganhar bastante dinheiro, caso contrário não terá condições de pagar o empréstimo. Além disso, como ela normalmente precisa dividir o quarto ou apartamento com outras, muitas das quais também estão endividadas, a chance de ser roubada por uma delas é alta. Sem falar da possibilidade de que a travesti agiota cobre preços escorchantes pelo quarto, pela comida e pelo direito de utilizar uma determinada área da calçada. As agiotas que atuam como cafetinas na Itália também costumam cobrar, de maneira arbitrária, multas elevadas das travestis sob seu controle. Costumam, por exemplo, exigir o pagamento de cem ou duzentos dólares caso alguma travesti deixe mal-limpo ou desarrumado o banheiro coletivo ou caso ocorra uma briga (isso também acontece no Brasil, principalmente em São Paulo e no Rio de Janeiro, onde o sistema de cafetinagem é bem mais desenvolvido que em Salvador). Em tais circunstâncias, as travestis correm o risco de viver sob uma espécie de regime de escravidão: vêem-se obrigadas a trabalhar a noite inteira, até o amanhecer, para conseguir pagar a dívida que cresce sem parar (Fernanda Farias de Albuquerque foi presa na Itália por ter esfaqueado até a morte sua cafetina em uma briga envolvendo dinheiro, como se lê em Albuquerque & Janelli, 1995: 133-134). E, além disso, caso alguma delas venha a ser deportada (fato que acontece pelo menos uma vez, e não raro três vezes, com cada travesti que vai à Itália), a dívida permanece e precisa ser honrada – e isso normalmente acarreta novos empréstimos, e novas viagens para a Itália, recomeçando todo o ciclo.

A vida na Itália costuma ser extremamente difícil. As travestis que lá viveram dizem que trabalhavam como condenadas, toda noite, do pôr ao nascer do sol. É uma rotina a que as travestis de Salvador não estão acostumadas e que detestam. Na cidade baiana suas horas de trabalho noturno ficavam entre 19 horas e 2 da madrugada. Mas na Itália elas precisam trabalhar em regime mais puxado, primeiro para economizar dinheiro para si mesmas, e depois para pagar as dívidas que só crescem e se acumulam durante sua permanência no país. Um traço característico das travestis quando estão na Itália é que elas passam a competir ferozmente e se tornam mesquinhas umas com as outras. Chica relembra como se sentia horrorizada ao ver o quanto as travestis enganavam e roubavam umas às outras, e cobravam somas extorsivas em troca dos mais simples favores. "Bichas da mesma região do Brasil que eu, da minha cidade, minhas amigas, que tinham morado na minha casa, para quem eu tinha emprestado roupa", contou Chica, "eu chegava para elas e dizia 'Mona, a rua em que eu estou batalhando é horrível, deixa eu ficar no seu local só por uma noite, só para fazer algum dinheiro, eu não estou nem comendo à noite' – e elas respondiam: 'Quinhentos dólares, Chica. Você quer vir, então tem que pagar quinhentos'".

Há dois outros aspectos da vida na Itália notadamente problemáticos. Eles podem levar uma travesti à ruína. Elisabeth, que viveu por três meses naquele país, explicita: "Se você for uma travesti inteligente, chega na Itália e fica rica. Mas se você for burra, volta para o Brasil mais pobre do que saiu. Isso porque tem duas coisas com que você nunca pode se envolver na Itália: homens e drogas".

O último problema é sério, principalmente porque a droga mais popular entre as travestis na Itália, segundo Elisabeth e outras com quem conversei, é a heroína (que, obviamente, causa uma dependência muito deletéria). A droga também é vendida em Salvador, mas é pouco comum e muito cara. Até finais de 1995, quando o *crack* começou a aparecer na cidade baiana, a droga mais pesada consumida pelas travestis era a cocaína. Com o passar dos anos, porém, vários tipos de drogas que não existem mais entraram e saíram do meio travesti. A mais potente (e mais perigosa) era um opiáceo chamado Algafam. Conforme explicaram as travestis, Algafam era um tranqüilizante para cavalos. Era vendido nas ruas em forma de pílula, grande e amarela. Lavava-se o amarelo da pílula para se obter uma coloração branca. Em seguida, o usuário esmigalhava a pílula, acrescentava água e coava a solução para dentro de uma seringa, com algodão ou um filtro de cigarro. A droga era injetada na veia. Se um grão mal filtrado entrar na seringa e for injetado no corpo, o resultado é o aparecimento de um enorme abscesso. Várias travestis que fizeram uso regular dessa droga nos anos 1980 (o Algafam desapareceu das ruas de Salvador por volta de 1987) apresentavam grandes escaras esbranquiçadas nos braços e nas pernas, resultado de tais abscessos.

De maneira geral, a última metade da década de 1980 foi um período em que as drogas eram mais difundidas entre as travestis do que hoje. Banana e o namorado de então sempre faziam uso de Algafam, mas ela abandonou a droga depois que ele morreu por *overdose*, quando só então se deu conta de que seria a próxima. Mabel foi tão viciada em cocaína e heroína, em São Paulo no final dos 1990, que acabou cumprindo pena de três anos de cadeia por assalto. Rita Lee sempre evitava andar com as pernas de fora, inclusive à noite, por causa das cicatrizes adquiridas no período de consumo abusivo de Algafam. Entre as travestis circulam inúmeras histórias sobre conhecidos que morreram de *overdose*, ou na extrema pobreza, como mendigos, devido à dependência de drogas. Chispita, a famosa travesti que começou a tomar hormônios aos 8 anos, morreu aos 13. No episódio que culminou em sua morte ela estava completamente drogada: ao atravessar uma avenida na Pituba, não foi capaz de perceber a velocidade real dos veículos e foi atropelada.

Mas em meados dos anos 1990, uma grande parte das travestis de Salvador não era usuária contumaz de drogas. Hoje muitas fumam maconha diariamente; algumas cheiram cocaína quando têm dinheiro para comprar; outras, como Banana, tomam Rohypnol por seus efeitos estimulantes; e uma única vez eu vi uma travesti tomar um frasco de cola das mãos de meninos de rua que estavam sentados na calçada à noite ao seu lado e cheirar. Muito poucas, pelo que dizem os rumores, consomem heroína (é significativo que das quatro travestis sobre as quais escutei tais rumores, duas tenham vivido muito tempo na Itália e outras duas em São Paulo – cidades em que a heroína é bem mais difundida do que na capital baiana). E apesar de algumas travestis venderem *crack* para complementar sua renda, em 1996 eu soube de apenas cinco usuárias regulares (nenhuma delas entre as que vendiam essa droga).

Por outro lado, muitas travestis não consomem qualquer tipo de droga. Algumas que foram usuárias pesadas nos anos 1980, como Mabel, por exemplo, largaram o vício e hoje não usam nem maconha. Algumas outras, como Keila, nunca chegaram a consumir porque observaram como terminou a história de muitas conhecidas viciadas. Elisabeth viciou-se em heroína durante uma de suas temporadas na Itália. Foi deportada e voltou ao Brasil trazendo apenas as roupas na mala. Ela avalia: "Se você se envolve com drogas na Itália – ou em qualquer lugar, qualquer país, na verdade –, você sempre, sempre, vai acabar na miséria, sem absolutamente nada".

No entanto, a heroína em particular torna-se um problema na Itália porque é uma droga de mais fácil acesso do que no Brasil. Fernanda Farias de Albuquerque conta que durante o tempo em que viveu na Itália, as travestis não precisavam sair de casa para comprar heroína ou cocaína: a droga era entregue em domicílio por algumas traficantes travestis (ver Albuquerque & Janelli, 1995: 117). Além disso, muitas travestis conseguiam ganhar bastante dinheiro naquele país, aumentando com isso seu poder de compra. Conseqüentemente, era mais fácil adquirir heroína na Itália do que em Salvador, onde seu poder aquisitivo era sempre baixo. Muitas travestis afirmaram que começaram a usar heroína por causa do frio europeu. Trabalhando à noite nas ruas, em trajes muitas vezes sumários, elas sofriam bastante com o frio. A droga servia para ajudá-las a tirar da cabeça o fato de estarem congelando nas calçadas. E, de fato, aquelas que não se tornaram viciadas em heroína acabaram viciadas em álcool: era costume levar uma garrafa de uísque e tomá-la durante a noite, como forma de aquecer o corpo naquelas horas em que tiritavam de frio.

Ao lado das drogas, Elisabeth recordava outra coisa que era preciso evitar na Itália: homens. Por que o envolvimento com homens italianos era um risco? Porque o tipo de relacionamento que as travestis estabelecem normalmente com os namorados no contexto brasileiro – isto é, um padrão em que as travestis "dão" e os homens "comem" – pode se converter em um tiro pela culatra terrível, no contexto italiano. Isso porque, ao perceber que a namorada travesti acumulou uma quantidade considerável de bens (televisão, som, jóias, e eventualmente um carro, por exemplo), o parceiro pode muito bem fazer uma denúncia à polícia e a travesti pode acabar sendo deportada (sob a acusação de trabalhar no país sem permissão legal). Então o namorado simplesmente desaparece levando todos os bens ou depois de vendê-los. Isso aconteceu com algumas travestis que de repente se viram detidas e imediatamente deportadas sem qualquer aviso. Retornando da Itália, Chica relembra o caso de um homem, em Roma, que pagou por um programa e três dias depois voltou a procurá-la dizendo que estava apaixonado e faria qualquer coisa por ela. Chica aceitou a proposta e convidou o homem para ir à sua casa depois do trabalho. Na manhã seguinte, ainda em casa, ele serviu o café-da-manhã mais suntuoso que Chica já tinha visto. Nesse ínterim, o homem ficou implorando para que Chica fosse morar com ele. Mas Chica não era nenhuma idiota. "Vocês percebem", ela observou para mim e para outras travestis que escutávamos o relato, "os italianos sabem que as travestis brasileiras ganham muito dinheiro. Ele queria ver o meu dinheiro, mona. Se eu fosse morar com ele, ele certamente veria". Quando ficou óbvio para ele que a recusa de Chica era definitiva, ele pediu a ela um empréstimo de dez milhões de liras. "Os homens italianos são podres", concluiu Chica, "você não pode acreditar em nenhum".

Apesar de todos os riscos que as travestis correm emigrando para a Itália, há o consenso absoluto de que vale a pena. E quanto maior o número de travestis que viajam, maior é o número daquelas que vêem suas chances de ir aumentadas. E elas vão. A Itália converteu-se em um ideal, um ponto de referência para as travestis de Salvador. Por ser um país europeu, a Itália é considerada por elas como parte do Primeiro Mundo, ao passo que o Brasil, lamentavelmente, é do Terceiro Mundo. Um dos maiores elogios que se pode fazer a um objeto – seja um vestido, uma peruca, um relógio de pulso ou um par de sapatos – é afirmar a seu respeito: "É coisa do Primeiro Mundo". O verniz de *glamour* se estende também às travestis que estiveram na Itália. As que fizeram várias viagens entre a Itália e Salvador e são belas e presunçosas – ou então possuem casa própria ou bens – são conhecidas como "bichas ricas" ou "bichas européias" (as expressões são sinônimas).

Referências e menções à Itália estão presentes até mesmo no cotidiano de quem nunca esteve no país. Por exemplo, artistas da música pop italiana, como Laura Passini, Gianna Nanini e Mafalda Minnozzi, estão entre as preferidas das travestis. Algumas delas mostram-se orgulhosas por terem aprendido as letras originais das canções em italiano. Um dos motivos de diversão é conversar sobre o que farão quando estiverem vivendo na Itália, ou sobre como se dizem certas frases em italiano. Em uma tarde modorrenta de domingo, Keila, Mabel, Rita Lee, Tânia e Elisa descansavam na porta de casa jogando conversa fora, mas com o olho aberto na espera de um possível cliente. Keila começou a falar algumas frases em italiano que havia conseguido aprender por meio das canções e com outras "bichas européias".

> Keila: Mi piace, per favore.[62]
>
> Mabel: *Não fale comigo em italiano,* bella.
>
> Keila: Io voglio um cappucceno, bella.
>
> Mabel: Vaffanculo.
>
> Keila: *Só sabe falar isso.*
>
> Mabel: *Isso mesmo. Eu vivi num prédio só de italianos em São Paulo. Só de italianos.*

Elisa: *As bichas falam italiano e eu cato tudo.*

Mabel: *Eu não cato tudo, tu vai catar tudo.*

Elisa: *Mas eu fico ouvindo o que elas estão dizendo, né?*

Mabel: *Mas quando tá falando "maconha" cata.*

Keila: *Vocês tão falando besteira. Porque se vocês forem pra Itália, quando eles começarem a falar vocês não vão entender nada. Que eles falam muito rápido. Ligeiro não entende nada.*

Tânia: *Falam rápido e a gente entende. A gente entende. Agora, quando a gente fala eles não entende porra de nada.*

Rita Lee: *Vai entrar no carro e "Sali". Eu saio na hora [risos].*

Keila: *Se ele quiser que você entre, ele diz "Sali".*

Mabel: Sali fanculo. *Vou ficar aqui ( ) "Quero seu dinheiro, tua fria desgraçada".*

Keila: *Você fala assim/ Eu que já arranho muitas palavras italiano, vou chegar lá e me perco? Porque, ó, eu sei ( ) palavras – colher:* cuchialho, *garfo:* forqueta, *faca:* cotello, *tomate:* pomodora; *pimentão:* peperoni, *pimenta:* peperoncine, *cebola:* chi/ e *cebola é* carota/ *cenoura é* carota, *cebola é* chipolla... *que mais? pepino:* chicriolle, *salada é* salata, *arroz é* rizo, *feijão:* freijole, *qualquer tipo de espaguete é* massa, pasta, *carne é* bistecca.

Rita Lee: *Qualquer tipo de carne?*

Keila: *É.* Bistecca.

Tânia: *Bife de carne bem douradinho Assim chamava... é/ como é o nome... é* tortellini... *esqueci o nome...*

Keila: *Galinha é* pollo/

Tânia: Bistecca! Bistecca. *Dá uma* bistecca *aí.*

Keila: *Bom dia é* buon giorno.

Rita Lee: *Me dá uma* bistecca *aí, ô.*

Tânia: Bistecca, *bistequinha. A carne. Mal passada.*

Elisa: *Me dá uma* bistecca *com* oro/ Arrore *[risos].*

Keila: Io voglio *uma* bistecca *com* rizo e salata.

Morar na Itália é o ponto alto na vida de muitas travestis de Salvador. É aquilo que permite realizar seus sonhos. E os sonhos das travestis consistem, antes de mais nada, na compra da casa própria para a mãe, e depois na compra de um imóvel (apartamento ou casa) para elas mesmas. Se a mãe de uma travesti não possui casa própria, esta é a primeira coisa adquirida com o dinheiro acumulado na Itália. Suponho que não seja sempre assim. Mas o fato é que não conheci uma só travesti em Salvador que não tenha feito isso, no caso em que suas mães não possuíam casa própria. É, invariavelmente, a primeira aquisição. Em muitos casos, o pai ainda é vivo e reside com a mãe – e muitas travestis dizem conviver bem com o pai. Mas a casa a ser adquirida com o dinheiro da Itália é sempre, sem exceção, denominada "a casa da minha mãe".[63]

O segundo sonho das travestis é comprar um apartamento ou uma casa para si mesmas. São raros os casos em que uma delas consegue voltar da Itália com dinheiro suficiente para realizar os dois sonhos. O que acontece, em geral, é que elas compram a casa para a mãe e retornam à Itália em busca de mais dinheiro para comprar o próprio imóvel.

Quando finalmente conseguem comprar um imóvel, terminam as preocupações com o aluguel exorbitante cobrado pelos proprietários dos minúsculos quartinhos em que as travestis costumam morar. E nos casos em que uma travesti consegue comprar uma casa, é muito provável que venha a dividir os aposentos em minúsculos quartinhos para sublocação, tornando-se ela mesma uma proprietária. E passe a viver primordialmente da renda de aluguéis exorbitantes, cobrados a locatários que serão, principalmente, outras travestis.

Prostituir-se por Dinheiro

Sempre que jornalistas e repórteres de televisão entrevistam travestis e perguntam por que se prostituem, elas respondem que são obrigadas a se prostituir porque não conseguem emprego em nenhum outro setor ou ramo de atividade. No Brasil, como em tantos países, não existem leis proibindo a discriminação feita com base na aparência ou na orientação sexual dos indivíduos. As pessoas podem ser demitidas dos empregos ou excluídas de programas educacionais pelo simples fato de serem homossexuais. Por isso, muitos homossexuais – de ambos os sexos – fazem o máximo para esconder sua orientação sexual, ou limitar seu conhecimento a um pequeno círculo de amigos íntimos. Pessoas como as travestis – cuja condição de homossexual é inequívoca – têm poucas chances no mercado de trabalho. Nos breves períodos de suas vidas em que estão ocupadas em empregos assalariados, trata-se invariavelmente de ocupações notadamente femininas: empregadas domésticas, cozinheiras em residências privadas ou pequenos restaurantes, cabeleireiras ou pedicures em minúsculos salões de beleza. Diante da discriminação cruel e explícita do mercado de trabalho, as travestis explicam aos jornalistas, não lhes resta alternativa a não ser "cair na vida" para não passar fome.

Essa é uma explicação bastante incisiva e importante. Qualquer discussão sobre qualquer aspecto da vida das travestis precisa levar em consideração o seguinte: se elas não encontrarem um meio de sobrevivência, seguramente morrerão de fome. É certo que compartilham tal condição com a maioria da população brasileira, que conta com pouquíssimo apoio do governo ou de qualquer outra instituição no caso de ficar desempregada ou sem dinheiro.[64] Mas o caso das travestis é ainda pior porque as outras pessoas, quando se encontram em situação de penúria, podem às vezes contar com a ajuda, por mais modesta que seja, dos familiares; já as travestis foram expulsas da família ou dela se afastaram por decisão própria, de sorte que não recebem esse tipo de auxílio. Muito pelo contrário: a crueldade com que algumas famílias tratam os filhos ou irmãos que se tornaram travestis é perturbadora. Pastinha contou que sua mãe, já falecida e a quem ela venerava, era uma fundamentalista protestante que jamais aceitou a transformação do filho em travesti. Ela aceitava de bom grado o dinheiro que Pastinha lhe enviava (ou entregava pessoalmente em suas visitas ocasionais e breves à casa natal). Mas avisava a Pastinha: se o filho contraísse Aids ela nunca mais iria vê-lo. "Minha mãe dizia que se eu pegasse aquela doença, ela me proibiria de entrar em casa, iria me deixar morrer num leito de qualquer hospital. Disse que iria sentir repulsa por mim". A mãe de Tina enviou-lhe uma carta há alguns anos pedindo que nunca mais visitasse a família porque seu pai havia ameaçado sair de casa e pôr fim ao casamento se ela aceitasse uma nova visita dela. Tina ficou tão aborrecida com essa carta que pediu para uma colega travesti escrever de volta para sua mãe informando que ela, Tina, havia morrido.

Tina rompeu os laços com a família depois de receber a carta da mãe. Mas muitas travestis reagem à rejeição da família tentando comprar de volta o afeto e o apoio emocional perdidos. É muito comum as travestis enviarem dinheiro e presentes a seus parentes (o que significa, na prática, sua mãe), sempre que possível. Aquelas que se correspondem com os familiares aguardam para enviar a carta em uma ocasião em que possam mandar junto algum dinheiro e presentes. Sempre que voltam para uma visita à casa natal, chegam trazendo os presentes mais caros que podem comprar. E se elas conseguem viver na Itália, a prioridade número um, como já observei, é a compra da casa da mãe.

Ao que parece, apesar da rejeição inicial, as famílias (e particularmente a mãe) acabam eventualmente aceitando a condição de travesti e às vezes, nas breves visitas, as recebem com boas-vindas. Entretanto, são poucas as travestis que se deixam enganar por tal recepção, supondo que seja incondicional. A maioria sabe que a aceitação da família dura enquanto durarem os presentes e o suporte material que podem oferecer. No momento em que o dinheiro acaba, as portas da casa natal tornam a se fechar para as travestis.

Acompanhei esse processo no caso de Rita Lee (a travesti que se tomou de rancores por Keila por causa de Tiane). Sua família vivia em uma zona suburbana não muito distante do centro de Salvador. No começo da pesquisa cheguei a acompanhá-la em algumas visitas à família. Ocasionalmente encontrei a mãe e a irmã de Rita Lee em seu quarto na rua São Francisco. À exceção do padrasto, que sempre sumia de casa quando Rita Lee fazia uma visita, a família me impressionou pelo fato de tê-la aceitado completamente. Pareciam francos e afetuosos com ela. A mãe e a irmã, conversando comigo, chegaram mesmo a se referir a ela com o nome Rita Lee, ao invés de usar o apelido familiar masculino, Tinho. Porém, eu não havia ainda me dado conta de que Rita Lee, na ocasião, ganhava um dinheiro razoável trabalhando na rua e fazendo pequenos serviços para outras travestis, como, por exemplo, cozinhar, lavar roupa etc. Com isso, ela podia dar regularmente algum dinheiro à mãe.

Muitos meses depois, Rita Lee ficou doente – contraiu tuberculose e outras infecções associadas à Aids. Não teve mais condições de trabalhar à noite nas ruas, e sua renda acabou. Foi despejada do quarto e começou a levar uma vida nômade, dormindo no chão, em um canto de quarto de algumas travestis que o permitiam. Quando cessou a hospitalidade, Rita Lee viu-se forçada a retornar à casa da mãe. Mas a família não a quis de volta. Mãe e irmã se recusaram a acolhê-la e a cuidar dela. No final, suas únicas e últimas alternativas eram a rua ou um sanatório para doentes de Aids, para onde as travestis só decidem ir quando sabem que estão perto de morrer. Rita Lee foi para o hospital e lá faleceu algumas semanas depois.

O fluxo unidirecional de dinheiro e bens das travestis para seus familiares é análogo ao fluxo que vai das travestis para seus namorados. Nos dois casos, trocam-se bens materiais por afeto e reconhecimento. Isso significa que para se sentirem queridas ou desejadas pelas pessoas com quem elas se importam, as travestis precisam ganhar dinheiro. Precisam ganhar dinheiro suficiente não só para o próprio sustento, mas para ajudar e agradar a família e os namorados. Além de tudo, isso se passa em um ambiente muito competitivo, onde um irmão que consegue oferecer mais aos parentes pode ofuscar a travesti, ou pior, dificultar a aceitação que ela espera obter da família; e outras travestis que ganham mais dinheiro podem surrupiar o namorado dela debaixo do seu nariz.

Por tudo isso, em Salvador, é impossível para as travestis ganhar o dinheiro necessário em empregos assalariados. Nos raros casos em que conseguem empregos, trata-se sempre de atividades com as menores remunerações da economia brasileira, que gira em torno de um salário mínimo mensal (em 1996, isso equivalia a cerca de 112 dólares). Sem mencionar o fato – do qual as travestis têm plena consciência – de que a esmagadora maioria desses empregos as colocará em contato com pessoas que costumam tratá-las de modo derrisório, desrespeitoso e humilhante.

A prostituição, por outro lado, possibilita às travestis acesso a quantias muito mais altas de dinheiro. Ainda que nem toda noite de trabalho resulte em algum dinheiro, as travestis podem voltar para casa, depois de uma noite na Pituba, por exemplo, com o equivalente a oitocentos ou mil dólares; isto é, elas podem ganhar em uma única noite o valor de mais de um mês de trabalho em empregos assalariados. E isso não inclui aqueles casos de sorte em que elas conseguem "pegar uma boa", ou seja, roubar um cliente e sair com uma bolada de dinheiro.

Assim, estamos agora em condição de compreender, quando as travestis dizem a um jornalista que trabalham como prostitutas porque não há outra opção de emprego, elas estão apresentando apenas uma parte do quadro. Conheci muitas travestis que estavam empregadas, mas abandonaram o emprego ao perceberem que podiam ganhar mais dinheiro com a prostituição. Keila, por exemplo, largou o emprego no dia em que voltou para casa apertando na mão sua nota de quinhentos cruzeiros. A primeira vez que se prostituiu, aos 16 anos, Luciana ganhou o equivalente a uma semana de trabalho no salão de beleza onde estivera empregada até aquele dia. Ela também pediu demissão no dia seguinte. Elisabeth foi para a "pista" aos 12 anos, levada por uma travesti que conheceu trabalhando como empregada doméstica. Na primeira noite como prostituta, ela recebeu "um dinheirão". "Aí, pronto", ela contou, "não quis mais saber de trabalhar até hoje". E Lia Hollywood, que foi despedida do banco por causa da maquiagem, lembrou que na primeira noite que colocou um vestido e foi para as ruas, conseguiu o equivalente à metade do seu salário mensal como *office boy*. Depois disso, nunca mais procurou outro emprego.

O dinheiro é o que leva as travestis para a prostituição. Elas precisam dele para viver, comer, pagar o aluguel, mas também para sustentar as relações afetivas com os namorados e com a família. A incapacidade de ganhar dinheiro é um golpe devastador para a travesti, tanto no aspecto material quanto no emocional. Em diversas ocasiões eu as vi ficarem tristes – quando, por exemplo, elas descobrem que seu namorado "deu o cu" para outra, ou quando percebem que a mãe não responde mais suas cartas. Porém, a única vez que vi uma travesti afundar em um estado letárgico de depressão e autocomiseração foi quando ela se tornou incapaz de ganhar dinheiro nas ruas.

Prostituir-se por Prazer

Por maior que seja sua importância, o dinheiro não conta toda a história da prostituição travesti. Quando temos oportunidade de acompanhar as conversas das travestis nas ruas é possível perceber que outra dimensão, além do dinheiro, vem à tona: o prazer. O trabalho como prostituta dá prazer às travestis. Elas gostam da atividade. A prostituição reforça sua auto-estima e proporciona satisfação sexual.

Essa dimensão caminha na contracorrente de uma consideração amplamente aceita como verdade no que diz respeito à prostituição. A maioria dos relatos, mesmo aqueles escritos ou produzidos por prostitutas, tende a desconsiderar a questão do prazer, ou, ao contrário, menciona com detalhes as práticas de que as prostitutas se valem para evitar sensações de prazer durante atos sexuais com clientes (p. ex., Davis, 1961; Day, 1990; Gaspar, 1985; O'Connel Davidson, 1996; Winick & Kinsie, 1971). Alguns pesquisadores chegam a sustentar explicitamente que as travestis nunca experimentam prazer sexual em seus encontros profissionais com os clientes. O pressuposto dos autores é que o sexo colocado à venda torna-se necessariamente degradante e desagradável. O sociólogo alemão Georg Simmel já havia feito tal caracterização há muito tempo, em 1907, quando descreveu a prostituição como "o ponto mais baixo da dignidade humana" (1990: 337). Reiterando Simmel, Liv Finstad e Cecilie Høigård (1993: 211) apresentam o mesmo argumento quando escrevem: "prostituir-se é dar algo de valor em troca de dinheiro, algo que não pode ser traduzido no idioma do dinheiro sem se destruir no caminho". Uma afirmação generalista e vaga como a de Carole Pateman – "não existe desejo ou prazer da parte da prostituta" – deriva da pressuposição de que "prostituição é o uso do corpo feminino por um homem visando à própria satisfação dele", em um tipo de troca no qual "a prostituta está sempre em desvantagem" (1988: 198, 208).

A afirmação de que as prostitutas não experimentam prazer sexual em suas atividades profissionais deve ser entendida dentro de um contexto discursivo que se defronta com o estereótipo amplamente disseminado e consolidado de que uma mulher vende seu sexo por ser sexualmente voraz. É uma espécie de contra-argumento – "as mulheres vendem seu sexo porque são forçadas a tanto, e não porque assim o desejam" – compreensível e necessário como resposta feminista aos velhos estereótipos. No entanto, e isto é importante, na medida em que os contra-argumentos assumem o *status* de dogma inquestionável, eles acabam nos impedindo de escutar as vozes de prostitutas concretas que têm outros pontos de vista igualmente concretos. Ou seja, eles acabam dificultando, ao invés de facilitar, nossa compreensão da vida dos indivíduos que vendem sexo.[65]

Isso vale para a prostituição masculina também. Geralmente, os estudos sobre homens prostitutos não vão ao extremo de afirmar que eles não experimentam prazer nas relações sexuais com os clientes. Talvez o argumento seja redundante em um contexto cultural em que muitas pessoas não conseguem conceber que sexo entre dois homens possa proporcionar prazer a qualquer um deles. Aqui, em contraste significativo com as concepções da prostituição feminina, é mais comum argumentar que se um homem vende sexo para outro homem, o motivo é que ele 'só pode realmente' estar passando por necessidades. E essa idéia é reforçada pelo discurso dos próprios homens que se prostituem. No entanto, da mesma forma que devemos avaliar as afirmações sobre prostituição feminina dentro de um certo contexto cultural e político, devemos também examinar o argumento de que os homens prostitutos não sentem prazer dentro de um contexto específico. E nesse caso, trata-se de lembrar que muitos homens que se prostituem afirmam-se heterossexuais. Assim, o reconhecimento de que sentem prazer com os clientes equivaleria a assumir uma orientação homossexual divergente de sua identidade pública, com possíveis efeitos perturbadores sobre sua autopercepção como pessoa.

Nesse particular, o caso das travestis difere do tipo de prostituição masculina descrita na literatura (p. ex., McNamara, 1994; Perlongher, 1987; West, 1992) pelo fato de elas serem ostensivamente homossexuais. E elas também diferem pelo fato de deixarem claro em conversas entre si (e em suas entrevistas para mim) que usufruem a prostituição e gostam de se prostituir. Certamente, as travestis nem sempre apreciam fazer ponto em pé nas ruas, e nem sempre sentem prazer quando fazem sexo com clientes (obviamente, não com todos). Mas todas elas ressaltam o *frisson* que sentem ao serem admiradas e consideradas bonitas por vários homens que passam na rua a pé ou de carro. E, além disso, sempre que mencionam um tipo de sexo prazeroso e satisfatório, os parceiros são clientes ou "vícios" (boyzinhos que elas levam para o quarto, ou homens que conhecem na rua e acham atraentes, bonitos, ou notoriamente bons de cama e/ou dotados de pênis avantajados). Homens que conhecem as travestis e sabem que elas "fazem vício", principalmente se forem jovens, bonitos e tiverem pênis grande, costumam zanzar pela rua com o intuito de fisgar uma travesti que se sinta atraída o bastante para fazer sexo de graça.

Quando perguntei a Elisabeth o que era bom no fato de ser travesti, ela respondeu que "gostava de se vestir feito mulher, gostava de batalhar na rua montada em sapatos de salto alto, gostava de se sentir admirada pelos homens". Tina contou que o que mais a agradava sendo travesti era "a noite": "Quando eu saio à noite, me visto toda e fico fazendo poses e me exibindo para todo mundo. Isso é que me agrada. Porque as pessoas aplaudem e fazem todo tipo de coisa com a gente".

Cíntia disse algo parecido, durante uma entrevista feita por mim e Keila:

> Keila: *A sua vida é isso, a su/ Você vive na prostituição. Então, o que é que você gosta dessa vida sua agora?*
>
> Cíntia: *Ah, eu acho que eu devo gostar de tudo, né? Porque... Tudo que vem eu devo gostar... eu tô com nessa vida.*
>
> Keila: *Mas algumas coisas que você acha especiais mais... que tem nessa vida... acué [dinheiro], roupas...*
>
> Cíntia: *Acho acué, acué [risos]... ficar bonita... é... é... desejar homens belíssimos, né? Acho bem isso. Ser elogiada... um homem parar você, aí "Como você é bonita, entre no meu carro, fazer um programa comigo". Acho isso uma delícia.*

O mesmo tipo de resposta foi dada por Mabel quando eu quis saber quais eram as ocasiões em que ela mais se sentia como mulher. Ela me respondeu imediatamente: "Quando estou na cama com um homem". "Qualquer homem?", eu perguntei. "É, pode ser qualquer homem." "Mesmo clientes?" "Claro", ela falou sem hesitar, "pode ser um cliente. Às vezes quando um cliente me come, eu me sinto muito realizada."

Afirmações como essas – que enfatizam o prazer e a satisfação de serem admiradas, elogiadas, cortejadas, aplaudidas e realizadas pelos homens na rua – são absolutamente constantes na fala das travestis. Quando chegam em casa depois de uma noite de trabalho, elas costumam sentar juntas e relaxar um pouco na calçada. Ou então podem se reunir no quarto de uma delas para ver televisão e, quem sabe, conseguir um pouco de maconha ou cocaína. Deitam-se em colchonetes, batendo papo e assistindo a um filme de ação americano, desses transmitidos toda noite pela Rede Globo e invariavelmente estrelados por Jean-Claude van Damme ou Steven Seagal. Nessas ocasiões, elas contam às outras como foi a noite e o que aconteceu na "pista". Falam da perseguição da polícia, riem dos relatos sobre roubos que cometeram e se regalam com as histórias de alguns encontros sexuais "deliciosos" com clientes.

No dia em que eu testemunhei uma das aplicações de silicone de Tina, uma travesti loura chamada Xuxa (em homenagem à celebridade televisiva que ficou internacionalmente conhecida e milionária graças à sorte de ter nascido loura de olhos azuis em um país onde a maioria da população tem a pele escura) perambulava pelo quarto de Tânia depois de uma noite de trabalho na rua. Tina contava uma história sobre sua última visita ao dentista, que culminou com a cena em que ela pulou da cadeira e saiu correndo do consultório, deixando o dentista estupefato com o alicate na mão. "É engraçado, não é?", Tina ponderou enquanto Carlinhos inseria mais uma agulha em sua bunda, "eu tenho coragem de fazer isso [colocar silicone], mas não tive coragem de arrancar um dente..." Então, de chofre, Xuxa começou a contar:

> *Hoje o* boy *ficou passado comigo. O* boy *belíssimo. Me levou pro hotel. Quando eu tirei a roupa, ele ficou assim, viajando em meu corpo: "Você tem o corpo que muitas mulheres não têm. Vira". Quando eu virei, ele: "Ah, que cu é esse!". "Ave, Maria, meu filho, não admire muito não, senão vai murchar".*[66] *Menina, o* boy *era tão escândalo que eu passei mais de duas horas no hotel.*

Mesmo no caso em que as ouvintes estão concentradas demais nas injeções de silicone para poderem acompanhar uma história como a de Xuxa e eventualmente acrescentar histórias novas, um relato excitante de sexo na rua acaba sempre estimulando a conversa e provocando outras narrativas.

Uma tarde, sentado no quarto de Keila juntamente com Carlinhos (a bombadeira), ouvi as duas começarem a relatar suas mais recentes experiências sexuais. Carlinhos contou uma história longa sobre um boyzinho de 15 anos que era "lindo, lindo... um fenômeno", que ela acabou "comendo" durante uma transa. O boyzinho ficou tão apaixonado que quis largar a namorada para ir morar com Carlinhos (coisa que Carlinhos nem cogitou, justamente pelo fato de ter "comido" o rapaz). Ao fim do relato, foi a vez de Keila narrar suas aventuras.

Keila: *Ah, minha filha, pois na Ajuda tem um que passa, ele tem dois brinquinhos.*[67] *A primeira vez que eu fui com ele... Bicha, que maravilha. Ele me deitou assim de costas, aí foi, daqui do pescoço até o pé ele me lambendo, tudo. Não chupou meu cu. Fez só a roda, aqui com a língua. Aí desceu. Quando desceu eu disse assim "Vai na neca", mas não foi. Aí ele me deitou na frente. E eu com a menina [o pênis] presa, eu fiz a buceta. Aí ele "pã" daqui foi e veio. Aí desceu [na parte de frente do corpo]. Quando desceu já tava pronta. Aí, eu fiz só assim [abriu as pernas]. E ele "pof" na boca.*

Don: *Ah!*

Keila: *Foi a conta certa. Não deu outra, querida.*

Carlinhos: *Tem homens mais descarados. Tem homens que eles pegam eles mesmos [o pênis], botam a mão e puxam e tiram.*

Keila: *Não, mas o meu foi só/ o meu... já tava tão excitada, que eu fiz assim [abriu as pernas]. Quando eu fiz assim, ele puxou.*

Carlinhos: *Ficou louca.*

Keila: *Aí, foi só, não deu outra. Dei uma gozada na boca. Eu já não agüentava mais. Eu já tava só me excitando por ele ser tão bonito. Já tava tão excitada com ele lambendo minhas costas [risos].*

Don: *[risos]*

Carlinhos: *Já tava em tempo de gozar.*

Keila: *Eu ia gozar aqui entre as pernas, mas ele fez a delicadeza de abocanhar. Quando ele abocanhou eu disse "Eu já não agüento mais!" Aí ele: "Porra, agora você gozou – e eu?" Eu digo "Então você dá um tempinho, aí a gente goza de novo".*

Carlinhos: *Que babado, né?*

Keila: *"Não tem problema". Aí, eu fui no banheiro, me limpei e voltei. Quando voltei, já tava... querendo de novo [risos]. Aí eu me deitei e a gente começou a se amar. Ele fez: "Então eu vou dar meu cuzinho pra você agora". Eu disse "Agora mesmo!" Pronto, foi maravilhoso. Ele me deu dois reais. O quarto era um, paguei um, fiquei com um.*

Carlinhos: *[risos]*

Keila: *Tá ótimo, querida. Pra mim foi maravilhoso. Essas coisas que acontece na vida da gente...*

Carlinhos: *Maravilhoso.*

Portanto, fica claro que as travestis tiram prazer e satisfação do ato de se prostituir. E isso significa que elas praticam e incorporam a prostituição em sua vida de modo muito diferente do que já foi descrito pela literatura sobre o tema. Em quase todos os estudos, descreve-se a prostituição como uma atividade que os indivíduos fazem por dinheiro, mas não por prazer. Neles, de fato, prostituição e prazer são vistos como antônimos.

Espero ter conseguido mostrar que o dinheiro é um elemento crucial na prostituição travesti, mas não o único. Qualquer análise que focalize apenas os aspectos econômicos deixa escapar uma dimensão igualmente crucial, a saber: o mercado sexual é uma das poucas arenas na sociedade brasileira que podem propiciar às travestis aquilo que Elisabeth e Xuxa chamaram de "admiração", Tina chamou de "aplauso", Cíntia chamou de "elogio" e Mabel chamou de "realização". A prostituição é também um dos poucos contextos em que as travestis podem usufruir experiências "maravilhosas" e "fantásticas", tais como a relatada por Keila. Em outros contextos sociais as travestis só provocam constrangimento, consternação, perseguição e abuso. Elas são brutalmente discriminadas. Seguranças e guardas impedem que elas entrem em *shopping centers*, vendedores e jovens atendentes se recusam a atendê-las, pessoas nas ruas arregalam os olhos e expressam aversão explícita diante delas. Elas são espancadas por policiais e tratadas como criminosas e drogadas pela imprensa. Seus familiares só as aceitam na medida em que elas lhes dão dinheiro e bens. Mesmo em casa, sabem que os namorados não estão com elas por amor (lembre-se da observação de Carlinhos: os homens não conseguem gostar das travestis), mas porque elas fornecem casa, comida, dinheiro e drogas.

O único contexto em que as pessoas podem expressar alguma admiração pelas travestis é a rua, é a prostituição. Sob o manto anônimo da rua, ocultos no interior dos carros, em becos escuros ou em quartos de hotel, homens dizem a travestis como Cíntia que ela "é bonita". Elogiam travestis como Xuxa, dizendo que ela "tem um corpo mais bonito que a maioria das mulheres". Beijam e lambem o corpo inteiro de travestis como Keila e dão "o cuzinho" para elas.

Isso não quer dizer, é claro, que a prostituição nunca seja degradante. Trabalhando nas margens de ruas e avenidas à noite, as travestis estão expostas aos comentários ultrajantes de motoristas e são alvo da violência de pessoas que atiram objetos nelas – pedras, guimbas de cigarro e até garrafas. É também na "pista" que elas são vítimas da violência policial. Adriana confessou, com a voz desanimada, que às vezes odeia a rua:

> *Porque tem hora que eu tô numa esquina, tem hora que eu recebo uma garrafada. Então isso machuca a gente por dentro, tá entendendo, porque a gente tá sendo tratado como um doido. A gente tem hora que fica imaginando assim: ave, Maria, meu Deus do céu, tô sendo tratada como uma palhaça. Porque realmente, tem deles que dá tanta da risada da cara da gente que a gente sente uma palhaça, sabia? Tem hora que dá uma revolta, olha pro corpo da gente, ver aquilo assim, vestido de mulher, que a gente tá vendo que não é mulher e eles tão tudo mangando, aí dá revolta. Tem hora que dá re/ uma revolta tão grande, agora, revolta assim, sabe, porque eles manga, né? Em vez dele ajudar, não, eles... querem destruir-nos.*

Porém, ao contrário dos outros contextos sociais em que tal menosprezo destrutivo é tudo o que as travestis recebem das pessoas, "a pista" constitui um contexto em que elas também recebem elogios, reconhecimento, convites amorosos e, não menos importante, recompensa financeira pelo fato de 'serem travestis'. Portanto, o mercado sexual é praticamente o único contexto em que podem desenvolver autoconfiança e auto-estima. Na sociedade brasileira qualquer um pode colher recompensas e receber incentivos em diversos contextos sociais e de diferentes modos, pelo fato de ser mulher ou homem, ao passo que as travestis não têm alternativa a não ser "a pista". Somente ali elas podem transcender o insulto e a violência que experimentam diariamente em qualquer outro lugar. Sem a "pista", tudo o que resta às travestis é o escárnio e a derrisão. Sem a "pista", as travestis têm pouca chance de se verem como algo mais do que um "palhaço". Sem a "pista", o desejo do povo de "destruir" as travestis talvez pudesse enfim sobrepujá-las e lograr seu intento.

5

Travesti, Gênero, Subjetividade

Cuenda
a mulher diferente
com peito e pau na frente
Leila, uma travesti, fazendo galhofa para
um grupo de travestis paradas em uma esquina a observar
os homens que passavam e lançavam olhares lascivos

"Nunca entendi se os milaneses compravam uma mulher com pau ou um homem com peitos", escreve Fernanda Farias de Albuquerque sobre o período em que viveu na Itália. Ali, a maioria esmagadora dos homens só decidia pagar pelo programa depois de verificar o tamanho do pênis dela (Albuquerque & Janelli, 1995: 112). A perplexidade de Fernanda diante daquilo que os clientes tencionavam comprar (ao pagar um programa) nos leva novamente a postular uma questão fundamental sobre as travestis: o que elas são? De que forma elas se conceituam em termos de gênero? E como nós as percebemos? Elas são mais bem descritas como "mulheres com pau" ou como "homens com peito" – ou, talvez, como outra coisa?

Nos capítulos anteriores, procurei mostrar que o modo como as travestis pensam sua vida, agem e experimentam o cotidiano implica formidáveis mudanças, torções, inversões e dobras na configuração de gênero. As travestis injetam no corpo grandes quantidades de silicone industrial com o intuito de adquirir características físicas e aparência femininas, mas consideram um sinal de psicose o caso de homens que pretendem ser mulheres. Vivem com indivíduos machos, fortes e musculosos, mas a quem tratam como se fossem suas esposas. Fazem ponto nas ruas, vestidas com minissaias, exibindo os seios e seduzindo homens, mas homens que desejam ser penetrados e chamados por nomes e termos femininos durante o ato sexual. Afinal, o que vem a ser a subjetividade desses indivíduos complexos, contraditórios e contrários?

Essencialistas Construtivas

Ora, as travestis não se ajustam bem no famoso e encarniçado debate que se trava no âmbito das ciências sociais, e humanas em geral, entre construtivismo e essencialismo justamente porque elas são ao mesmo tempo essencialistas e construtivistas. Em outras palavras, elas são o que poderíamos chamar de essencialistas construtivas. As travestis consideram que os machos são machos e as fêmeas são fêmeas em função dos órgãos genitais. Deus faz a pessoa macho ou fêmea. Deus pode cometer erros de vez em quando, e nesses casos, como disse Luciana, "quando chega a hora de operar, Ele tira o corpo fora". Mas o que Ele fez não pode ser desfeito – ninguém pode mudar o sexo com o qual nasceu. Esta é a dimensão essencialista contida nas idéias que as travestis formulam sobre sexo e gênero.

Porém, há uma dimensão construtivista. Deus faz com que a pessoa seja irreversivelmente macho ou fêmea, ao dotá-la de uma genitália específica. Mas a morfologia diferencial da genitália permite explorar (e situar-se em) diferentes possibilidades de gênero. E nesse jogo as fêmeas levam desvantagem. A genitália feminina restringe as possibilidades de gênero e as condena a serem sempre fêmeas. Fêmeas não podem penetrar, elas só podem "dar" – e isso as travestis afirmavam reiteradamente. Sempre que eu fazia objeções a argumentos dessa natureza, observando que as mulheres poderiam penetrar os homens usando consolos, vibradores, outros apetrechos e mesmo os próprios dedos, as travestis desconsideravam: "Sim, claro, a mulher pode enfiar um vibrador, um dedo, um pepino ou uma cenoura. Mas o que são essas coisas? Vibrador, dedo, pepino e cenoura. Não é um pau, não é uma pica".

Por outro lado, a genitália masculina propicia uma gama maior de atividades: indivíduos do sexo masculino podem tanto penetrar quanto "dar". Essa flexibilidade sexual permite que elas tenham acesso a todo o espectro dos comportamentos sexuais e de gênero e a todo o espectro das subjetividades envolvidas. Assim, a idéia que está na base das concepções travestis de sexualidade, sexo e gênero é: fêmeas e machos são inexorável e essencialmente fêmeas e machos em função dos órgãos genitais respectivos; no entanto, os órgãos sexuais dos machos favorecem mais flexibilidade, e com isso permitem que os machos se construam como fêmeas.

Nessa conceituação, o atributo feminino distintivo da mulher é possuir "buceta". A maioria das travestis considera essa parte da anatomia feminina uma coisa extremamente repulsiva. Todas são capazes de se lembrar de pelo menos uma ocasião em que foram abordadas por um casal heterossexual que desejava fazer um programa (não é muito freqüente, mas acontece de vez em quando; já o caso de mulheres sozinhas procurarem as travestis praticamente não ocorre). A maioria não aceita esses programas, e caso aceitem, tratam de deixar claro que não farão sexo com a mulher. Algumas, no entanto, aceitam o programa, mas cobram um preço muito alto e saem com o casal na expectativa de roubar todo o dinheiro deles.

Tina era uma das que aceitavam esse tipo de programa com a intenção de roubar o casal. Ela dizia que para conseguir o dinheiro deles chegava a ponto extremo de "chupar buceta". Esse ato é o cúmulo da repugnância para as travestis. Tina às vezes se divertia em provocar horror em outras travestis e em mim, fornecendo descrições detalhadas das "bucetas" que havia chupado e penetrado. Certa ocasião, resolveu informar a mim e a duas outras travestis que fumavam um baseado no quarto, relatando: "Buceta. Buceta, ela mesmo bem lavada, ela tem um cheirinho assim... de bacalhau. E tem buceta, Don, que você bota a rola fica... [*chuip*, Tina fez um ruído alto com a boca como se estivesse sugando alguma coisa] como que vai chupar seu pau pra dentro". Ainda em outra ocasião, quando eu estava sentado com um grupo de travestis na porta de casa na rua São Francisco, Tina virou-se subitamente para mim e gritou "Don, já chupou buceta?". Todos caímos na gargalhada, e ela prosseguiu: "Eu já chupei, Don, e é uó. Uó, uó, uó, uó, uó, Don, é uó. De instante em instante baba. Ela é um negócio babento". "É uó, mona", exclamou Banana, dando risada. E acrescentou que uma vez fez um programa com um casal, mas só com o intuito de roubá-los.

Mas essa característica anatômica que as travestis consideram horrível é a mesma que – elas reconhecem – torna as mulheres atrativas para os homens. Durante nossas longas conversas em torno das diferenças entre mulheres prostitutas e travestis prostitutas, Keila explicou que a maior diferença era que as travestis preocupavam-se tanto com sua aparência que transformaram a prostituição em uma arte, ao passo que as mulheres tendiam a ir para a rua com a aparência de quem acabou de sair da cama pela manhã ou de quem vai à feira comprar feijão.[68] Exageros à parte, eu tendo a concordar com Keila, pois eu mesmo me surpreendi com as prostitutas mulheres de Salvador, que me pareceram muito vulgares: quase não usavam maquiagem (quando usavam) e vestiam-se com as mesmas roupas, blusas e *shorts* utilizados por muitas mulheres no dia-a-dia da cidade. Esses trajes nem de longe se comparam com o tipo de vestimentas e *lingeries* sedutoras preferidas pelas travestis, principalmente na região da Pituba.

Keila explicou que esse desinteresse das mulheres prostitutas pela aparência era uma das principais causas da atração masculina pelas travestis. "Porque os homens gostam de ver uma coisa exótica nas ruas e nas esquinas", ela acrescentou.

> *O homem já vê a mulher em casa, todo dia, então ele sai na rua à noite, e lá está uma mulher na esquina, igual à que ele tem em casa, então ele vê a mesma coisa. Mas se ele vê um tipo diferente de mulher, com uma roupa exótica, roupa rendada, cinta-liga, espartilho, cabelo bem penteado, maquiagem bem feita, é claro que ele vai ficar atraído.*

Perguntei a Keila por que as mulheres não percebiam isso e não começavam a se arrumar de acordo com as expectativas masculinas. Primeiro ela respondeu que as mulheres tinham "medo" de usar roupas exóticas e provocantes, de que as pessoas pudessem rir delas, ou de que um parente ou amigo viesse a descobrir que elas eram prostitutas – fato que a maioria das mulheres prefere manter em segredo.

Mas, em seguida, Keila declarou:

> *O meu segundo pensamento é que as mulheres acham que porque elas têm uma "buceta", o que os homens procuram na rua de noite é "buceta". Então elas não precisam de mais nada além da "buceta" para ficar na esquina. Porque todas as vezes que tem uma mulher discutindo com um travesti, ela fala assim: "Ah, eu sou rachada, eu tenho buceta, os homens vêm atrás de mim". Elas dizem assim. Elas acham que por elas terem uma vagina, e o homem precisar de uma vagina para se satisfazer sexualmente, elas não precisam de nada mais além daquilo, é só a "buceta" e pronto.*

As travestis rejeitam a superioridade da "buceta" em contendas desse tipo – e retrucam, conforme Keila, assegurando que, mesmo não tendo "buceta", elas podem oferecer aos homens muito mais do que as mulheres podem imaginar. Confidencialmente, porém, reconhecem de má vontade uma certa superioridade da "buceta". E, com efeito, ela é um elemento pivotal no sistema de gênero dentro do qual as travestis operam. Na conceituação que as travestis fazem da sexualidade e do gênero masculino, um macho (ou indivíduo do sexo masculino) é um 'homem' precisamente em função do seu desejo por "buceta". Ele pode manifestar curiosidade e eventualmente desejo pelo cu das travestis (ou obter conforto material, recompensa financeira e uma certa estabilidade por causa dele). Mas seu desejo estará sempre fundamentalmente direcionado para a "buceta" da mulher. A capacidade de se apaixonar está relacionado com a "buceta". E é a "buceta" que estabelece uma linha divisória entre um 'homem' e um "viado". Os homens a desejam; os "viados" a acham "uó".

O reconhecimento de que todas as mulheres possuem – sem esforço (e muitas vezes sem charme) – aquilo que todos os homens desejam influencia o modo como as travestis vêem as mulheres, e influencia suas percepções de como as mulheres as vêem. Há um amplo consenso entre as travestis de Salvador sustentando a idéia de que as mulheres se julgam superiores às travestis. Estas consideram que o senso de superioridade feminino está ancorado no seguinte fato: as mulheres sabem que por mais que as travestis se esforcem para ficar femininas e atraentes aos olhos dos homens, sempre lhes faltará aquele elemento crucial, que é o mais desejado pelos homens: a "buceta".

As travestis também reconhecem a superioridade das mulheres no que toca à sedução. Tais considerações aparecem, por exemplo, nas conversas sobre paixão, quando as travestis constatam que os homens não se apaixonam por elas, mas somente pelas mulheres. Aparecem também, por exemplo, quando declaram esperar sempre o pior da parte dos homens. Recorde-se o comentário da velha travesti Angélica de que os homens traem as mulheres: "Eles enganam as mulheres que têm buceta, imagina se não iam enganar muito mais os viados". Chica, sentada na calçada da rua São Francisco e falando a respeito do namorado, observou algo semelhante. Ela nunca revelou ao namorado o valor exato dos seus ganhos na Itália, porque se ele soubesse tentaria pegar o dinheiro e depois ir embora. "Ele abandonou a mulher e os quatro filhos em Recife para vir morar em Salvador. Agora me diz se ele não iria abandonar um viado?", indagou Chica retoricamente. O pressuposto aqui é o de que os homens também vêem as travestis como inferiores às mulheres e, por isso mesmo, mais usáveis e descartáveis.

As travestis admitem tacitamente a superioridade das mulheres quando ouvem delas algum comentário lisonjeiro. Elisabeth dizia sentir-se sempre bem quando recebia elogios da parte de uma mulher. Afinal, era uma lisonja que vinha de uma pessoa que "nasceu mulher". E elucidava:

> *Tem mulheres que vê a gente assim, na rua, qualquer lugar, diz: poxa, alguém bonito. Uma vez mesmo eu ia descendo do ônibus, né, com um vestido preto, bonito, que eu tenho, mulher falou: "Poxa, que elegante que você está!". Isso aí, eu me senti belíssima essa noite, mesmo se eu não tivesse ganhado nada, me senti muito bonita, entendeu?*

A sensação radiante de Elisabeth com o elogio faz todo o sentido em um contexto em que, sabemos, as mulheres são vistas pelas travestis como quem tem acesso privilegiado à feminilidade. Tal visão é raramente explicitada pelas travestis. Mas em certas ocasiões ela aparece mais claramente, sobretudo quando a conversa aborda a questão de se passar por mulher. Falando com Carlinhos sobre o assunto, Keila comentou:

> Keila: *Porque por mais feminino que o viado se/ E agora... agora, atualmente, quando as bichas são muito bonitas... elas dão muito mais pinta de que são travesti, por causa do, jeito, do gesto que*
>
> Carlinhos: *por ser... é os trejeito que elas fazem, joga as mãos, cabelos...*
>
> Keila: *fazem. Não precisa disso pra passar por mulher. Mulher é uma coisa natural, mulher é nature/ é naturalidade. Não precisa você se... quebrar a mão, você jogar cabelo, porque isso não é coisa de mulher. Coisa de mulher é naturalidade. É, Maluma ontem falando assim: "Aí, eu entrei no... bar Inverno e Verão na Pituba e passei batido como mulher. Todo mundo me olhou". Eu disse, "Então, você não passou batido como mulher. Se você tivesse passado batido como mulher, ninguém ia lhe olhar". "Lógi/ Se todo mundo lhe olhou você não passou como mulher".*
>
> Carlinhos: *Verdade.*
>
> Keila: *Porque quando você passa como mulher, você age com naturalidade, você passa naturalmente, vai, faz o que tem que fazer, volta, sem que ninguém olha você. Ou se... pode se olhar, algum ou outro homem, e até pra paquerar, mas se todo mundo olha ao mesmo tempo, lógico que você não passou.*
>
> Carlinhos: *É verdade.*

O tema da "naturalidade" é um aspecto muito importante da subjetividade travesti. Apesar de lançarem mão de meios totalmente artificiais para obterem corpo e aparência femininos, as travestis têm apreço pela naturalidade. A valorização da naturalidade surge freqüentemente nas conversas sobre silicone (quando elas proclamam ter colocado menos silicone do que de fato colocaram). Certa tarde, um grupo de travestis apinhava-se na porta da casa da rua São Francisco esperando surgir algum cliente, quando Cíntia anunciou o seguinte:

> Cíntia: *A que tem menos silicone aqui sou eu. Eu tenho um litro e quatro copos.*
>
> Chica: *Você é um porquinho. [Chica sai]*

Cíntia: *Hum? É o quê, Chica?*

Rita Lee: *Um litro e quatro copos, falta dois copos pra dois litros.*

Cíntia: *[risos] Um litro e quatro copos.*

Rita Lee: *Eu tenho dois e meio. Fora o meu rosto e do braço.*

Elisa: *Não parece. Parece que tem meio litro.*

Rita Lee: *É que eu já dei um a Michelle [aqui ela faz uma brincadeira em referência à travesti Michelle que não tinha colocado silicone, embora todo mundo considerasse que ela devesse colocar]... Tenho que retocar.*

Cíntia: *Um meio de cada lado, né?*

Rita Lee: *Um e meio de cada lado não. Um/ um e meio mesmo. Não, bicha: um e meio dividido pros dois.*

Cíntia: *Elisa tem cinco. Dois e meio cada lado.*

Elisa: *Nada disso.*

Cíntia: *E é quanto?*

Elisa: *Três. [Elisa sai]*

Rita Lee: *[para Cíntia] Quando tá tu/ tu fica chorando pros outros tu fica explorando dizendo que tem monte, né?*

Cíntia: *[risos] Três, é? Mais que Piupiu/ não, menos que Piupiu, né?*

Rita Lee: *Igualzinho a Piupiu. [Keila chega e senta-se no meio-fio]*

Keila: *É o quê?*

Cíntia: *Elisa tem quantos litros?*

Keila: *Três litros.*

Cíntia: *E Piupiu?*

Keila: *Piupiu tem três litros também.*

Cíntia: *Não é mais não, Keila?*

Keila: *Uns três e meio.*

Cíntia: *Um litro.*

Keila: *Se manca, monstro de silicone. Olha, um litro.*

Cíntia: *[rindo] Eu só tenho um.*

Keila: *Um litro? Tu tem uns, não um.*

Cíntia: *É só um mesmo.*

Rita Lee: *Ela pensa que a gente não conheceu ela.*

Keila: *É funil. Era funil, querida.*

Rita Lee: *Funilíssimo.*

Keila: *Funil. Funil, não – família toda de funils. Essa aqui. A bunda dessa largura e as costas dessa largura.*

Cíntia: *Êta.*

Keila: *Não era não.*

Cíntia: *Eu já tinha quadril.*

Keila: *Tu era perfeita.*

Rita Lee: *Perfeita.*

Keila: *Tinha quadril, cintura, culote, tudo.*

Rita Lee: *Oh, já tinha quadril. Cuenda.*

Ao longo da conversa, Cíntia, Rita Lee, Keila entre outras, brincam e trazem à baila as noções de naturalidade e artificialidade compartilhadas pelas travestis. No pensamento das travestis essas noções convivem de maneira incômoda e agitada. É a tensão entre o desejo de naturalidade e a necessidade de meios artificiais que cria o pano de fundo para o humor e o sarcasmo que vimos na passagem anterior.

Todas as travestis partilham da idéia básica de que é perfeitamente legítimo buscar todos os meios para melhorar a aparência e ficar mais bonita. E todas que participavam da conversa haviam modificado drasticamente a aparência e o corpo com o auxílio de hormônios e silicone. Não apenas Cíntia tinha anteriormente a aparência masculina (igual a um funil), todas elas foram, algum dia no passado, um "funil". Mas agora, por meios artificiais, todas conseguiram pelo menos chegar próximo de uma cintura apropriada, um traseiro em forma de pêra, tudo, enfim. Transformações desse tipo são esperadas, incentivadas e admiradas. Quando conversam sobre este tema, as travestis sempre evocam Marcela, umas das travestis mais conhecidas de Salvador. Quando Marcela começou, ela era "uó", todo mundo concordava. Uma travesti contou que antes de ir para a Itália, Marcela parecia uma lésbica.

No entanto, depois de ganhar dinheiro na Europa, ela fez uma cirurgia plástica em que afilou o nariz, colocou dois volumosos implantes de silicone nas mamas, injetou outros cinco litros de silicone nos quadris e no bumbum, e deixou os cabelos crescerem até a altura da cintura. E se transformou de patinho feio em linda Princesa Cisne. Marcela retorna regularmente da Itália para Salvador, principalmente no período de Carnaval. Quando chega, ela deixa todo mundo embasbacado com sua beleza e inevitavelmente sai vencedora de todos os concursos de beleza travesti. Durante o Carnaval, Marcela pode ser vista em vários bailes *gay*, em danceterias, bem como nas áreas *gays* dos espaços carnavalescos, a desfilar vestida apenas com a parte de baixo de um minúsculo biquíni fio dental e algumas plumas coloridas na cabeça.

Mas, apesar de toda a admiração por Marcela, há entre as travestis a convicção de que pessoas que não necessitam de tantas intervenções artificiais para ficarem bonitas são ainda mais esplêndidas. Cabelos longos e brilhosos, por exemplo, causam muito mais fascinação quando são naturais, em vez de peruca ou apliques e extensões capilares de fibra sintética – que é, aliás, o que a maioria das travestis utiliza nos cabelos. Igualmente, quadris largos e bunda protuberante adquiridos exclusivamente por meio de ingestão de hormônios são considerados com muito maior reverência do que quando obtidos com aplicação de silicone. Eram essas concepções que Cíntia evocava ao negar jocosamente ter mais de um litro de silicone aplicado no corpo e ao afirmar que "já tinha quadril" quando chegou a Salvador, antes de ter injetado qualquer silicone. Essas mesmas noções estão por trás de reiteradas declarações públicas de Roberta Close – a travesti mais famosa do Brasil – de que nunca colocou silicone (afirmações contestadas por algumas pessoas, veja-se por exemplo Albuquerque & Janelli, 1995: 150).

Em todas essas falas – tal como a conversa iniciada por Cíntia e o diálogo entre Keila e Carlinhos sobre a feminilidade natural das mulheres –, as travestis trazem à tona a idéia de que possuir formas e feminilidade "naturais" é um valor desejável. Mas também sugerem que tal feminilidade não está ao alcance imediato de todas as travestis. Elas precisam empregar meios artificiais para obter a aparência de naturalidade. A situação é ambígua para elas. Ao mesmo tempo que exaltam pessoas como Marcela (que alcançou a beleza artificialmente), elas consideram ainda mais admiráveis pessoas como Roberta Close, que é "naturalmente" bela (ou pelo menos conseguiu convencer o público de que é). Essa ambivalência deixa as travestis constantemente inseguras a respeito da própria aparência e extremamente suscetíveis a acusações – especialmente por parte de mulheres – de que não passam de cópias imperfeitas da feminilidade natural, da qual podem se aproximar, mas jamais atingir de forma convincente – sobretudo quando essas acusações partem das mulheres.

Para se defender de tais acusações, as travestis desenvolveram maneiras de negar o desejo de adquirir a feminilidade natural das mulheres. A mais evidente é sua afirmação de que não se consideram mulher, nunca desejaram ser mulher e jamais cogitaram a possibilidade de se submeterem a uma cirurgia de mudança de sexo que lhes daria aquilo que é, reconhecidamente, objeto da luxúria dos homens. Elas não precisam de uma "buceta" para atrair os homens, garantem, e respondem em alto e bom som às provocações das mulheres prostitutas que zombam delas. As travestis têm seus próprios encantos.

Outra maneira de negar o desejo de adquirir a feminilidade "natural" das mulheres é justamente falar mal delas. Quando estão sentadas nas calçadas em frente às casas da rua São Francisco, as travestis fazem comentários sobre a aparência física e o corpo de todas as pessoas que passam. Enaltecem os homens por causa de uma bunda *sexy* e, evidentemente, por causa de um pênis grande. Já as mulheres são avaliadas por outros critérios. As travestis tecem comentários sobre a aparência geral e sobre elementos em particular, tais como cabelo, peitos, quadris e bunda. Cada mulher passa pelo escrutínio das travestis, que levam em conta a maior ou menor adequação a um ideal estereotipado de beleza feminina. Normalmente, as travestis só ridicularizam as mulheres que não estão em conformidade com o padrão por meio de comentários discretos entre si. Mas no caso de uma mulher dizer alguma coisa ou expressar qualquer sinal de reprovação às travestis, elas começam a insultá-la aos berros, dizendo que ela é horrorosa, que seus peitos são caídos como os de uma cadela, que é gorda como uma baleia, que deveria marcar consulta com o doutor Ivo Pitanguy, o cirurgião plástico mais famoso do Brasil, e assim por diante. Algumas travestis podem ser bastante desdenhosas com as mulheres. Uma delas contou, com a risada marota, que a gíria travesti para se referir à mulher, "amapô", é uma contração da expressão "a mais podre".

A maioria das travestis de Salvador não chega ao extremo de qualificar as mulheres como pessoas "podres". Mas muitas devem concordar com Pastinha quando afirmou não ter muitas amigas mulheres porque elas "se dá com os travestis na falsidade. Se dá com você na frente agora, por detrás tá rumando a língua [falando mal]". Ouvi inúmeras vezes as travestis conversando sobre isso, e avisando umas às outras que as mulheres não são confiáveis e se voltam contra elas diante da menor provocação.

As travestis acham que a falsidade das mulheres se explica porque estas se sentem ameaçadas por elas. Segundo elas, as mulheres prostitutas guardam ressentimento porque as travestis atraem e roubam a clientela; e as mulheres em geral, porque as travestis podem atrair e roubar seus maridos. As mulheres acreditam que as travestis "ocupam o espaço delas", conforme expressou uma travesti.

E as travestis concordam que é justamente isso o que fazem. E mais: elas acham que ocupam o lugar das mulheres melhor do que as próprias. Carlinhos disse que as travestis são mais atentas à aparência e em relação às coisas que agradam aos homens porque já passaram tanto por "uma fase masculina" quanto por "uma fase feminina", ao passo que "a mulher é só mulher". As afirmações reiteradas de que elas são mais sensíveis aos homens, mais atraentes e melhores que as mulheres em muitos aspectos constituem outra maneira de recusar o suposto desejo pela feminilidade natural. Por que aspirar a ser "só uma mulher" quando se pode ser "mulheríssima" (ou seja, mais do que uma mulher)? É à luz de tais considerações que podemos entender o argumento de Martinha segundo o qual as mulheres "vivem em um mundo de fantasia", ao passo que as travestis enfrentam a realidade. Ou o comentário derrisório de Banana segundo o qual algumas mulheres são um "traste" (capítulo 2). Muitas travestis dizem que as mulheres costumam pedir a elas conselhos sobre roupas, cabelo, maquiagem e sapatos; ou então querem informações sobre silicone, pois admiram tanto os corpos das travestis que às vezes decidem aplicá-lo também. Magdala disse que as travestis se cuidam mais do que as mulheres e por isso tornam-se mais femininas e mais sensuais do que muitas mulheres.

A idéia de que as travestis se saem melhor no quesito feminilidade porque se esforçam mais para tanto do que as próprias mulheres também se exprimiu na fala de Lia Hollywood, que observou que elas são mais femininas do que a maioria das mulheres. Quando perguntei o porquê, ela declarou: "Porque o travesti vão em busca da perfeição. E a mulher já se sente com a perfeição. Então ela jamais vai querer crescer [isto é, se aprimorar] em cima de ser mulher".

Keila amplia essa idéia da superioridade travesti sobre as mulheres para abarcar inclusive aspectos anatômicos. Ela sugere que as travestis são mais bem equipadas para fazer sexo com os homens do que as próprias mulheres. Para ela, muitas mulheres têm medo de transar com homens "bem-dotados" por terem o "útero raso". Se o pênis toca o colo do útero, a mulher vai sentir dor, o útero vai inflamar, e isso resulta em cólicas abdominais. "O travesti não tem útero", Keila me explicou didaticamente. "O travesti tem um canal, canal do reto, que é uma coisa que vai pra cima. Então pode entrar a pica que for naquele direção, que ele não vai sentir nada. Se ele sente dor no começo, no final se torna prazer."

É por meio de idéias e conversas como essas que as travestis afirmam constantemente sua superioridade sobre as mulheres. Esse discurso, porém, vem associado com um outro, contrário, em que as mulheres são vistas como quem tem acesso natural à feminilidade, em que "Deus fez o homem para a mulher" e em que muitas vezes elas chegam à conclusão de que "os homens desejam e amam as mulheres, não as travestis". Em paralelo às noções de naturalidade e artificialidade (em que a última é admirada, mas a primeira é reverenciada), as idéias sobre travestis e mulheres também se manifestam em uma relação tensa, problemática e antagônica; uma relação em que as travestis são o reflexo, mas as mulheres são o espelho.

Relembrar a Masculinidade

A lógica antagônica dessa relação faz com que seja impossível para as travestis reivindicar legitimamente uma subjetividade feminina. Outorgando-se a subjetividade feminina, uma travesti começaria imediatamente a se considerar superior às travestis (tal como as mulheres). Com o intuito de impedir tal reivindicação, as travestis desenvolveram um conjunto de práticas – algumas sutis, outras nem tanto – orientadas para trazer à lembrança o fato de que elas são homens (indivíduos do sexo masculino), e não mulheres.

A maneira menos sutil e mais agressiva é cortar os cabelos de outra travesti. Todas as travestis valorizam muito seus cabelos. Elas despendem muito tempo pensando nos cabelos, falando dos cabelos, cuidando deles e deixando-os crescer – e sempre que vêem um espelho, invariavelmente param para verificá-los, penteá-los e dar-lhes uma ajeitada. Tingem os cabelos com várias colorações. Keila, por exemplo, costuma passar o ano-novo com os cabelos louros, deixando-os adquirir progressivamente a tonalidade natural castanho-escuro durante os meses subseqüentes. Adriana, por sua vez, chegou a alterar três vezes a cor dos cabelos em menos de três dias, sentindo-se incapaz de resolver qual delas a deixava com a aparência mais atraente. As travestis que conseguem cultivar uma bela crina lisa e comprida são invejadas por toda as outras. As negras, cujo cabelo é normalmente crespo demais para pender em fios longos, invariavelmente colocam apliques de fibra sintética e discutem horas a fio sobre quais os produtos cosméticos mais adequados ao seu tipo de cabelo. Quando mostrei à Roberta as fotografias tiradas durante sua sessão de silicone, sua primeira reação diante das imagens em que ela aparecia nua sobre a cama, cheia de agulhas espetadas nas coxas e no bumbum, foi exclamar: "Uau! Agora estou vendo que meu cabelo está bonito mesmo". Quando Rosana foi presa, sob a falsa alegação da polícia de que teria assassinado Tina, o que chocou muitas travestis foi o fato de os policiais terem cortado à força o seu cabelo. E Chica uma vez sugeriu a explicação para o fato de Roberta Close ser mais famosa do que outras travestis mais belas e talentosas: "Por causa do cabelo dela".

O cabelo é um dos principais atributos cultivados pelas travestis para obterem aparência mais feminina. Assim como a ingestão de hormônios e a aplicação de silicone, o cabelo é uma das linhas divisórias que as travestis traçam entre um transformista – um homem que apenas se veste como mulher – e uma travesti, um homem que vive as 24 horas do dia como mulher. Transformistas, suspiram com desdém as travestis, usam perucas. Travestis têm cabelo de verdade. A relação das travestis com seus cabelos é inversa à de Sansão, o personagem bíblico: ao passo que a tesoura furta ao herói sua masculinidade, ela despoja as travestis da feminilidade. Umas poucas tesouradas bem desferidas são o suficiente para converter uma travesti de bela mulher em andrógino feioso. Todas as travestis sabem disso, e é por isso que o ato de cortar o cabelo pode ser uma das mais graves ofensas cometidas contra uma delas. Em meados de 1996, Rosana cortou à força o cabelo de Tina em uma discussão violenta que envolvia dinheiro e homens. Com esse gesto, ela pôs em marcha uma espiral de eventos que prosseguiu com Tina invadindo o quarto dela junto com dois homens armados que praticamente escalpelaram Rosana e culminou com o subseqüente assassinato de Tina por um grupo de travestis simpáticas a Rosana e com a prisão desta última, acusada do crime.

As travestis possuem outros meios para arrebatar a feminilidade umas das outras, fazendo lembrar a todos que elas não são mulheres. Um desses meios é desnudar literalmente a pessoa. Muitas vezes as travestis participam de brincadeiras rudes com agressões físicas, socos e luta corporal no meio da rua São Francisco. Eventualmente, a brincadeira pode chegar ao ponto de algumas travestis agarrarem e imobilizarem uma delas no chão, rasgando e tirando toda a sua roupa, inclusive a roupa de baixo. Depois, arrastam a travesti subjugada inteiramente nua pelo meio da rua, forçando-a a expor seu sexo em público. Tudo isso acontece de forma tempestuosa em meio a gritos e risadas, mas a mensagem transmitida é equivalente à do corte de cabelo: travesti não é mulher. Privada do artifício (cabelo, vestido), ela é terminantemente um homem.

Um meio mais sutil de afirmar a mesma coisa envolve os termos vocativos e de referência utilizados no cotidiano. As travestis normalmente falam umas com as outras usando termos vocativos femininos, como "menina", "mulher" e "minha filha". As mais velhas, na casa dos 30 anos ou mais, podem ainda, eventualmente, usar a palavra "mãe" (mais comum nos anos 1980 do que hoje em dia). Esses termos são bastante comuns, porém mais freqüentes ainda são as formas vocativas "viado", "bicha" e "mona", todas designando o homossexual efeminado. Quando se referem às outras, as palavras "menina" ou "mulher" nunca são empregadas; o termo referencial preferido é "bicha".

Assim, termos vocativos e referenciais significando homossexual efeminado são empregados constantemente pelas travestis. Mas, além disso, essas palavras podem ser usadas em situações em que uma travesti quer deixar claro para alguém que ela não é mulher. Aqui, a força pragmática das palavras serve para fazer lembrar ao interlocutor a natureza insofismável da constatação. Um exemplo típico de situações assim aconteceu em um tarde em que Banana, Tina e eu estávamos sentados em frente ao portão de casa na rua São Francisco. Banana entretinha-se com um cigarro de maconha, Tina mirava-se no espelhinho de bolso enquanto arrancava com uma pinça os pêlos do buço e do queixo, e eu estava à toa, sentado na calçada com meu gravador. De repente, uma brasa do cigarro caiu no colo de Banana, e quando ela abanou rapidamente a barra do vestido percebeu que um dos seus testículos havia escapado da posição correta (sob o períneo) e ficou pendido para fora da calcinha. "Vixe", ela riu, colocando-o novamente no lugar, "a beirada do meu tabaco estava saindo e eu não estava vendo". Tina, que estava sentada ao fundo, olhou por trás dos ombros e gritou de volta: "Que beirada de tabaco, viado? É beira de culhão, na certa, que está saindo. Beira de tabaco... eu nunca vi tabaco ter péa [pelanca]".

Algo semelhante ocorreu na "pista" em uma sexta-feira. Por volta da meia-noite, um grupo de cinco travestis que preferiam trabalhar bem tarde apareceu de repente no ponto. Elas se agruparam em uma esquina juntamente com várias outras que já estavam na rua havia horas. Ali começaram a fofocar, escutar as novidades da rua naquela noite etc. Todas estavam de bom humor, brincando, fazendo pilhéria e comentários jocosos a respeito da aparência uma das outras, dos homens que passavam nos carros e de quem tinha ou não tinha conseguido dinheiro até então. Então passou um carro, e da janela o motorista berrou alguma ofensa. Imediatamente, Leila virou-se para as outras e exclamou em voz alta e zombeteira, fingindo surpresa:

> Leila: *Menino, o que é homem vestido de mulher aqui?! Se manca, negões! Esse negão aqui, ó! Amanhã vou reunir todas pra um jogo de futebol amanhã no Pacaem[bu]. Olha: He-Man!*
>
> Pompo: *Quem é He-Man?!*
>
> Lalesca: *[para Djanine] Quem é você, negão?*

Djanine: *Oxe, não venha não, recalcada.*

Lalesca: *Viu, negão?*

Leila: *[apontando para uma travesti] Olhe, esse aqui é He-Man.*

Lalesca: *É um monte de músculos acumulados.*

Djanine: *Aqui é carne, querida.*

Leila: *[apontando para várias travestis] Super-Homem, Batman, esse aqui é Rodark...*

Os comentários galhofeiros de Leila – estava vendo um bando de homens vestidos de mulher; prometia juntar todo o grupo de travestis para jogar uma partida de futebol no dia seguinte – e a referência a personagens de desenho animado hipermasculinizados (como He-Man) – têm o mesmo sentido das observações que Tina fez a Banana. Nesse trecho, a chacota de Leila serviu de gancho para que outras travestis começassem a fazer comentários do mesmo tipo. Assim, Lalesca pegou a deixa e lançou algumas farpas na direção de Djanine, chamando-a derrisoriamente de "negão" e "monte de músculos". Aqui, como na brincadeira entre Tina e Banana, o efeito discursivo é o mesmo: reiterar e chamar a atenção para o fato de que as travestis não são mulheres.

O humor jocoso está bastante presente na interação das travestis. Mas é um humor arriscado, pois nenhuma travesti aceita ser chamada de homem caso perceba ou pressinta que a outra pessoa tem o intuito de ofender. Se o comentário for feito em tom mais agressivo ou se a pessoa que fala não tem relação de amizade com o alvo da piada, o que era para ser brincadeira acaba virando discussão e briga. E foi exatamente isso que ocorreu entre Leila e as outras travestis na seqüência dos acontecimentos. Logo após a conversa aqui transcrita, enquanto outro automóvel passava, uma jovem travesti chamada Sheila começou a sacudir zombeteiramente seus apliques de cabelo na direção do carro, como para expressar soberba. Então, de súbito, Lalesca quebrou o clima jocoso da brincadeira, exclamando com acrimônia:

1- Lalesca: *Viado, não joga isso não, que é náilon. Não é seu natural, não.*

2- Sheila: *E a senhora, que não tem nem um na cabeça?*

3- Lalesca: *Quê, mona? Eu boto uma coisa triste dessa, viado? Parece um rasta.*

4- Sheila: *Meu amor, isso é náilon.*

5- Lalesca: *Você pra mim é um negão, viado.*

6- Sheila: *Mas foi com batalha que eu comprei esse náilon pra botar na minha cabeça [dando a entender que ela era bastante atraente para conseguir clientes e ganhar dinheiro, a despeito do que Lalesca dizia].*

7- Lalesca: *Hã, hã, tá. Você é um negão.*

8- Sheila: *Agora a senhora, sempre com esse pixaim, não pode nem comprar náilon pra botar na cabeça.*

9- Lalesca: *O quê?! Não, mona, que seu eu tiver de botar, eu boto um bonito, não boto um feio desse. Isso é ridículo.*

10- Sheila: *Agora, comprar um náilon você não compra. [dando a entender que Lalesca nunca iria ganhar dinheiro na rua e/ou que seu cabelo era tão feio que pouco importava colocar os apliques, já que ele continuaria feio do mesmo jeito] Hein, bicha? Eu não acho ridículo.*

11- Lalesca: *Ah? Quem é você, viadinho? Quem é você?*

12- Djanine: *Ei, queridinhas, ei, queridinhas.*

13- Sheila: *Hã?*

14- Djanine: *Tão nervosas?*

15- Leila: *Esses viadinhos...*

Quando Keila e eu transcrevemos a gravação desse diálogo, ela imediatamente percebeu o tom da conversa, mesmo sem ter testemunhado pessoalmente o ocorrido, e comentou que Lalesca havia sido agressiva e que as outras travestis se calaram enquanto ela falava. Isso significava (Keila sabia perfeitamente sem necessidade de ter estado presente) que a conversa de Lalesca e Sheila estava a um passo de se transformar em briga. Foram as intervenções de Djanine e Leila que desanuviaram a tensão a tempo de permitir que as outras duas interrompessem o diálogo, evitando a briga.

O que é mais notável no contexto da briga iminente entre Lalesca e Sheila são os termos vocativos utilizados por elas. Lalesca usou as palavras "viado" (linhas 1, 3, 5 e 11) e "mona" (linhas 3 e 9) ao falar diretamente para Sheila. Mas não usou essas duas palavras em situações mais descontraídas e amistosas. Ali, os termos "viado" e "mona" foram pronunciados agressivamente como recursos retóricos para abrir ou fechar uma enunciação francamente insultuosa. Os dois termos foram acompanhados de afirmações ofensivas de que Sheila não era só um homem, mas sim um homem estereotipicamente masculino: "um rasta" (isto é, adepto do estilo rastafári) e "um negão". Ao vincular as palavras "viado" e "mona" a um referente exageradamente masculino, Lalesca trouxe à tona o significado generizado desses termos, em oposição ao seu significado mais corriqueiro – fático e inclusivo. Ou seja, ela esvaziou as palavras de sua função normal, a saber, de formas vocativas que denotam pertencimento a um certo grupo específico de falantes (as travestis), para tornar explícito o fato de que "viado" e "mona" referem-se, no fim das contas, a pessoas do sexo masculino. O efeito do enunciado, então, foi chamar a atenção para o caráter generizado da representação do eu construída por Sheila e, com isso, ridicularizá-la. Em outras palavras, o intuito foi fazer lembrar a Sheila, publicamente, que seus apliques de cabelo não podem esconder o fato de que ela será sempre "um negão".

Inicialmente, Sheila respondeu com ironia, chamando Lalesca pelo pronome de tratamento "senhora", para expressar mais educação, respeito e distância do que seria normal naquele contexto, e sobretudo porque o comentário que se seguiu – sobre a falta de cabelo de Lalesca – dava a entender que Sheila podia pensar tudo a respeito de Lalesca, exceto que ela era uma senhora. Já no final do diálogo, porém, Sheila passa a responder em outro tom, e na linha 10 lança uma ofensiva à interlocutora, chamando-a de "bicha". Lalesca, então, sobe a aposta, chamando a outra de "viadinho". Nesse ponto, antes que qualquer tréplica de Sheila precipitasse uma briga, Djanine interveio na contenda e esfriou os ânimos, e em seguida Leila afastou as duas e repreendeu: "Esses viadinhos...".

Em todo esse diálogo há uma série de observações cujo objetivo é lembrar que as travestis não são mulheres e nem são especialmente femininas. Ainda que, individualmente, as travestis possam considerar-se atraentes e femininas, as outras estão ali para lembrar que elas não são nada disso – mas, na realidade, "um negão", "uma bicha", enfim, uns "viadinhos".

Sentindo-se Mulher

A maneira mais sutil e aguda de relembrar a masculinidade aparece na expressão "se sentindo mulher" ou "se sentindo amapô", ou simplesmente "se sentindo". A primeira vez que escutei as travestis dizendo a respeito de uma outra que "ela está se sentindo mulher", eu tomei a frase como elogio. Imaginei que ela fizesse menção ao fato de a travesti ter atingido um plano de existência almejado. Mas como tantas outras suposições que fiz nos primeiros meses de pesquisa em Salvador, esta era completamente equivocada. Ao invés de elogio, a expressão "se sentindo mulher" é uma das críticas mais mordazes que as travestis podem fazer umas às outras.

Diz-se que uma travesti está "se sentindo" no caso de ela ser objeto de atenção especial por parte de um homem. Em uma das primeiras ocasiões em que ouvi a frase, eu estava na rua, tarde da noite, quando uma travesti passou comentando sobre outra que acabara de entrar em um automóvel de luxo. "Ela deve estar se sentindo", desdenhou a primeira. Em outra situação, ouvi a frase ser dita em menção a Keila. Ela e eu queríamos tomar um táxi para ir a uma festa oferecida pela proprietária da casa da rua São Francisco. Estávamos ambos arrumados, e Keila calçava uma sandália salto 10. Eu amparava-lhe o braço para ajudá-la a se desvencilhar do lixo da rua e principalmente para evitar que ela prendesse o salto em um dos intermináveis buracos que tornam as caminhadas na rua São Francisco uma aventura perigosa. Ao passarmos por duas travestis que se encostavam no muro à espera de clientes, ouvimos uma delas rir e gritar para Keila: "Ei, Keila, tá se sentindo!". "É claro que estou, meu bem", ela exclamou de volta, "Eu sou bonita, tenho meu gringo e o mundo que se exploda!".

Eu não entendi a crítica contida na frase, até o dia em que Érica contou que algumas travestis vinham fazendo comentários maldosos a seu respeito desde que ela e o namorado, Renato, foram vistos passeando com desenvoltura pelas redondezas. As travestis, reclamou, a estavam acusando – erroneamente, enfatizou – de estar "se sentindo mulher". Eu havia visto Érica e Renato passeando na rua algumas vezes. Caminhavam lado a lado, juntinhos, como se fossem um casal heterossexual. Às vezes, desciam a rua São Francisco de braços dados.

As aparições públicas de Érica com o namorado renderam comentários das outras travestis. Isso porque a atitude dela contrastava marcadamente com o comportamento que a maioria das travestis adota com seus namorados. Mesmo quando as travestis vão com os namorados a festas particulares ou a boates de Salvador freqüentadas por *gays* e travestis, elas não costumam ser vistas em público com eles. Em geral, vão até esses locais em companhia de outras travestis, enquanto os namorados seguem sozinhos ou em companhia de outros homens. Já presenciei manifestações explícitas de afeto entre as travestis e os namorados dentro das boates, mas raramente vi uma travesti tocar ou abraçar o namorado fora desse contexto. E posso contar nos dedos da mão as vezes que vi o namorado tocar ou abraçar a travesti em qualquer contexto.

De modo geral, o afeto que pode existir entre as travestis e os namorados tende a ser expresso em contextos privados, a portas fechadas.

As travestis não interagem socialmente na companhia dos namorados, e vice-versa. Posso citar duas razões para isso. Em primeiro lugar, há o ciúme – da parte de ambos. As travestis desencorajam os namorados a conversar com outras travestis, e tratam de deixar claro para as outras que não as querem falando com eles. Elas temem que essas conversas possam dar ensejo a encontros sexuais. Os namorados parecem ter a mesma preocupação. A maioria reage com energia ao perceber a namorada travesti interagindo com outros homens, principalmente quando suspeitam que esses homens têm pretensões de se tornarem namorados dela. Muitos namorados não gostam que as travestis passem muito tempo em companhia das outras, pois presumem (acertadamente) que elas transmitem recados de outros homens e servem de intermediárias em encontros amorosos.

A segunda razão é que os namorados, em sua maioria, "têm vergonha" de serem vistos publicamente em companhia das travestis. Eles vivem precariamente equilibrados no limite entre duas concepções sobre a homossexualidade existentes no Brasil. Essas concepções são intimamente interligadas, mas conflitantes. A primeira é a noção de que em uma relação sexual entre dois homens, só é considerado homossexual aquele que se deixa penetrar. A segunda é a noção de que de que em uma relação sexual entre dois homens, 'ambos' são homossexuais. Esta última é semelhante – mas não igual, note-se bem – às concepções dominantes sobre sexualidade que existem hoje em dia nos Estados Unidos e na Europa. A tensão, no contexto brasileiro, entre duas percepções conexas a respeito da relação sexual entre indivíduos do sexo masculino apresenta paralelo com a situação descrita por George Chauncey (1994) no contexto da cultura industrial urbana ocidental nas primeiras décadas do século XX. Esse período assiste a uma mudança decisiva no entendimento das relações sexuais entre indivíduos do sexo masculino. De uma visão que considerava anormal apenas aquele que admitia ser penetrado (normalmente designado pelo termo inglês *fairy*, isto é, fada), passou-se a considerar homossexuais todos os indivíduos engajados em relações sexuais com pessoas de mesmo sexo, e, portanto, igualmente anormais.

É possível que no Brasil, assim como na Nova York dos anos 1930 e 1940 descrita por Chauncey, essas diferentes concepções estejam relacionadas a diferenças de classe e até de região geográfica. A parcela de classe média do sul do país, mais urbanizada e sob maior influência "européia", tende mais provavelmente a ver ambos os parceiros como homossexuais, ao passo que a parcela de classe baixa das regiões Norte e Nordeste tende mais provavelmente à primeira concepção (Parker, 1995, 1991: 85-97; Whitam, 1995).

No entanto, em contraste com a situação documentada por Chauncey para o contexto norte-americano, no Brasil o ponto fulcral das duas concepções (o homossexual é quem "dá"; ambos são homossexuais) é o conceito de penetração. Aqueles que entendem o homossexualismo na primeira acepção reconhecem que um dos parceiros é homossexual exclusivamente pelo fato de que ele gosta de ser "comido". Aqueles que entendem o homossexualismo nos termos da segunda opção reconhecem que ambos os parceiros são homossexuais 'pela mesma razão'. A diferença é que neste último caso as pessoas entendem que todo homem que escolhe fazer sexo com outro homem ao invés de com uma mulher o faz justamente porque gosta de ser "comido". Há que se considerar também o aspecto material da questão. Enquanto algumas pessoas podem aceitar que um homem de vez em quando faça sexo com um "viado" por conveniência (por exemplo, para conseguir dinheiro, já que os "viados pagam"), a maioria das pessoas acredita que um homem decide 'viver com' um "viado" não por conveniência, mas por prazer.

O drama dos namorados das travestis é que, embora eles mesmos, suas namoradas e outras pessoas do seu meio lancem mão, com toda a certeza, da primeira concepção, eles sabem que muitas outras pessoas, se vierem a tomar conhecimento do relacionamento, os julgarão com base na segunda concepção – concluindo que tanto os namorados quanto as travestis são igualmente "viados".

Comentando sobre a violência policial contra as travestis, Keila disse que até recentemente, em caso de prisão, a polícia não permitia que elas saíssem da delegacia em trajes femininos. As travestis tinham conhecimento disso e costumavam enfiar na bolsa, toda noite antes de sair para o trabalho, uma camiseta e uma bermuda (ou *short* e às vezes calça comprida), já prevendo a eventualidade. Mas às vezes elas eram pegas desprevenidas e acabavam indo parar na delegacia ou no batalhão policial sem a muda de roupa masculina. E daí não tinham como sair. Ora, normalmente as únicas outras pessoas que possuem as chaves do quarto são os namorados. Nesses casos, relatou Keila, as travestis mandavam um recado aos namorados pedindo-lhes que levassem a muda de roupa masculina. Mas eles pegavam as roupas e entregavam para uma outra travesti levar até o posto policial. Quase nunca entregavam pessoalmente porque, de acordo com Keila, têm vergonha.

Nessa situação em particular, os namorados sentem vergonha porque chegar à delegacia e ajudar uma travesti a sair do xadrez teria o efeito de provocar o riso e a zombaria de todos os policiais. Estes não perderiam a oportunidade de acusar os namorados de serem "viados" também. "É puro preconceito", Keila explicou. "Eles pensam que um homem que mora com viado, ele vai ser viado também". Eu quis saber o motivo. Keila respondeu: "Porque eles acham que é assim: 'Se você mora com viado, então você quer o quê? Você não quer mulher, cê quer viado. E viado tem o quê? Um pau para comer você. Então você é viado também'".

A consciência de que muitas pessoas não entendem a relação e por isso acham que o namorado é "viado", ao lado da questão do ciúme mencionada anteriormente, faz com que as travestis e os namorados raramente apareçam juntos em público, até mesmo na casa onde dividem o quarto. Os namorados costumam deslizar para dentro e para fora do quarto discretamente, sem alarde. Às vezes passam diante das outras travestis que moram na casa sem sequer cumprimentá-las. As travestis que moravam na rua São Francisco ficavam sabendo imediatamente quando uma delas arranjava namorado novo, é claro. Mas eu às vezes levava semanas – diante das entradas e saídas silenciosas de um homem – para descobrir o que estava havendo, simplesmente porque nunca via as travestis e seus namorados aparecerem juntos em um local público – nem mesmo no corredor que conduzia aos quartos da casa.

Tão logo o namorado entra no quarto de uma travesti, ela costuma sair e vai sentar perto das outras, seja nos quartos, seja na frente do portão da casa. Ou então, caso esteja na fase "apaixonada", ela pode ficar no quarto com ele, mantendo sempre a porta fechada – sinal para que as pessoas não entrem sem pedir permissão. As únicas situações em que as travestis fecham a porta do quarto são: quando ela está fazendo programa; quando está fumando maconha ou cheirando cocaína; quando está sendo "bombada" com silicone; quando está dormindo e quando está com o namorado. Os namorados não fazem amizade nem estabelecem relacionamento com ninguém na casa além de sua namorada travesti (incluindo-se os namorados das outras travestis da casa), exceto nos casos em que o relacionamento já dura muitos anos – e algumas vezes nem mesmo nesses casos.[69]

A natureza privada da relação travesti-namorado contrasta com o desejo manifestado por muitas travestis de terem um homem que as "aceite totalmente, 24 horas por dia, sem vergonha de levar para qualquer lugar", conforme expressou Luciana (no capítulo 2). A ironia é que justo nos raros casos em que uma travesti consegue realizar esse desejo, saindo com um homem que faz com que ela se sinta "mulheríssima", ela é criticada de maneira corrosiva pelas outras travestis precisamente por "se sentir mulher". Ao invés de incentivar esse sentimento umas nas outras, as travestis o desencorajam vigorosamente. E são rápidas em fazer comentários ácidos contendo a expressão "se sentindo mulher" – para trazer à lembrança, para que nenhuma delas esqueça que as travestis não são, e nunca serão, mulheres.

Do Sexo Masculino Sim, Homem Não

No entanto, se as travestis não são – e jamais podem ser – mulheres, poderíamos nós inferir que elas se entendem a si mesmas e mutuamente como homens? A resposta não é clara de imediato. Do ponto de vista lingüístico, dois fatos em especial parecem indicar que as travestis se vêem como homens: o uso ocasional do pronome 'ele' (e outros pronomes masculinos) e o uso ocasional da palavra 'homem' para se referirem a outras travestis e a si mesmas.

Na língua portuguesa, a palavra 'travesti' é um substantivo masculino. Isso obriga o falante a usar artigos, pronomes e adjetivos na forma masculina. A imprensa e os jornais, por exemplo, mencionam travestis assim:

> "Os" travestis de São Paulo estão "apavorados". "Eles" estão mudando o comportamento e fugindo dos locais onde, só neste ano, já morreram 16, quase "todos" com um tiro no olho. (*Folha de S.Paulo*, 24 mar. 1993)

Nesse trecho observa-se o uso de todos os termos e desinências no masculino, incluindo-se artigos (os), adjetivos (apavorados) e pronomes (todos, eles). A concordância gramatical de gênero é uma regra compartilhada por todos os falantes de português, inclusive as travestis. Cheguei a registrar alguns exemplos em que as travestis empregaram de modo repentino e desapercebido o neologismo feminino "uma travesti", no meio da conversação. Mas o fato é que a maioria delas não quebra as convenções gramaticais da língua e usa pronomes, artigos e desinências no masculino ao lado do substantivo masculino. E quando empregam o substantivo no feminino, utilizam formas femininas.

Durante uma conversa sobre tipos de homens atraentes, Keila demonstrou a influência do gênero gramatical no gênero referencial. Falando inicialmente de homossexuais – termo geral aplicado a homens que manifestam desejo erótico pelo mesmo sexo, mas que Keila usou aqui como sinônimo para o termo *gay* (homens homossexuais que fazem sexo com outros homens homossexuais) –, Keila empregou pronomes e adjetivos no masculino, em concordância com o gênero masculino do substantivo 'homossexual' em português:

> *"O homossexual", "ele" já é "intuído" para transar com homossexuais, que "ele" tem atração por homossexuais e tem atração por heterossexuais. Mas só que "ele" sabe que na consciência "dele", os heterossexuais vão ser avessos a transar com*

"ele". "Ele" já pensa assim. Então "ele" tem que procurar transar no meio "dele", ou seja, com "os homossexuais".

Depois dessa explicação sobre o desejo dos "homossexuais", Keila fez um contraste com as travestis. Do ponto de vista gramatical, repetiu-se o mesmo tipo de emprego vocabular do masculino, acompanhando o gênero do substantivo 'travesti':

> *"O travesti" já tem uma ressalva, porque "o travesti" tem uma porção de mulher dentro de cada travesti. Então "ele" já pode atrair alguns heterossexuais, embora atraia homossexuais também.*

Porém, alguns minutos depois, Keila começou a falar sobre homens *gays* efeminados, a quem chamou de "bichas fechativas" [gíria de travestis e *gays* em geral significando o homossexual notadamente afeminado ou espalhafatoso]. Note-se que 'bicha' é um substantivo feminino e que a fala de Keila seguiu a concordância gramatical:

> *Eu acho que "as bichas" muito "fechativas", "elas" também não têm atração por outras muito "fechativas". "Elas" normalmente têm atração por homens.*

Ora, ao falar sobre esses três tipos de pessoa – homossexuais, travestis e bichas fechativas –, Keila é taxativa na afirmação de que nenhum deles é 'homem'. Muito ao contrário, ela considera que todos são "viados" e efeminados, mesmo que muitos 'homossexuais' façam tudo para esconder tal fato. Os mais efeminados dentre os três tipos de "viado" não são as "bichas fechativas". Os homossexuais mais efeminados e femininos são as travestis, que vivenciam por inteiro sua natureza efeminada, adotando nomes, roupas e corpos femininos. Apesar da realidade social, os constrangimentos gramaticais da língua portuguesa parecem compelir Keila ao uso de termos masculinos 'sempre que emprega a palavra travesti'.

Em síntese, sempre que as travestis usam o vocábulo 'travesti', elas o empregam junto com outras palavras de gênero gramatical masculino (como artigos, pronomes, adjetivos etc.). No entanto, no contexto cotidiano, em conversas com outras travestis e com diferentes pessoas que freqüentam o seu meio, elas raramente se valem da palavra 'travesti'. Ao contrário, a palavra preferida é 'bicha'. Sendo um substantivo feminino, 'bicha' permite que uma travesti se refira, sem dificuldade, a outras travestis como 'ela'.

Em geral, a maioria das travestis só utiliza a palavra 'travesti' quando inquirida a respeito de determinada pessoa (por exemplo, quando se pergunta se fulano é travesti, em oposição a transformista ou mulher), notadamente em contextos discursivos mais formais, como uma entrevista de jornal ou um texto escrito. Elas sabem que a palavra 'bicha' é uma gíria, considerada chula e imprópria em tais contextos. Certamente há também diferenças e preferências de âmbito individual: algumas travestis evitam o uso de qualquer rótulo e preferem empregar simplesmente expressões como 'a gente' ou 'nós'. E outras poucas travestis acostumadas a falar com jornalistas e pesquisadores fazem uso generalizado da palavra 'travesti'. Keila, por exemplo, é uma que destoa da maioria por causa de seu uso freqüente do termo. É plausível supor que esse padrão vocabular seja efeito do trabalho realizado durante a pesquisa comigo.

Porém, mesmo nesses contextos, pessoas como Keila invariavelmente alternam formas gramaticais masculinas e femininas quando param de falar sobre travesti de maneira genérica e passam a falar de determinados indivíduos em particular. Esse tipo de deslizamento de gênero gramatical pode ser visto ao longo de todo o livro *A Princesa*. Nele, a autora alterna constantemente uma abordagem mais impessoal sobre travestis em geral e uma abordagem mais personalista, quando enfoca determinadas travestis, identificadas e designadas pelo nome. Por exemplo, ao descrever o caso de Elisa, uma travesti que foi obrigada a pagar pelo direito de fazer ponto em uma rua de Paris, Fernanda Farias de Albuquerque escreve (Albuquerque & Janelli, 1995: 156):

> "Ela" já ficava sabendo quando "um trans" [este termo utilizado no texto de Albuquerque não é usado em Salvador para se referir a travestis] saía do Brasil e sabia quando "ele" chegava em Paris. Caso ele não aceitasse as suas condições, "ela" fazia que "ele" fosse "expulso".

Outro exemplo desse mesmo tipo de deslizamento lingüístico ocorreu em uma ocasião em que perguntei a Keila se a automutilação – prática de cortar os braços para escapar de uma detenção policial – já era feita comumente antes da descoberta da Aids. Keila respondeu de maneira geral, empregando a palavra 'travesti'.

> *Não, antes da Aids existia, e depois da Aids existia ainda um pouco mais porque aí servia de ameaça para os policiais. Porque se "o travesti" se automutilasse, e falasse ao policial "Eu estou com Aids, eu vou espirrar sangue em você", o policial via ali o diabo na frente; ele não queria mais acordo, ele deixava "o travesti" ir até para o inferno, se "ele" quisesse.*

Mas logo em seguida, Keila recordou-se de ter sido testemunha de um caso concreto em que uma travesti havia se cortado. Observe-se a mudança do vocábulo e do pronome quando ela sai do caso geral e menciona um indivíduo específico:

> *Uma vez fomos presas em oito. E nesse meio tinha "uma bicha". Ela não tinha Aids na época; disseram até que depois disso "ela" veio a ter, mas na época não tinha: Alcione. Estávamos todas "presas"... Os policiais pegaram a gente e levaram para a Jogos ali nos Barris. Aí a gente chegou na Jogos, "ela" fez assim: "Eu vou me cortar". Eu digo: "'Mona', não tem nada para você se cortar, você vai se cortar com o quê?".*

O ponto importante aqui é que embora, de fato, as travestis empreguem formas gramaticais masculinas, tal uso lingüístico está vinculado a determinados contextos e é uma conseqüência da gramática, mas não da compreensão subjetiva que as travestis têm do gênero. Além do mais, as travestis sempre se referem umas às outras por pronomes e formas gramaticais femininos e são chamadas por termos vocativos femininos, exceto nos casos em que o intuito é ofender ou fazer troça.

O contexto também é importante para compreender de que modo as travestis utilizam a palavra 'homem'. O emprego desse termo é sempre relacional, ou seja, o significado exato de 'homem' depende de quem está falando, do que se fala, de quem se fala e do que está sendo contrastado ou oposto a 'homem' naquele contexto específico.

As travestis usam a palavra 'homem' em alusão a outras travestis apenas quando seu objetivo é debochar, ridicularizar ou ofender. Vimos um exemplo típico desse uso quando Lalesca classificou Sheila de rastafári e negão. Mas em casos assim, o uso de palavras masculinas para designar uma travesti não corresponde de maneira acurada ao entendimento subjetivo que esta tem de si mesma. Ao contrário, escolhem-se palavras como 'negão', palavras que ferem, precisamente porque elas contrastam com a autopercepção da travesti insultada de que ela não é homem, absolutamente.

Nos casos de autodesignação, as travestis só empregam a palavra 'homem' em contextos muito específicos. Por exemplo, quando pretendem contrastar seu próprio modo de ver o mundo com o modo das mulheres. Quando as travestis tratam de temas como dominação, subordinação, apetite sexual, promiscuidade etc., costumam justificar suas posições e opções pelo fato de terem "cabeça de homem". A "cabeça de homem" teria o efeito de fazer com que não aceitem a subordinação, a pureza virginal, a monogamia etc. – coisas que elas atribuem às mulheres. A faculdade perceptiva proveniente da "cabeça de homem" é o que permitiria às travestis superar as ilusões e fantasias femininas e "encarar a realidade", para usar uma expressão de Martinha.

Outro contexto de emprego da palavra 'homem' como autodesignativo é quando as travestis falam de seus órgãos genitais. A esta altura, espero ter ficado absolutamente claro que nenhuma travesti renega sua genitália masculina, muito pelo contrário. Todas tiram desse fato biológico a conclusão de que sua genitália, dom irrevogável de Deus, é o que as faz indivíduos do sexo masculino. Não é coincidência que o comentário de Banana – "Eu nasci homem e homem morrerei" – tenha sido feito no contexto de uma conversa sobre cirurgia de mudança de sexo, na qual ela contrastava sua própria genitália com a genitália feminina, e assegurava ser impossível a mudança de sexo. Em tais contextos, definir-se como homem é imediatamente opor-se de maneira contrastiva às pessoas que não nasceram com genitália masculina, ou seja, as mulheres. Em todos os casos em que as travestis empregam o termo 'homem' – seja para designar outras travestis, seja como autodesignativo –, o que está sendo reiterado e reforçado é, novamente, a convicção de que elas não são, e não podem ser, mulheres.

No que diz respeito às relações com os homens, as travestis usam a palavra 'homem' para falarem de si mesmas em uma única situação, a saber, quando estão penetrando um cliente, um "vício", ou (que infortúnio!) um namorado. Nesse caso as travestis não dizem que são homens. O que elas dizem é que se sentem "iguais a" ou "como" homens. Exemplos aparecem na fala de Mabel, quando explicou a sensação de penetrar um cliente, e de Keila, quando relembrou histórias de clientes que a chamavam de "gostosão" (ver capítulo 4).

Em outros contextos, 'homem' é usado pelas travestis para denotar indivíduos do sexo masculino que 'contrastam' com as travestis pelo fato de manifestarem outra natureza e terem um tipo de sexualidade diferente e desejos diferentes. Aqui, homens são aqueles que desejam ardentemente uma "buceta". São aqueles que exclusivamente penetram outras pessoas; aqueles que não viram mulher na "hora da verdade". São aqueles por quem as travestis se apaixonam e que instalam em seus quartos; aqueles que se tornam seus namorados. São os indivíduos do sexo masculino que são "homens" e podem fazer uma travesti sentir-se "mulheríssima".

Em síntese, as travestis usam a palavra 'homem' com dois significados diferentes: 1) do sexo masculino (em inglês, *male*) – quando falam de si mesmas em contraste com a genitália e a "cabeça" (isto é, mentalidade) feminina; e 2) homem (em inglês, *man*) – quando falam de indivíduos do sexo masculino que apenas penetram durante o ato sexual. Assim, as travestis operam e se posicionam dentro de um sistema de gênero fluido e sutil (pelo menos no que concerne aos indivíduos do sexo masculino), um sistema de gênero em que o fato de ser do sexo masculino não obriga o indivíduo a ser um homem.

Há ainda um último contexto em que as travestis usam o termo 'homem' para se referirem a si mesmas: quando querem ou precisam "passar por homem". Em tal situação, elas procuram salientar sua masculinidade (em inglês, *maleness*) com o intuito de convencer os outros de sua hombridade (em inglês, *man-ness*). Isso acontece, por exemplo, quando as travestis se aventuram pelas ruas da cidade durante o dia. É uma situação que pode provocar sensação de desconforto e superexposição em muitas travestis, porque elas sabem, por experiência própria, que as pessoas costumam olhar, comentar e azucrinar tão logo elas coloquem o pé para fora do quarteirão onde moram e são conhecidas. Algumas travestis se recusam a ser importunadas no meio da rua e acabaram desenvolvendo línguas afiadas e comportamento agressivo para garantir que a pessoa desrespeitosa receba "uma boa resposta" em troca. Mas há aquelas que odeiam ter de rebater olhares, piadas e injúrias e preferem evitar locais públicos durante o dia para além da vizinhança e do quarteirão onde moram. Quando precisam fazer compras ou mandar recado a alguém, costumam pagar outras pessoas – em geral senhoras ou travestis mais velhas – para fazer esses pequenos serviços.

Quando as travestis decidem ir à rua durante o dia, elas podem sair "vestido de homem" ou, como dizem, "fazendo a linha homem". Aparecer ou se vestir de homem implica remover os brincos, os muitos anéis e pulseiras, limpar o batom dos lábios e pôr calça comprida, camiseta de malha e o indefectível boné para esconder a cabeleira. O resultado do modelito raramente é o esperado, ou seja, fazer com que elas passem totalmente despercebidas na multidão (um bom observador pode facilmente notar as sobrancelhas feitas e o esmalte nas unhas das mãos e dos pés, por exemplo). Mas seja como for, algumas travestis o consideram suficiente para evitar os olhares basbaques que inevitavelmente surgiriam caso elas saíssem à rua vestindo *short* e blusa *top*.

Mas quando uma travesti chega em certo estágio de sua transformação corporal – principalmente se os seios já forem proeminentes –, fica difícil retornar à aparência masculina. A "linha homem" nesses casos corre o risco de atrair tanta atenção ou mais do que as roupas e a aparência femininas. E o que é pior, com peitos, bunda grande e formas arredondadas, as travestis estão convencidas de que as pessoas as considerarão lésbicas caso saiam na rua vestidas de homem – idéia deturpada que não as agrada nem um pouco.

Apesar disso, há certas circunstâncias em que até mesmo as travestis com peitos grandes decidem respirar fundo, colocar a camiseta, o boné e tentar "passar por homem". Normalmente, esses casos envolvem a interação com médicos ou agentes governamentais em situações em que a apresentação de documentos de identificação expõe publicamente o nome masculino. E, como vimos, as experiências desse tipo que provocam verdadeiro frio na espinha são as tentativas de cruzar fronteiras internacionais. As travestis que desejam entrar em países da Europa precisam enfrentar a decisão mais difícil da vida: o que vestir? Ir "de homem" – e correr o risco de ser confundido, como disse Chica, com um traficante qualquer? Ou ir "de mulher" – e correr o risco de ser humilhada e deportada quando o oficial de fronteira perceber que o nome masculino no passaporte corresponde a uma pessoa de vestido e batom?

A ensaísta inglesa Jan Morris, transexual, escreveu sobre uma situação semelhante vivenciada por ela em um aeroporto antes da cirurgia de mudança de sexo (também chamada de cirurgia de redesignação sexual), classificando-a de "momento horroroso" (1987: 106). Chica foi muito mais explícita ao descrever seus cinco minutos de espera na fila de controle de passaporte na Áustria como o momento em que seu esfíncter estava tão apertado que seria capaz de cortar um barbante ao meio (capítulo 4). Essa imagem parece refletir muito bem a experiência de todas as travestis que passaram pelo controle de fronteira em um país estrangeiro: segurar firme o passaporte e torcer para que tenha tomado a decisão certa na escolha do guarda-roupa.

Perfeitamente Homossexual

A grande ansiedade experimentada pelas travestis em tais situações surge do sentimento de que, mesmo vestidas de homem, elas não são homens de fato. As travestis não se consideram 'homens' (declaram para quem lhes perguntar e reafirmam para si mesmas constantemente esta idéia), mas homossexuais, isto é, "viados", bichas. O núcleo duro de sua subjetividade é o fato de sentirem atração física e sexual por homens. Tal atração é mencionada por todas as travestis como a principal força motivadora, desde o início, quando estavam começando a perceber que eram "diferentes" dos outros meninos. Era essa força que as compelia a concentrar esforços com o objetivo de realizar as transformações corporais de masculino em feminino. O desejo homossexual é, portanto, a tendência que baliza e dá sentido às práticas corporais, às atividades profissionais e aos relacionamentos afetivos das travestis. Ser homossexual está no âmago do projeto travesti. Para que uma pessoa seja travesti, ela deve primeiro ser "viado".

Elisabeth deixa essa vinculação perfeitamente clara ao narrar o momento em que compreendeu, aos 12 anos, que era um travesti:

> *Eu não sabia o que era um travesti, né? Eu sabia que eu dava, gostava de dar e sabia que era homossexual. Dava, né? Então o povo dizia: "Ah, isso é uma vergonha"; minha família falava: "Isso é uma vergonha", e não sei mais o quê, essas coisas de família. Então eu fui embora de casa por causa disso. Mas que eu nunca tinha visto um travesti antes, entendeu? E quando eu vi a primeira vez – eu vi muitos travestis em Recife, né? – eu fiquei, assim, apavorada, de boca aberta até, quando eu vi. Eu falei: "É isso aí que eu quero ser, travesti". Eram bonita, né? Grande, bonita. Então eu queria ser igual a elas... Eu falei: "É assim que eu quero ficar". E fiquei. [risos]*

Com grande concisão, a história de Elisabeth entrelaça todos os fios relevantes e recorrentes nas narrativas de descoberta travesti e que constituem a trama e o tecido da sua subjetividade: atividade sexual ("eu sabia que eu dava"), desejo sexual ("eu gostava de dar"), orientação sexual ("eu era homossexual"), aparência feminina ("Eram bonita, né? Grande, bonita."), e agência pessoal ("É isso que eu quero ser", "É assim que eu quero ficar. E fiquei.").

Com efeito, a subjetividade travesti não é a subjetividade de mulher nem a subjetividade de homem, é a subjetividade de um efeminado de sexo masculino – um homossexual. "Eu não sou homem nem mulher", disse a travesti Claudia Wonder em entrevista a um jornal brasileiro, "Eu sou uma bicha".[70] A travesti soteropolitana Carlete declarou a mesma coisa em outra publicação jornalística: "Eu amo ser uma bicha" (*Prática Jornalística* n. 1, 1981), confessou, enunciando e demarcando um tipo de subjetividade que todas as travestis de Salvador subscreveriam sem hesitação.

Mas as travestis não são apenas homossexuais. Elas são, em sua própria opinião, os únicos homossexuais realmente "assumidos" no Brasil. De fato, a homossexualidade travesti é tão ostensiva que algumas argumentam com veemência que as travestis são homossexuais radicais que, em larga medida, cavaram sozinhas com as próprias mãos um espaço homossexual em um país fortemente heterossexual como o Brasil. Elas observam que, enquanto a maioria de lésbicas e homens *gays* no país ainda tem receio de assumir publicamente sua condição homossexual, as travestis, por outro lado, e a um custo pessoal tremendo, sempre proclamaram abertamente sua homossexualidade. E apesar da grande rejeição, das humilhações cotidianas e da ameaça constante de violência que resultam dessa explicitação, as travestis não esmorecem, não fogem, não se escondem.

Sempre que esse tópico vinha à tona, Keila gostava de repetir (para mim e para as outras) uma história que certa travesti chamada Baby havia lhe contado. Baby era muito conhecida em Salvador por andar na rua à luz do dia vestindo microssaia, um *top* minúsculo, além de sandálias de salto alto. "E Baby dizia gostar disso", recordava Keila. Segundo ela, Baby dizia: "Eu saio na rua de salto alto durante o dia. Todo mundo tem que olhar para mim desse jeito, porque é desse jeito que eu sou. Quando eles cansarem de tanto me ver, vão acabar deixando de gritar. Porque eu não vou deixar de andar na rua nem se eles jogarem pedra em mim, baterem com pau, xingarem – eles xingam e eu continuo andando... mais cedo ou mais tarde eles acabam cansando de gritar". Keila normalmente comentava que um homem *gay* não reagiria dessa maneira. "Quando alguém grita um palavrão para uma bicha, ela sai correndo. Aí na próxima vez ela vai passar bem dura, como se fosse homem".

A expressão "como se fosse homem" me confundia no início, especialmente quando era usada pelas travestis para se referir a mim. Um domingo à tarde, eu estava com Stefani e Adriana em uma das principais praças de Salvador. As duas vestiam minissaia e blusa *top*. Adriana estava se arrumando para trabalhar à noite e tinha vários bobes no cabelo. Íamos começar a comer um doce comprado de um vendedor ambulante, quando dois policiais passaram por nós. Adriana deu uma risadinha e disse para mim: "Cuenda, os alibam [Olhe, os policiais] tão vendo você com a gente e eles pensam que você é homem". Ato contínuo, Adriana e Stefani caíram na gargalhada como se tudo fosse um grande disparate. Eu, no entanto, levei tempo até compreender o motivo de tanta graça.

Foi somente no final de minha temporada em Salvador que vim a descobrir que um homem *gay*, como eu, é visto pelas travestis como alguém que gosta de "dar", ou seja, de ser penetrado por 'homens'. Isso fazia de mim um "viado", uma bicha, igual a elas mesmas. Mas eu, e todos os outros homens *gays* – que não usamos roupas femininas e não modificamos o corpo para adquirir aparência feminina –, disfarçamos nossa semelhança com as travestis. Diferentemente delas, que encarnam de maneira explícita sua homossexualidade, *gays*, como eu, se escondem – nós disfarçamos e fingimos que somos homens, quando na verdade não somos. É nesse sentido que as travestis consideram-se homossexuais mais honestos e muito mais radicais do que homossexuais "machudas" como eu. É por isso também que não conseguem entender a discriminação de que são vítimas, no Brasil, por parte de homens *gays* – muitos dos quais acreditam que elas comprometem a imagem pública dos homossexuais, ajudando a consolidar sua má reputação.

Portanto, é unânime entre as travestis afirmar repetidamente que são homossexuais incontestáveis. Curiosamente, essa insistência vem sendo ignorada por jornalistas, ensaístas e acadêmicos que escreveram sobre travestis. Muitas das análises compreenderam equivocadamente sua subjetividade, supondo que elas aspiram a ser mulheres. E mesmo aqueles analistas que perceberam que elas não querem ser mulheres foram incapazes de entender as aspirações, práticas e motivações das travestis. Ao invés de escutarem o que dizem as travestis – e elas dizem explicitamente que são homossexuais –, esses autores preferem formatar a imagem das travestis como ícones pós-modernos, sugerindo que elas rejeitam toda e qualquer identidade. O cineasta e escritor Arnaldo Jabor, por exemplo, assegura que "o travesti não deseja a identidade; ele quer a ambigüidade" (1993: 27). Hélio Silva (1993: 125, 162) concorda e acrescenta, com um toque poético mas de muito pouca serventia, que a condição travesti é uma "não-condição" e que as travestis não ocupam espaço – ocupam um "não-lugar" (p. 91). Neuza Maria de Oliveira (1994: 115) faz considerações semelhantes quando escreve que as travestis "preferem não se definirem nem se autoclassificarem" e "querem ser a diferença". Na imprensa, um artigo de página inteira no *Diário Catarinense* (29 ago. 1993) explica: "Um travesti não quer ser mulher nem homem. Ele quer ser ambíguo". O folheto *Beijo na Rua*, jornal alternativo destinado especialmente às prostitutas, em seu número 3, de 1989, definia as travestis como "andróginos pós-modernos". E assim por diante.

Todas essas análises deixam escapar o mais importante.[71] Assim como as travestis não estão lutando para conquistar a condição de mulher (*womanhood*, em inglês), elas também não rejeitam a identidade e também não desejam a ambigüidade. Sua luta – e elas deixam isso claro para quem quiser ouvir – é pela homossexualidade. Elas almejam incorporar a homossexualidade. E desejam fazer isso da maneira mais completa, mais perfeita e mais bela possível. Ao passo que outros indivíduos do sexo masculino denegam e disfarçam o desejo pelo mesmo sexo, as travestis abraçam esse desejo e se deliciam com ele. A vida delas é ancorada nesse desejo. O corpo delas é fabricado em função desse desejo. Assim, o corpo das travestis – com suas bundas exuberantes, seus peitos de silicone e seus pênis prontamente funcionais – pode dar aos comentadores a impressão de ambigüidade ou androginia, mas, do ponto de vista das travestis e das pessoas que interagem com elas em seu meio, o corpo é uma declaração de completa *não*-ambigüidade. Muito ao contrário de transmitir ambigüidade, seu corpo transmite a certeza: eis ali um "viado".

Nesta perspectiva, a principal pergunta a ser respondida em relação às travestis não é "por que elas querem adquirir a aparência das mulheres?", e sim "por que alguns homossexuais viram travestis?". O que dá sentido a essa experiência? Que representações, concepções e definições de sexualidade e gênero tornam, na sociedade brasileira, logicamente possível para alguns homens que desejam outros homens vivenciar esse desejo de tal modo a se sentirem impelidos a transformar radicalmente seus corpos? E a estruturar de uma maneira específica (como vimos ao longo do livro) suas relações afetivas e sexuais com os parceiros?

Obviamente, nem todos os homens brasileiros com desejos homossexuais se tornam travestis. Existem outras possibilidades. Alguns podem vir a ser aquilo que Keila chamou de "bichas fechativas" – isto é, afeminados ou "desmunhecados", como também são chamados – e ainda assim claramente identificados como homossexuais do sexo masculino. Outros podem se tornar o que as travestis denominam "bicha machuda", isto é, o homossexual que dissimula sua condição por trás da imagem de "comedor" e tenta se passar por homem heterossexual (e muitas vezes vive como tal).[72] Há um papel social reconhecido para os homens que se prostituem como machos. São denominados "michês". Apesar de a maioria não se considerar homossexual, alguns se definem como *gays* (Perlongher, 1987: 117-120, 178-182). A aparência física dos michês é a de machos típicos ou de jovens boyzinhos viris (fortes, musculosos etc.). Essa aparência serve para dar a impressão pública de que restringem seu comportamento sexual com os clientes ao papel de quem penetra ("comedor").

Aos olhos das travestis, todavia, todos esses indivíduos – sejam bichas desmunhecadas, comedores aparentemente heterossexuais ou michês musculosos – são "viados", homossexuais, assim como elas próprias o são. A diferença é que todos esses são "viados" que dissimulam sua natureza, fingindo ser aquilo que não são. As travestis rejeitam essas outras subjetividades homossexuais e consideram todas, em alguma medida, desonestas e presas em um estágio inicial daquilo que elas vêem como o pleno desenvolvimento e reconhecimento da identidade homossexual – desenvolvimento que elas teriam logrado realizar mais perfeitamente. Com isso, afirmam que a única homossexualidade verdadeira é a que elas mesmas encarnam. Em outras palavras, as travestis não se vêem apenas como uma das expressões possíveis do desejo homossexual em um universo de muitas outras possibilidades. Elas se vêem como a Arquiencarnação, a Verdadeira Expressão, o ponto final e almejado do desejo homossexual. Acreditam ser o desejo homossexual em sua forma mais perfeita e acabada. Em vista disso, portanto, e novamente, a questão que se coloca é: que concepções de sexualidade, gênero e corpo possibilitam que as travestis elaborem e sustentem tal convicção?

O Gênero Travesti

A subjetividade travesti torna-se possível e desejável apenas porque se acredita haverem conexões entre o corpo físico de uma pessoa (seu papel social e sua posição cultural) e sua atividade sexual. Dito de outro modo, a subjetividade travesti é o resultado – e ao mesmo tempo a incorporação e a efetuação – de uma certa configuração de sexo (biológico), gênero e sexualidade, configuração que é específica da sociedade na qual as travestis vivem. Para compreender e descrever a subjetividade travesti é necessário, então, reconhecer com clareza o modo como se configuram sexo, gênero e sexualidade. Além disso, é preciso determinar de que modo tal configuração fornece o quadro conceitual com base no qual os indivíduos podem entender e organizar seus próprios desejos, corpos, relações afetivas e físicas e papéis sociais.

Neste livro, argumentei que as travestis atuam em (e elaboram conceitualmente com base em) um universo social povoado por três tipos diferentes de pessoas generizadas: homens, mulheres e "viados". É com base nessa tripartição de gênero que se pode argumentar que elas operam dentro de um sistema – e encarnam de fato esse sistema – no qual há três gêneros: homens, mulheres e travestis (ou homossexuais). Entender o gênero desse modo, no Brasil, não chega a ser novidade. É bem verdade que as expressões "terceiro sexo" ou "terceiro gênero" não são comuns nos textos dos autores brasileiros que escrevem sobre travestis. Mas esses autores, que argumentam em favor da "ambigüidade" e da "diferença" travesti, estão repetindo basicamente as teses da crítica literária norte-americana Marjorie Garber. No livro *Vested Interests*, Garber (1992a: 11) vale-se copiosamente da idéia segundo a qual a essência mesma do travestismo é não se deixar aprisionar na lógica binária das estruturas sociais, constituindo sempre, ali onde aparece, um "terceiro". O idioma ternário – evocando, neste caso específico, o "terceiro gênero" – tem se destacado em trabalhos antropológicos recentes. Há descrições de povos em diferentes regiões e sociedades do planeta que, ao menos superficialmente, evocam o caso travesti, na medida em que certos comportamentos sociais e o próprio eu psicofísico são marcada e reconhecidamente distintos daqueles que caracterizam homens e mulheres.[73]

Em um contexto acadêmico em que as idéias sobre 'ternarismo' estão em alta, é interessante notar que esse idioma está ausente entre as travestis de Salvador. As travestis, de fato, não se consideram homens nem mulheres, como vimos, e referem-se usualmente a si mesmas como bichas e "viados". No entanto, eu nunca ouvi, durante toda a pesquisa, qualquer sugestão vinda delas de que pudessem formar um terceiro gênero ou um terceiro sexo. Ao invés de pensarem sobre si mesmas como um terceiro gênero, as travestis gastam muito tempo procurando situar-se em relação a um binarismo generizado muito específico. Esse binarismo, porém, é 'diferencial'; ele está enraizado e floresce com base em princípios 'diferentes' daqueles que normalmente estruturam e dão significado ao gênero em lugares como Europa e Estados Unidos.

A diferença fundamental é que nesses países o sistema de gênero está fundado sobre as diferenças anatômicas dos sexos, ao passo que entre as travestis o sistema está fundado na 'sexualidade'. A idéia predominante nos países da Europa e nos Estados Unidos é que uma pessoa pode ser dita homem ou mulher em função do tipo de órgão sexual que possui. Supõe-se que diferenças biológicas acompanham diferenças de comportamento, linguagem, percepção, emoção, sexualidade, e assim por diante. Autores como Garfinkel (1967), Hausman (1995), Kessler e McKenna (1985), Shapiro (1991) e Raymond (1979), por exemplo, já argumentaram à exaustão que um sistema cultural desse tipo (digamos, euro-americano) propicia o aparecimento de uma subjetividade 'transexual'. Isto porque, nesse caso, os indivíduos do sexo biológico masculino que não se sentem ou não se comportam como 'homens' tentam dar sentido a tal discrepância tomando como referência a genitália. Assim, se eles não se sentem 'homens', por conseguinte e necessariamente sentem-se 'mulheres'. Ora, ser 'mulher', ali, significa possuir genitália feminina.

No Brasil, embora as diferenças anatômicas sejam certamente levadas em conta, a genitália parece estar fundamentalmente inter-relacionada com sua função, ou melhor, com sua capacidade de ser utilizada desta ou daquela maneira. Na configuração brasileira de sexo e gênero, o critério determinante para identificar homens e mulheres não é tanto a genitália em si, mas o papel que a genitália desempenha no intercurso sexual.[74] Aqui, o lócus da diferença de gênero é o ato da penetração. Se a pessoa 'só' penetra, é homem. Se a pessoa é penetrada, é diferente de homem – e aí pode ser um "viado" ou uma mulher.

Retornando aos exemplos concretos, a fala de Tina, a seguir, esclarece a relação e os paralelos entre todas essas posições. Ela relatava os principais motivos para ter abandonado um de seus namorados:

1- Tina: *Três anos era hom/ foi homem pra mim. Foi homíssimo. Depois, eu era o homem e ele era o viado.*

2- Don: *Como?*

3- Tina: *Entendeu como é?*

4- Don: *Sim... Mas não. Como é?*

5- Tina: *Três anos ele foi pra mim homem, e depois dos três anos, ele foi mulher. Eu era o homem, ele era a mulher. Entendeu como é? Os três anos que eu passei com ele, a primeira vez, entendeu como é? ele me comia, e eu chupava ele. Eu era a mulher dele.*

6- Don: *Sim...*

7- Tina: *E depois dos três anos, eu era o homem dele. Entendeu agora? Agora cê entendeu.*

8- Don: *Mas o que aconteceu? Que/ que/ fez que ele/*

9- Tina: *Modificou?*

10- Don: *Modificou, sim.*

11- Tina: *Modificou que ele pegando [meu pênis]. Ele criou medo de me perder, ia na rua que ele viu que eu era uma bicha viciada que queria comer os* boys. *Aí ele viu que/com medo de me perder, e perder a mordomia, né?*

12- Don: *É.*

13- Tina: *Aí começou tirando/brincando de sexo comigo. "Não carece você gozar na rua não. Eu bato uma punhetinha pra você. Daqui a pouco vamos fazer outra coisa diferente." Me dá o cu/ me deu o cu, começou a me chupar, aí pronto.*

Tina diz que era a mulher do namorado porque "ele me comia, e eu chupava ele" (linha 5). Note-se ainda que ela utiliza as palavras "viado" e 'mulher' de maneira intercambiável (linhas 1 a 5), para denotar aquilo que o namorado veio a se tornar após ter demonstrado interesse pelo pênis de Tina e a vontade de "dar" para ela. A convergência discursiva que aproxima "viado" e mulher é um pressuposto constante na fala das travestis, como já visto. E essas duas identidades diferem e contrastam consistentemente com a identidade situada na outra margem da linha divisória estabelecida pela penetração, a saber, o homem.

O idioma (e a prática) da penetração é o eixo em torno do qual giram todos os aspectos da vida das travestis. A atração erótica por indivíduos do sexo masculino assinala sua autodescoberta. Tal atração, inevitavelmente, cedo ou tarde, conduz a uma relação sexual em que as travestis se deixam penetrar. O respeito pelo namorado e a própria definição do namorado como tal baseiam-se nos comportamentos sexuais que ele apresenta: o desejo pelo pênis da travesti carimba o namorado como "viado", e equivale à compra de um bilhete só de ida para fora do quarto e da vida dela. Aliás, a convicção que as travestis expressam de que "não existe mais homem" reforça-se a cada vez que um boyzinho musculoso tateia em busca do pênis delas. Sua impaciência com os homossexuais que "não se assumem" acende-se a cada vez que elas vêem alguém que sabidamente "dá o cu" sair à rua vestindo calça e trajes masculinos, ao invés de saia e roupas femininas.

A todo instante, é a penetração que dá a chave de explicação e definição das identidades para as travestis. A penetração constitui a moldura interpretativa da qual elas se valem para estar e agir no mundo, e para compreender o estado e a ação dos outros. E pelo fato de a penetração ser, ao menos no tocante ao universo travesti, uma experiência do tipo sim/não (não há meio-termo: uma pessoa gosta ou não gosta de "dar"), basta que o namorado peça uma única vez para ser penetrado para que mude a idéia que a namorada travesti faz dele. Na perspectiva dela, tal pedido é revelador, descortinando o fato de que o namorado sempre foi "viado". As travestis pressupõem que o pedido é a expressão de um desejo secreto que o namorado sempre teve e sempre terá; e pressupõem igualmente que o namorado continuará buscando a satisfação desse desejo, seja com ela ou com outras travestis (mesmo que ele não venha a repetir o pedido para ser penetrado "dentro de casa").[75] Ou seja, a penetração produz duas categorias de pessoas.

Assim, a diferença relevante em um sistema desse tipo não é entre "homens" e "mulheres"; a diferença relevante é entre "comer" (penetrar) e "dar" (ser penetrado); é entre quem come e quem dá, 'em um sistema em que o ato de ser penetrado tem poder transformativo'. Nesse sistema, as pessoas que 'só' "comem" e 'nunca' "dão" são culturalmente consideradas e designadas 'homens'; e as pessoas que "dão", mesmo que 'também' "comam", são classificadas como algo diferente de homens – o que eu poderia chamar de 'não-homens'. A opção pelo contrastivo 'não-homem' pode ser interessante, em parte porque o termo me parece próximo de uma definição culturalmente elaborada, e em parte porque ressalta minha convicção de que o sistema de gênero do qual estamos falando – e que possibilita a emergência das travestis – é maciçamente orientado para (e talvez mesmo determinado por) a subjetividade masculina, o desejo masculino e o prazer masculino, tal como estes são culturalmente elaborados no Brasil. Esse sistema binário implica que todos aqueles indivíduos – do sexo feminino e do sexo masculino – cujo desejo é o de serem penetrados pertencem à mesma categoria classificatória: eles ocupam o mesmo lado no quadro do binarismo de gênero. Em outras palavras, eles compartilham o mesmo gênero.

O fato de compartilharem o gênero com as mulheres parece explicar por que a maioria das travestis não se identifica a si mesma como mulher e não manifesta desejo de realizar cirurgia de mudança de sexo, ainda que levem a vida modificando radicalmente o corpo com o intuito de se tornarem mais femininas. Em termos culturais, as travestis (por gostarem de "dar") são estruturalmente equivalentes às mulheres, mesmo não sendo, é claro, biologicamente iguais a elas. Portanto, aqui, do ponto de vista cultural, haveria uma redundância. Como as travestis já são, por assim dizer, do mesmo gênero que as mulheres, a operação de mudança de sexo não traria para elas nada que já não tenham. A operação teria apenas o efeito de retirar delas sua mais importante fonte de prazer e renda. Aliás, para algumas, a operação poderia ser vista até mesmo como um rebaixamento na escala estética e social. É isso que está implícito, por exemplo, na fala de Magdala, quando diz que as travestis são mais femininas e sensuais que muitas mulheres; e na fala de Martinha, quando sugere que as mulheres levam uma vida de fantasia e ilusão.

As travestis podem, em alguma medida, ser vistas como um "terceiro" no sentido dado por Marjorie Garber. Mas elas não são um terceiro no sentido de se situarem fora ou além do binarismo de gênero. Muito pelo contrário. Com efeito, uma dos maiores problemas na defesa do ternarismo (*thirdness*) é que, ao invés de desnaturalizar ou rejeitar os sistemas de sexo e gênero dicotômicos (como seus propugnadores pretendem), ela pode acabar (re)naturalizando e reforçando as idéias tradicionais de dimorfismo sexual. Ao sugerir que os indivíduos que não se encaixam no dualismo macho-fêmea estão fora dele, além dele ou transcendentes a ele, deixa-se de compreender que esses indivíduos podem estar, na verdade, operando desarranjos e reconfigurações, ou seja, podem estar introduzindo complicadores nesse sistema dual. O idioma do terceiro gênero deixa intacto o binarismo tradicional. Em vez de expandir, sofisticar e complexificar o entendimento da masculinidade e da feminilidade, o discurso do terceiro gênero cristaliza e sela as categorias duais, e situa a fluidez, a ambigüidade, a dinâmica e as sobreposições em um espaço completamente exterior: fora das fronteiras do binarismo; nos domínios do terceiro. O conceito de terceiro acaba dificultando o entendimento de que o "dois" pode não ser tão simples e careta como se pensa. Enfim, o terceiro nos impede de ver que pessoas como as travestis não caem fora do sistema de gênero binário, absolutamente. Ao contrário, as travestis nos permitem sugerir que o binário configura-se de um modo radicalmente diferente do que estamos condicionados a pensar.

Talvez o avanço mais importante e revigorante na teorização recente sobre gênero seja o colapso da distinção entre sexo e gênero, que por muitos anos foi a pedra angular da teoria feminista. O texto paradigmático nessa direção, e que precipitou o colapso, foi *Gender Trouble*, de Judith Butler, publicado em 1990. O livro faz uma dura crítica aos estudos feministas que vêem o gênero como mera tradução em termos culturais de uma realidade pré-cultural e pré-discursiva – que seria o sexo biológico. Com argumentação perspicaz, Butler demonstra que o conceito de sexo biológico já é, ele mesmo, um conceito generizado, isto é, dependente de noções culturalmente construídas da diferença. A idéia de sexo biológico depende do gênero para ganhar sentido e ser vista como algo 'natural'. "Mas o que é sexo, afinal?", pergunta Butler (1990: 6-7) em um trecho capital:

> É natural? Anatômico? Cromossômico? Ou hormonal? E como uma crítica feminista pode ter acesso ao discurso científico que pretende estabelecer tais 'fatos' para nós? O sexo tem uma história? Será que cada sexo tem uma história diferente ou diferentes histórias? Haveria uma história da consolidação da dualidade de sexo, uma genealogia que fosse capaz de mostrar as opções binárias como construções variáveis? Seriam os fatos naturais do sexo ostensivamente produzidos pelas várias modalidades de discurso científico a serviço de interesses políticos e sociais outros? Se o caráter imutável do sexo é contestado, talvez essa construção chamada sexo seja também construída culturalmente, assim como o gênero. Talvez, quem sabe, o sexo tenha sido sempre gênero e, em conseqüência, a distinção entre sexo e gênero seja inexistente.

O cerne da questão de Butler não é apenas dizer que o sexo não determina o gênero, mas aprofundar o problema, sugerindo que o sexo não está em posição privilegiada ou mesmo necessária em relação ao gênero. Isso significa que gênero não tem necessariamente a ver com 'homens' e 'mulheres'. Talvez, então, eu acrescento, gênero possa perfeitamente dizer respeito a 'homens' e 'não-homens' – uma diferença sutil mas extremamente significativa em termos de classificação social. Diferença que permite abrir configurações sociais alternativas, facilitando ao mesmo tempo a produção de todo um conjunto de outras identidades, concepções, relações e invenções imaginativas.

Ora, uma dessas invenções são precisamente os homossexuais do sexo masculino que se tornam ostensivamente efeminados. Neste livro, procurei ser bastante cuidadoso e restringi minha abordagem exclusivamente à situação etnográfica que me era familiar. Entretanto, o mais breve olhar sobre a literatura etnográfica da América Latina é capaz de revelar a existência, em todo o continente, de indivíduos do sexo masculino que vivem, agem e pensam de maneira muito semelhante à das travestis de Salvador. Denominados *maricón, cochón, joto, marica, pajara, loca,* entre tantos outros nomes a depender da região onde os encontramos (ver, p. ex., Murray & Dynes, 1987 e Dynes, 1987), todos eles parecem compartilhar algumas características comportamentais. Nos estudos que focalizam a América Latina, esses indivíduos têm sido pensados em termos muito semelhantes, mesmo sabendo-se que a maioria deles nem sempre vive permanentemente em trajes femininos e nem sempre altera o corpo como as travestis o fazem.[76]

Esses efeminados, onde quer que apareçam, sempre se constituíram em uma espécie de enigma para os pesquisadores. Não se sabia ao certo como compreendê-los. O dilema foi gerado, em larga medida, porque os estudiosos pressupunham que gênero é a transcrição cultural do dualismo biológico macho-fêmea e que, portanto, só poderia haver dois gêneros: homem e mulher. Nessa perspectiva, os autores foram incapazes de compreender o caso dos machos homossexuais efeminados, precisamente porque eles não se encaixam naquele dualismo básico. Pessoas como as travestis, evidentemente, não são mulheres. Porém, em termos culturais, tampouco são homens. Então, o que são? Muitos trabalhos optaram por criar uma espécie de cerca, argumentando que as travestis não são "nem tanto homens, nem tanto mulheres" (Lancaster, 1992: 274). Ou, então, pintaram as travestis em tons melancólicos – que, aliás, não expressam absolutamente a realidade que eu conheci em Salvador – como "homens incompletos" ou "malogrados" (Parker, 1995: 244). Alguns autores chegaram a lançar mão de uma linguagem que pode soar repreensiva, sugerindo que homossexuais efeminados, ao se vestirem de mulher e alterarem o corpo, estariam "roubando a feminilidade" de suas legítimas proprietárias, as mulheres.[77]

Ao invés de considerar as práticas sociais e corporais das travestis como falha, malogro ou uma espécie de roubo (com isso acrescentando uma outra dimensão – desta vez existencial – aos estereótipos das travestis como criminosos), o que aconteceria se nos questionássemos sobre a possibilidade de haver outra perspectiva, uma perspectiva na qual as ações, opiniões e subjetividades das travestis pudessem ser vistas como algo comum, coerente e perfeitamente lógico? E a que novos entendimentos seríamos capazes de chegar, ao supor que a feminilidade, vista de dentro do sistema em que as travestis operam e organizam suas vidas, não pertence exclusivamente às mulheres por fisiologia e anatomia, mas a qualquer indivíduo que goste de ser penetrado? Este é, de fato, o modo travesti de ver as coisas. É por isso que elas se submetem a tanto sacrifício e dor para transformar sua aparência. E é por isso que manifestam irritação com os homossexuais que escondem sua feminilidade inerente sob uma fachada (que elas consideram covarde) e deixam a cargo delas, exclusivamente, todo o combate e o pesado fardo de demonstrar ao mundo que os homossexuais existem.

Há evidências de que não só as travestis, mas muitos outros também, compartilham dessa mesma perspectiva de gênero e sexualidade. O médico que deu a Martinha as primeiras injeções de hormônio, por exemplo, e o farmacêutico que ofereceu a Adriana as primeiras caixas de pílulas anticoncepcionais seguramente compreenderam o desejo travesti como um tipo de feminilidade que pode ser aprimorada e aperfeiçoada. A mulher que elogiou Elisabeth por sua elegância manifestou um sentimento semelhante. Sem mencionar todos os namorados, clientes e "vícios" das travestis – que, conforme explicaram Pastinha e Magdala, desejam travestis com bundas e peitos grandes e femininos; e todos aqueles que eventualmente se tornam, eles próprios, 'não-homens', ao oferecerem dinheiro para que uma travesti "coma seu cu".

Quando passamos a conceber masculinidade e feminilidade não como algo imediatamente oriundo de (ou aderido a) corpos biologicamente macho e fêmea, mas, ao contrário, como signos ou processos que são trazidos à baila ou acionados através de certas práticas específicas, então estaremos em posição de começar a compreender muito melhor a subjetividade travesti. Quando, ademais, estamos atentos às noções subjacentes de sexo, gênero e sexualidade que tornam plausíveis e lógicas certas atitudes das travestis – por exemplo: alterar radicalmente o corpo, referir-se a si mesmas (e aos clientes, eventualmente) pelo pronome feminino 'ela', dispensar o namorado porque ele manifestou desejo pelo pênis dela etc. –, então seremos capazes de ir além da imagem das travestis como afeminados que falharam em ser homens (na melhor das hipóteses) ou como ladrões insensatos do gênero alheio (na pior delas). Se fizermos tudo isso, e se nos envolvermos seriamente com as idéias e as práticas das travestis – sem pressupor que elas estão engajadas na tentativa vã e trágica de deslizar na direção do gênero errado –, então talvez possamos ouvir, afinal, as suas vozes. Vozes que lêem e enunciam, de maneira perspicaz e incisiva, algumas mensagens fundamentais, geradas pela configuração de sexualidade, gênero e sexo que faz parte de sua cultura.

Mais uma vez, é importante ter em mente, com clareza, meu argumento aqui. Digo que as travestis compartilham um gênero com as mulheres. Não digo que as travestis 'são' mulheres – ou que mulheres são travestis (embora esta última proposição talvez possa ser proveitosamente explorada em outra ocasião). A distinção é crucial. As travestis nem sempre, necessariamente, compartilham com as mulheres todos os papéis sociais, funções, objetivos e *status*. Do mesmo modo como a visão de mundo, a auto-imagem, o *status* social e as possibilidades de, digamos (para ficarmos nas imagens estereotipadas), uma mãe negra pobre, uma mulata prostituta e uma mulher branca e empresária rica variam radicalmente, embora todas partilhem do mesmo gênero; igualmente, as travestis podem ter, em circunstâncias específicas e de certos pontos de vista, mais *status*, mais independência e mais poder que muitas mulheres – embora partilhando do mesmo gênero. E vice-versa, pois em outras circunstâncias e outras perspectivas, as travestis têm menos *status*, independência e poder que muitas mulheres.

No entanto, na medida em que são parte do mesmo gênero que as mulheres, as travestis compartilham (e acreditam compartilhar) com elas toda uma gama de gostos, percepções, estilos, comportamentos, sentimentos e desejos. Um dos desejos mais importantes – e para as travestis este é 'o' desejo mais importante e fundamental – é o de atrair e ser atraente para as pessoas do gênero oposto. Tal desejo impele os indivíduos a se aproximarem dos ideais de beleza da sociedade, levando-os diretamente ao domínio dos imperativos que norteiam os valores estéticos e balizam o sentido e o conteúdo do olhar erótico. No Brasil (como em muitas outras sociedades), mesmo considerando que belos corpos masculinos possam ser exibidos e admirados, a pressão para se adequar aos padrões culturais de beleza é muito mais forte sobre as mulheres do que sobre os homens. Em todas essas sociedades, quem é culturalmente incitado a olhar (com todos os subtextos de poder e controle aí implicados) são os homens e quem é estimulado a desejar 'ser olhado' são as mulheres.

No Brasil, o modelo de perfeição, o tipo de corpo constantemente exaltado, difundido e cultuado como o mais desejado – seja na mídia, na música popular, no Carnaval e no cotidiano dos brasileiros – é um corpo feminino de seios pequenos, bumbum saliente e quadris largos. Qualquer pessoa que queira ser desejável aos homens faz o possível para se aproximar desse ideal. E, é claro, isso é exatamente o que fazem as travestis. Não há nada de estranho ou confuso com as percepções de gênero das travestis, muito pelo contrário. Elas traduzem seu desejo por homens de uma forma culturalmente adequada – ou seja, como um desejo heterossexual. E reivindicam o direito aos ideais de beleza que sua cultura oferece. Daí buscam encarnar esses ideais de beleza para se fazerem atraentes aos homens – sejam eles "homens de verdade" (isto é, namorados, alguns clientes e "vícios"), sejam indivíduos do sexo masculino que publicamente "fingem ser homens" (isto é, clientes e "vícios" que gostam de ser penetrados).[78]

Tudo somado, há, entretanto, um desejo feminino generizado, culturalmente exortado e absolutamente fundamental, que está ausente da autopercepção e da auto-representação travesti, a saber: o desejo da maternidade. Nada tive a dizer sobre sentimentos ou desejos maternais entre as travestis, porque eles inexistem quase completamente. Às vezes, as travestis enviam dinheiro e presentes a seus irmãos mais novos e parentes em geral. Em Salvador, conheci três travestis que assumiram a responsabilidade de criar uma criança (em dois casos, a criança era filha de um parente próximo; no outro caso, era filha de uma amiga prostituta lésbica). No entanto, conversar sobre crianças e interagir mais intensamente com elas são práticas que não fazem parte da vida da maioria das travestis que eu conheci. Elas falam, mexem e brincam esporadicamente com algumas crianças que moram nas redondezas – por exemplo, podem chutar uma bola em um jogo de futebol dos meninos da rua, ou podem de repente pular no meio e participar rapidamente de uma brincadeira de elástico ou pular corda com as meninas. Mas sempre que se fala de crianças, de maneira geral, as travestis referem-se a elas como um fardo. Todas as travestis conhecem pelo menos uma mulher estressada e exausta, que foi abandonada pelo marido ou companheiro e passa os dias na labuta, sozinha, tentando ganhar algum dinheiro que seja suficiente para alimentar e cuidar dos filhos. Cercadas por essas mulheres, as travestis não vêem muita vantagem em ter filhos. Na verdade, freqüentemente se dizem aliviadas por poderem "dar o cu" para quantos homens quiserem sem o menor risco de engravidar, ao passo que as mulheres que "dão a buceta" às vezes acabam ganhando mais uma boca para alimentar. Esse tipo de comentário não deve surpreender, pois talvez esta seja outra esfera em que as travestis se consideram superiores às mulheres.

Poder-se-ia, então, objetar que a ausência de sentimentos maternais e de recompensas sociais da maternidade indica que as travestis não pertencem ao mesmo gênero das mulheres. Mas é importante lembrar que 'mulher', como categoria de gênero, é mais ampla e complexa, englobando vários desejos e subjetividades distintas. Nem todas as mulheres, por exemplo, desejam ser mães. Nem todas são mães. E nem todas têm reconhecimento social ou adquirem *status* pelo fato de serem mães. Além disso, em um país de origens e tradições latinas como o Brasil, a categoria de gênero 'mulher' já é, ela mesma, em muitos aspectos relevantes, estruturada em um eixo binário complexo e poderoso, a saber, aquele que opõe a Virgem Mãe e a Puta. Nessa perspectiva, é possível interpretar a ausência da maternidade no discurso das travestis como um reflexo 'dessa' dualidade: travestis alinham-se, vigorosa e literalmente, com o avatar Puta, e não com o pólo Mãe, da mulheridade (*womanhood*) latina. Porém, como a maternidade é um componente crucial e inequívoco do papel e do desejo feminino na sociedade brasileira (como, de resto, em muitos outros lugares), de tal sorte que uma pessoa do sexo feminino pode não ser considerada uma mulher completa sem a maternidade, talvez as travestis (assim como as putas?) não passem de mulheres incompletas ou malogradas (para usar uma linguagem que, 'de fato', tem certa ressonância, como documentei, no discurso das travestis).[79]

Travestis como mulheres incompletas ou malogradas é um tema que vem à tona, aliás, em outro contexto: a recusa, muito comum no Brasil, de tratar as travestis em conformidade com seu gênero. Por todo o país, as pessoas normalmente não se referem às travestis por meio do pronome feminino (ela). E muitas pessoas – as travestis são as primeiras a dizê-lo – parecem se divertir ofendendo-as ao designá-las em público, em alto e bom som, com o pronome de tratamento "o senhor". Como já vimos, o fato de a palavra 'travesti' ser gramaticalmente do gênero masculino torna não apenas fácil, mas também lógico empregar designativos no masculino.

Os brasileiros costumam zombar das pretensões das travestis quanto à sua feminilidade (e ao gênero feminino) por várias razões. Uma delas é a estreita associação entre travestis, homossexualidade, prostituição e Aids – questões sobre as quais recai forte estigma –, que pode resultar em críticas violentas e censura explícita por parte de muita gente. Recusar-se a reconhecer o gênero das travestis é um meio prontamente disponível de rejeitar seu próprio direito de existir. É uma maneira de colocar as travestis de volta em seu lugar (supostamente decente do ponto de vista do gênero). Ao mesmo tempo, é uma maneira de negar e de se resguardar contra as possibilidades que se abrem para os homens de deslizarem de uma categoria para outra nesse sistema de gênero.

Porém, e isto é interessante, durante o período da pesquisa pude perceber que o maior desprezo é destinado às travestis pouco atraentes. Travestis como Roberta Close e outras que se aproximam dos padrões de beleza feminina não costumam ser ofendidas em público, desdenhadas e tampouco designadas por palavras e pronomes masculinos. Ao contrário, são muitas vezes admiradas e contempladas com uma certa reverência e deslumbramento. Com isso, sou levado a concluir que a denegação corriqueira do gênero 'não-homem' das travestis pode não ser uma reação contra elas como *cross-genders* (isto é, pessoas que cruzam ou alteram as fronteiras de gênero normalmente estabelecidas). Talvez seja, de fato, uma reação mais geral contra a falta de atratividade e beleza de pessoas (mulheres ou outros não-homens) cuja obrigação é se tornarem atraentes e belas para os homens. Assim, a hostilidade contra as travestis (feias) ganha nova luz e pode ser vista como uma espécie de rancor pelo fato de não terem conseguido, com sucesso, se transformar em mulher. A reação mais forte existe, então, justamente, contra as mulheres incompletas (e não contra homens incompletos, como algumas interpretações mais ortodoxas argumentaram).

É difícil avaliar o quão abrangente ou dominante vem a ser este sistema binário de gênero constituído pelo par 'homem'/'não-homem', que estou propondo aqui. Em uma sociedade complexa e diversificada como é o Brasil, seguramente há discursos diferentes e concorrentes sobre gênero e sexualidade. E esses discursos estão disponíveis de modos variados a variados tipos de pessoa. Como o meu trabalho focaliza apenas travestis, uma das questões que não posso resolver satisfatoriamente aqui é a de saber em que medida as mulheres (sejam heterossexuais ou lésbicas) consideram que seus corpos, desejos e identidades estão implicados nessa moldura de gênero formatada pelo ato sexual da penetração. Lamentavelmente, tantas décadas de pesquisas sobre a mulher nas áreas de antropologia, sociologia, saúde pública (sobretudo após o advento da Aids) ainda não foram capazes de trazer materiais e análises suficientes para lançar luz definitiva sobre a questão.[80] Uma das publicações canônicas na área, *Sexualidade da Mulher Brasileira: corpo e classe social no Brasil*, livro de quinhentas páginas (Muraro, 1983), não traz nenhuma informação a respeito do que as mulheres pensam sobre a penetração e nenhuma análise do papel que a primeira relação sexual e as subseqüentes penetrações cumprem na percepção subjetiva das mulheres sobre seus corpos e seus próprios papéis sociais.[81] Igualmente, a interessante análise de Richard Parker (1991) do simbolismo sexual brasileiro nada diz sobre a experiência subjetiva das mulheres no que toca à penetração. Até onde sei, há poucos trabalhos abordando as práticas sexuais de mulheres lésbicas no Brasil – e quase nenhum dedicado a lésbicas de classes sociais baixas, caso em que, assim como as travestis de Salvador, as pessoas organizam suas relações afetivas e eróticas sob pouca ou nenhuma influência das tendências norte-americanas. Essas grandes lacunas, infelizmente, fazem com que seja difícil aceitar ou rejeitar peremptoriamente meu argumento de que a configuração de gênero colocada em prática pelas travestis é uma versão parcial de padrões muito mais gerais existentes em todo a sociedade brasileira, cuja influência se faz sentir nas concepções e práticas de gênero dos mais diferentes tipos de pessoa.

Por outro lado, a linguagem usada no Brasil e em outros países latino-americanos para falar de sexo parece sugerir que o significado atribuído pelas travestis à prática da penetração como ato transformativo não é um fenômeno idiossincrático ou isolado. Em artigo recente, a socióloga Maria Betânia Ávila e a psicóloga Taciana Gouveia (1996: 167) observam o seguinte:

> Na nossa sociedade a idéia de que nos tornamos homens ou mulheres quase que somente a partir da vivência sexual é ainda muito presente. (...) Contudo, o marco ainda é a genitalidade e a penetração, o lugar demarcador e limitador de quem é homem ou mulher, papéis e posições. (ver também Goldstein, 1994: 923-924)

A existência de fenômenos semelhantes no México já foi apontada por Annick Prieur (1998, 1996a, 1994a) e por Marit Melhuus (2001, 1996) As duas autoras descreveram e analisaram o papel da penetração em relações heterossexuais. Ambas argumentaram que, no México, a penetração é um ato criativo com conseqüências sociais dramáticas tanto para homens quanto para mulheres. Melhuus (2001) sustenta que

> as implicações culturais da penetração (...) são de tal ordem que ela possui ramificações importantes tanto para a identidade quanto para a posição social de homens e mulheres. Para as mulheres, a penetração pode significar a glória da maternidade ou, ao contrário, a desonra. (ver também Parker, 1991: 51)

Tais argumentos sugerem que o papel crucial da penetração no pensamento e nas práticas travestis pode ser a manifestação local de questões culturais muito mais amplas, da mesma maneira que o papel da genitália entre transexuais norte-americanos reflete um universo abrangente de concepções de gênero. A ocorrência, em toda a América Latina, de concepções semelhantes a respeito da penetração e da homossexualidade efeminada (aparentadas ao caso das travestis) indica, igualmente, que as configurações de gênero examinadas neste livro ultrapassam os limites de Salvador. Porém, a despeito da real extensão demográfica e territorial dessas configurações, é patente que as travestis não criaram suas noções de sexo, gênero e sexualidade do nada. Ao contrário, elas exemplificam e esclarecem um tipo de relação entre sexo, sexualidade e gênero que pode ter abrangência muito mais ampla em toda a América Latina.[82]

No fim das contas, parece que os autores e comentadores brasileiros mencionados por mim na introdução do livro – os mesmos que olhavam para as travestis e enxergavam um símbolo do Brasil – estão certos da maneira mais insuspeitada. As travestis não simbolizam a tendência nacional para o engodo das aparências, nem a ilusória democracia brasileira, e tampouco a crise alarmante da virilidade nacional. A verdadeira mensagem que as travestis ousam transmitir é que os corpos, os desejos e as subjetividades dos brasileiros são constituídos de maneira a permitir, e até encorajar, a criação de espaços culturais como aqueles habitados por travestis. Gostem ou não os comentadores, gostem ou não muitos brasileiros, as travestis continuarão habitando esses espaços, desfrutando suas possibilidades, modelando seu corpo em torno de seus desejos, tentando sobreviver e, quem sabe, prosperar em uma sociedade que lhes tem desprezo e que tantas vezes tenta feri-las e destruí-las. E quando a noite cai e as luzes da cidade começam timidamente a reluzir, as travestis continuarão a esconder o pênis, soltar os cabelos e navegar pelas esquinas e ruas – esplendorosas em seus trajes sumários, protegidas pelas pequenas tesouras de unha, e prontas para mais uma "batalha".

Notas

1 Outros que procedem de modo similar são os transexuais euro-americanos que pretendem ser identificados publicamente 'como' transexuais (ver, p. ex., Bornstein, 1994; Stone, 1991 e Hausman, 1995: 195-200). Além deles, como se sabe, muitos indianos *hijras* modificam seus corpos (afilando drasticamente o pênis e o saco escrotal) sem reivindicar a condição de mulher (Nanda, 1990, 1993).

2 O livro de Conrad Kottak, *Prime Time Society*, traz uma breve descrição de Roberta Close e de seu lugar proeminente como símbolo sexual nacional (1990: 168-174).

3 Todas as citações foram extraídas da revista *Nova*, 1984: 96 (desconheço o número da edição).

4 Os antropólogos Hélio Silva e Cristina de Oliveira Florentino calcularam que os periódicos do Rio de Janeiro (considerando publicações equivalentes aos tablóides britânicos *Sun* ou *Daily News*) trazem, em média, duas matérias por semana sobre travestis (1996: 107).

5 Posteriormente, Hélio Silva publicou um segundo livro baseado nos dados de sua pesquisa original sobre travestis. Porém, como ele mesmo afirma, esse livro recente deve ser visto mais como um epílogo ou *post-scriptum* à monografia de 1993 do que como um novo trabalho (1996: 9). Assim, o livro contém pouco material inédito, servindo ao autor como uma espécie de fórum de debates, onde ele pôde aprofundar algumas considerações feitas em 1993 e responder a algumas críticas.

6 No mesmo período mantive alugado também um quarto num apartamento no centro da cidade, a 15 minutos de caminhada da rua São Francisco, onde eu guardava meu equipamento, gravador, máquina fotográfica, cadernos de campo etc. Ali, Keila Simpson e eu realizamos a maior parte do trabalho de transcrição do material gravado. Normalmente eu chegava ao

apartamento por volta das 8 horas da manhã, onde ficava escrevendo anotações de campo até a hora do almoço, e então retornava à rua São Francisco para saber se alguém já tinha acordado. Três (ou quatro) vezes por semana eu voltava ao apartamento às 15 horas. Keila juntava-se a mim e ficávamos transcrevendo fitas até cerca de 19 horas.

7 A palavra 'viado' é homófona a 'veado' e, aparentemente, pode ter se originado por uma derivação desta última, já que o animal é tido popularmente por delicado e frágil. A correspondência entre essas duas palavras dá margem a infindáveis trocadilhos no Brasil. 'Bicha' é a forma feminina de 'bicho'. Parker (1991: 45-46) faz uma contextualização detalhada do uso desses termos no vocabulário sexual brasileiro.

8 Na verdade, a preocupação de Annick Prieur era outra, embora eu fosse pouco versado nos problemas que cercam a homossexualidade na América Latina para ser capaz de compreender na ocasião. Posteriormente ela esclareceu que nunca pensou que eu viesse a não ser aceito pelas travestis pelo fato de ser homem. Sua preocupação era que eu pudesse sofrer uma certa pressão para manter relações sexuais com as travestis. Transcrevo uma observação que ela me fazia por *e-mail*, em 8 de novembro de 1997: "Eu sei que entre as *jotas* com as quais trabalhei haveria uma disputa para ver quem acabaria 'faturando' você – para verificar, aliás, o tamanho do seu pênis e se você permitiria ou gostaria de ser penetrado". Seu temor era de que, independentemente da maneira como eu me situasse, as circunstâncias acabassem prejudicando minha posição de pesquisador e, conseqüentemente, as condições de pesquisa.

Creio não ter compreendido bem as precauções de Annick porque antes de começar a pesquisa em Salvador, de fato, não me ocorrera que as travestis pudessem desconsiderar que um *gay* como eu sente-se atraído por homens, mas não por homens que se parecem com mulheres. Como já afirmei, isso nunca foi problema, já que as travestis, ao tomarem ciência de que eu era *gay* assumido, classificavam-me de imediato como uma das meninas. Apenas uma vez, quando eu me encontrava em Salvador há cerca de duas semanas, uma travesti deu em cima de mim explicitamente. Isso aconteceu altas horas da noite, em um *nightclub* onde eu fora dançar com um grupo de travestis. Em determinado momento, uma travesti que eu conhecia de vista, mas com quem nunca tinha falado, sugeriu que fôssemos ao bar e me ofereceu uma cerveja. Aceitei, nós nos sentamos e conversamos (na verdade, quase só ela falou). Então ela disse alguma coisa que eu não entendi muito bem e começou a passar a ponta dos dedos em meus cabelos, massageando minha cabeça. Fiquei um pouco desconcertado, mas, àquela altura do trabalho de campo, meu principal objetivo era criar boas relações e me integrar com as travestis. Não queria dar motivo para pensarem que eu poderia considerá-las desagradáveis ou repulsivas. Além do mais, aquela massagem foi bem gostosa. Quando terminamos a cerveja, ela me levou para a pista de dança e me abraçou. Foi aí que meu alarme interno soou. Mas, então, ela virou-se de costas para mim, rebolando sensualmente, segurou minhas mãos e colocou-as na altura dos seios, por baixo da miniblusa. De repente, eu me vi apalpando dois pequeninos seios feitos à base de hormônio. Eu gelei. Notei que as outras travestis, com as quais eu havia ido à danceteria e que me conheciam melhor, olhavam a cena, atentas e aflitas. Já transpirando, procurei lembrar o que os manuais de antropologia recomendam em situações assim. Finalmente, passados alguns (longos) minutos, consegui me desvencilhar gentilmente dos pequenos seios e fui embora da danceteria. Suponho que minha expressão consternada durante a dança tenha sido suficiente para deixar claro que travestis realmente não fazem meu tipo, porque, depois disso, ninguém sequer mencionou o incidente. E nenhuma travesti jamais tentou me seduzir outra vez.

9 Há um artigo em inglês sobre as travestis de Salvador (Cornwall, 1994). Mas, até onde eu sei, todos os dados etnográficos que aparecem nesse texto foram extraídos da tese de mestrado de Oliveira (publicada posteriormente, em 1994) e de outras fontes também já publicadas. Além disso, a autora está muito mais interessada no candomblé afro-brasileiro – e mais informada a respeito – do que em travestis. O interesse focalizado na religião parece tê-la induzido a aceitar, sem maiores questionamentos, uma série de informações incorretas sobre as travestis: por exemplo, a afirmação do Grupo Gay da Bahia segundo a qual 90% das travestis de Salvador seriam praticantes do candomblé. Este ponto será discutido por mim no capítulo 2 (nota 39).

10 Todas as gravações de ocorrências discursivas espontâneas, bem como três entrevistas, foram transcritas conjuntamente por mim e Keila Simpson. Utilizando dois conjuntos de fones de ouvido, nós escutávamos a mesma fita, simultaneamente. Eu, então, transcrevia os trechos gravados, tendo o suporte de Keila para explicações, esclarecimentos contextuais, informações preliminares, tradução de gírias, reconstrução da história dos falantes e de suas relações mútuas etc. As demais entrevistas (excetuando duas transcrições, realizadas por Magda Carvalho e Joceval Santana) foram transcritas por Inês Alfano, que é uma profissional nessa área. Depois de finalizadas, as transcrições eram verificadas novamente por Keila e por mim, ocasião em que repassávamos o texto enquanto escutávamos as fitas outra vez. Em alguns casos, foi possível verificar a transcrição junto com o(a) próprio(a) entrevistado(a). O leitor perceberá que não respeitei a norma culta nessas transcrições. Procurei preservar o sabor dos padrões de fala de cada travesti.

11 As respostas fornecidas pelas travestis aos questionários foram analisadas por Luiz Mott e Marcelo Ferreira de Cerqueira. Os autores publicaram o material em forma de livro (*Os Travestis da Bahia e a Aids: prostituição, silicone e drogas*, 1997). O título da obra consegue, em poucas palavras, invocar e reforçar todos os temores do público diante das travestis.

Quaisquer que tenham sido as intenções dos autores, o fato é que todas as travestis, minhas conhecidas, que leram o livro, o consideraram ofensivo ao extremo e o tomaram como provocação direta contra travestis. Algumas acharam insultuoso o tom que perpassa a publicação e fizeram objeção aos termos pejorativos utilizados pelos autores para se referir às travestis, tais como "rapazes de peito".

Mesmo respeitando profundamente o trabalho ativista de Mott e Cerqueira, parece-me difícil discordar dessas travestis que se sentiram ofendidas pelo texto. A linguagem é condescendente e sensacionalista, e algumas afirmações só podem ser interpretadas como tiradas maliciosas, feitas deliberadamente para ridicularizar. Tome-se, por exemplo, o ultrajante argumento de que "alguns travestis aplicam quantidades tão exageradas de silicone nas nádegas que precisam cavar uma cratera no colchão para conseguir acomodar os enormes traseiros" (Mott & Cerqueira, 1997: 14).

Considerando que o livro constrói boa parte de sua autoridade em torno da afirmação dos autores de que suas conclusões estão baseadas "em uma grande familiaridade entre os entrevistadores e os informantes" (p. 4), eu me sinto na obrigação de observar que, na verdade, a esmagadora maioria dos questionários 'não foi' aplicada pelos autores do livro (que, aliás, não conheciam pessoalmente a maioria das travestis entrevistadas), mas por Keila Simpson. Keila não foi consultada pelos autores a respeito das entrevistas, nem sequer mencionada no livro a título de agradecimento pelo trabalho de aplicação dos questionários. Keila preencheu setenta questionários, muitas vezes em estado de açodamento. As travestis respondiam de pé, impacientes, no meio da rua São Francisco, aguardando para receber preservativos. Note-se que os preservativos não eram distribuídos às travestis que se recusavam a responder ao questionário. Exemplo de perguntas: "Você acha que é HIV positivo?" (feita no meio da rua, em tom alto, de maneira que qualquer passante poderia escutar), ou "Se você pudesse, mudaria de vida?" (tipo de questão que raramente resultaria numa resposta negativa para a maioria das pessoas). Pois foi com base nessas respostas, obtidas nessas condições, que Mott e Cerqueira teceram conclusões amplas e gerais sobre a vida das travestis e estabeleceram diretrizes de intervenção destinada à sua melhoria.

12 Salvo engano, o único trabalho publicado que focaliza especificamente a situação de travestis soropositivas para o HIV é um breve artigo de médicos italianos. Eles realizaram testes em 49 travestis brasileiras. Esse grupo (por razões não esclarecidas no artigo, aliás) fazia tratamento em uma clínica especializada em Roma, Itália. Do total, 39 travestis (79,6%) tiveram diagnóstico de soropositivas (Gattari et al., 1994). Além desse trabalho, o jornal *Folha de S.Paulo* (edição de 12 de outubro de 1996) publicou matéria mencionando um estudo sobre travestis soropositivas, realizado em São Paulo por uma enfermeira. De 233

travestis que se submeteram aos testes, 51,5% estavam contaminadas com o HIV. A matéria não traz nenhum detalhe sobre os métodos e procedimentos da pesquisa e não esclarece a forma como as travestis foram recrutadas e envolvidas no trabalho, de modo que é difícil avaliar ou interpretar os dados, tanto no que diz respeito à população de travestis da cidade de São Paulo quanto à do Brasil como um todo. Não obstante, as duas pesquisas parecem confirmar, em alguma medida, minhas próprias suposições de que a infecção por HIV continua alta entre travestis, a despeito das informações já disponíveis sobre a doença e sua propagação, e apesar do uso já relativamente generalizado de preservativos em relações sexuais com clientes.

13 A travesti Fernanda Farias de Albuquerque observa em sua autobiografia *A Princesa* (Albuquerque & Janelli, 1995: 99) que a transição de cliente para namorado era marcada, no seu caso, por duas práticas em particular. A primeira era a interrupção do pagamento em troca da relação sexual. A segunda era a suspensão do uso de preservativos. Essa característica do universo travesti – a saber, a insatisfação ou embaraço em fazer uso de preservativos com namorados ou cônjuges – apresenta um paralelo perfeito com a prostituição feminina na Europa e nos Estados Unidos, tal como descrita em alguns trabalhos acadêmicos (ver, p. ex., Davies & Feldman, 1997; Day, 1990; Faugier & Sargeant, 1997; McKeganey & Barnard, 1996). Lá, também, as prostitutas tendem a associar o preservativo ao ofício ou trabalho e, por isso, solicitar ao namorado que o utilize significaria tratá-lo como cliente.

14 Somente no Rio de Janeiro, no ano de 1996, mais de sessenta pessoas foram atingidas por balas perdidas; vinte morreram (*Istoé*, 13 nov. 1996, p. 40-41). Segundo recentes estatísticas, a taxa de homicídios no Rio é de 60,74 para cada cem mil habitantes – o dobro da taxa de Nova York (30,66 para cada cem mil habitantes), mas menor do que a de Washington DC (77,77 para cada cem mil). Ver Soares et al., 1996.

15 E, pode-se dizer, no cotidiano dos homossexuais em geral. A revista *Istoé* trouxe recentemente matéria de capa (edição de 2 de julho de 1997), tendo por base um relatório da Anistia Internacional sobre a situação homossexual no mundo (Amnesty International, 1997). De acordo com a reportagem, o Brasil é "um dos países que mais discriminam e cometem crimes contra homossexuais". O problema da homofobia e os crimes de ódio contra *gays*, lésbicas e travestis são também documentados e analisados por Mott (1996).

16 Na verdade, a Delegacia de Jogos e Costumes foi dissolvida pelo presidente José Sarney, em setembro de 1989, seis meses antes de Fernando Collor assumir o governo. A associação feita pelas travestis entre este último e a extinção da DJC reflete, ao que parece, o longo período transcorrido desde o decreto de Sarney até a efetiva desmobilização do órgão.

17 Em pelo menos duas ocasiões o jornal *A Tarde* publicou incitação explícita ao assassinato de homossexuais: "Mantenha Salvador limpa, mate uma bicha todo dia" e "Matar veado não é crime, é caçada". As duas frases de exortação foram escritas pelo crítico de cinema e colunista do jornal José Augusto Berbet (citado em Mott, 1996: 1). É tão impressionante o modo como Berbet consegue enfiar referências à homossexualidade em quase todas as suas resenhas que, não fosse a coluna tão cheia de ódio, o leitor ficaria tentando a classificá-lo como um colunista *gay*. No mínimo uma vez, mas até três vezes por semana, dependendo do momento, Berbet encontrava um gancho para opinar sobre homossexualidade e homossexuais. Os comentários iam do gratuito (como na resenha de *A Ilha do Dr. Moreau*, de 23 de outubro de 1996, em que o autor finaliza com o seguinte: "Felizmente, na ilha não tem nenhum veado-homem, o que, infelizmente, abunda na Bahia atualmente") ao infame (como no texto sobre o filme de Sam Wood, *Uma Noite no Cairo*, de 7 de outubro de 1996, onde se lê: "Vendo agora, me pareceu cômico por motivos diferentes. Hoje sabemos que Ramon Novarro [protagonista do filme] era falso-ao-corpo, teve a morte das bichas, assassinado por rapazes que levou para seu apartamento. Bichà só morre de duas coisas, Aids ou assassinada por parceiros que querem roubá-la"), passando pelo fúnebre (sua crítica ao filme *Starship Troopers*, de 25 de outubro de 1996, traçava um paralelo entre a Aids e uma suposta epidemia narrada no filme: "Lá a doença começa igual aqui na terra, com os invertidos a propagando entre a população (...) No filme, o recurso é exterminar os transmissores. Acho que agora é tarde [para fazer o mesmo na vida real], já disseminaram").

18 É interessante observar, nesse contexto, que muitos "blocos de travestidos" proíbem explicitamente a participação de homossexuais assumidos (Félix & Nery, 1993: 165-166).

19 Sem querer levar a comparação muito longe (uma vez que os exemplos provêm de sociedades muito diferentes), acho válido fazer um paralelo entre a desconfiança mútua das travestis e o que descreve Roberta Perkins (1996: 55) sobre a comunidade transexual em Sidney, Austrália: "Muitas meninas reclamam de velhacarias dentro do grupo. Em um contexto de baixa auto-estima, insegurança e relacionamentos superficiais, a carga de hostilidade internalizada como resultado do sofrimento individual pode vir à tona. E quando isso acontece, a tendência é que elas canalizem a hostilidade umas contra as outras, ao invés de canalizá-la verticalmente na direção da verdadeira fonte da opressão. Talvez cada menina enxergue nas outras um reflexo de si mesma, e uma evocação da própria culpa como causa do sofrimento... O resultado não é uma comunidade de pessoas solidárias que cooperam para cerrar fileiras e lutar em conjunto contra a opressão. Ao contrário, é uma comunidade dividida, cheia de desconfianças mútuas e culpas reprimidas, em que as pessoas podem ser aviltadas, escarnecidas e ridicularizadas umas pelas outras".

20 Mesmo nos casos em que relações entre pessoas do mesmo sexo (*same-sex*) aparecem nas autobiografias de transexuais, trata-se de argumentar, justamente, que transexualismo não tem a ver com sexo. Jan Morris, por exemplo, em relato sobre sua mudança de sexo, informa ao leitor logo de saída que transexualismo "não é um tipo de prática sexual, nem de opção sexual. Não se trata, em absoluto, de sexo" (1987: 15). Ela relembra suas relações sexuais com meninos que freqüentavam a mesma escola pública, mas para sublinhar que não tinha particular interesse: "Pensando em minhas primeiras experiências sexuais, creio que seja significativo", escreve ela em um estilo exuberante, "o fato de que as lembranças mais vívidas e prazerosas não são os abraços desajeitados do Major Bolsover, seu resfolegar pesado de paixão, sua técnica tortuosa de tirar a calça, mas a leve sensação de apodrecimento causada pelo feno sob meu corpo e o aroma de maçã azeda que vinha do celeiro" (1987: 30).

21 A frase faz parte de uma parlenda depreciativa, muito comum no Nordeste, dirigida a travestis e homens afeminados. Em algumas regiões nordestinas, os homens afeminados (que são sempre considerados homossexuais) são chamados de frango. Fazendo uma espécie de dueto, em que a primeira pessoa grita uma frase e outra responde, a parlenda segue assim:

A: Bota água no fogo!

B: Pra quê?

A ou C: Pra pelar o frango!

22 Quando eu repassava o texto deste capítulo com Keila, sentado numa calçada da rua São Francisco, ela deu uma sonora gargalhada quando chegamos à palavra 'dilatei', dita por Mabel. Keila achou a palavra muito engraçada e estranha, sobretudo porque Mabel cometeu um erro de pronúncia (ela disse "delatei" ao invés de "dilatei", o que modificou completamente o sentido da frase). Keila gritou para Mabel rua acima: "Ô, Mabel a delatada!". Mabel respondeu com um sorriso e uma jogada de cabelo, sem dar muita importância [para as travestis, 'jogar o cabelo' é uma expressão de desdém].

23 Note-se que Keila utilizou um dos adjetivos (reprimida) com flexão de gênero feminino e o outro (depressivo) no masculino. A mistura de gêneros gramaticais é comum quando as travestis falam do passado. Diferentemente de transexuais, que costumam se esforçar para esconder o passado, ou reconstruí-lo de modo que corresponda ao sexo pós-operatório (Bolin, 1988; Garfinkel, 1967; Kessler & McKenna, 1985; Shapiro, 1991), as travestis costumam dividir o passado em dois momentos: antes, "quando eu era *boy*", e depois, "quando já virei [ou botei] travesti". A tendência é utilizarem flexões e artigos masculinos quando falam sobre o período *boy* (ou de menino), e formas gramaticais femininas para o período que vai desde quando se consideram travestis até o momento presente. Esse sistema

de referenciamento lingüístico funciona bem enquanto estão falando do que terceiros dizem para elas ou sobre elas. Porém, à medida que as travestis passam a falar ou refletir sobre seus próprios sentimentos e pensamentos quando crianças, o sistema se desarruma porque a base ontológica de sustentação do discurso deixa de ser perfeitamente clara. Quando Keila responde a uma pergunta minha a respeito de seus sentimentos após a experiência com José Silva, estará ela se reportando diretamente ao que se passou na cabeça do menino de 11 anos (caso em que ela deveria usar formas masculinas), ou ao que ela, hoje, como travesti adulta, pensa que o menino (o qual, em certo sentido, sabia que se tornaria travesti no futuro, especialmente depois da experiência sobre a qual está falando) deve ter pensado, ou poderia ter pensado, na ocasião (nesse caso, formas femininas teriam sido apropriadas)? A indeterminação insolúvel da identidade do falante produz essa mistura de gêneros gramaticais ressaltada no discurso das travestis sobre o passado.

24 Isso é chamado pelas travestis de "fazer o chuchu", em referência às pequenas protuberâncias espinhosas do chuchu que lembrariam pêlos finos de bigode.

25 Essa novela e a personagem Babalu em particular são analisados por Browning (1996, 1998).

26 As relações tensas entre travestis e transformistas em Salvador são semelhantes em vários aspectos ao antagonismo descrito por Esther Newton no estudo sobre *drag queens* nos Estados Unidos (*Mother Camp*, 1972) entre *street fairies* (bichas de rua) e *stages impersonators* (artistas que fazem *performances* caracterizados como cantores e personalidades famosos).

27 Informações contidas nas bulas dos medicamentos Benzo-ginoestril e Perlutan.

28 Em 1996, ocasião da pesquisa, o preço de uma cartela mensal de hormônios variava de R$ 3,40 a R$ 5,25, dependendo da marca.

29 As travestis também injetam silicone em várias outras partes do corpo, como bochechas, lábios, testa e braços. Fui informado de que algumas colocariam silicone, em qualquer parte, "dos pés à cabeça". Keila contou sobre uma travesti que chegou ao extremo de injetar silicone nas articulações ("nos nós") dos dedos da mão para que ficassem mais lisos. Depois da aplicação, ela nunca mais pôde esticar completamente os dedos, disse Keila. Mas eles ficaram lisos.

30 O medicamento mais comumente usado pelas travestis para ganhar peso é o Decadronal. É um remédio à base de esteróides, que atua no alívio de reumatismos severos e reações alérgicas, como asma. Entre seus efeitos colaterais está a estimulação do apetite. Como de hábito, as travestis consomem esse medicamento em grande quantidade. A posologia contida na bula indica a injeção de uma ampola de 2 ml com um intervalo de uma a três semanas, nos

casos mais agudos. Não é incomum que, para ganhar peso, as travestis injetem várias ampolas de uma vez.

31 Apesar da vasta literatura, ainda não há um consenso firmemente estabelecido na comunidade científica sobre os efeitos do silicone no organismo humano. No entanto, há muitas evidências que parecem indicar uma relação entre o silicone e diversos problemas graves de saúde (como doenças do tecido conjuntivo e lúpus, por exemplo). Por essa razão – somada ao número crescente de processos nos Estados Unidos entre os anos 1980 e 90, e à dificuldade dos fabricantes de dar garantias de que os implantes de silicone eram seguros –, o FDA (Food and Drug Administration, órgão responsável pela segurança sanitária nos Estados Unidos) proibiu, em 1992, o uso de implantes no país, exceto em caso de cirurgias de restauração devido a câncer de mama. Esses mesmos fatores resultaram, em 1994, no maior acordo coletivo em ação judicial da história: os fabricantes de implante de silicone aceitaram criar um fundo no valor de 4,25 bilhões de dólares (conhecido como Breast Implant Global Settlement) destinado ao pagamento de aproximadamente quatrocentas mil indenizações, incluindo os reclamantes do processo e indivíduos saudáveis que viessem a manifestar doenças relacionadas ao implante nos próximos trinta anos. O acordo ruiu um ano depois de elaborado porque o maior dos fabricantes, Dow Corning, declarou falência. Algumas revisões das controvérsias médicas sobre as evidências relacionando silicone a doenças podem ser encontradas em Shoaib, Patten & Calkins (1994); Nemecek & Young (1993); Rohrich & Clark (1993); revista *Ms*, edição especial (1996); Park, Black & Watson (1993); Yoshida et al. (1995); Angell (1996). Relatos médicos sobre silicone injetado diretamente no corpo são raros, mas veja-se Chastre et al. (1987) para casos envolvendo "homens transexuais" que injetam silicone na mama; Bjerno et al. (1993), para um caso de um homem que injetou silicone industrial no peito (uma versão resumida, em língua inglesa, encontra-se em Siemssen, Basse & Bjerno, 1992), e Behar et al. (1993), para uma revisão da literatura médica sobre o assunto.

32 Não consegui confirmar se a venda de silicone industrial a pessoas físicas é realmente ilegal no Brasil. Mas o importante é que todo mundo, inclusive as travestis, 'acredita' que seja ilegal.

33 Carlinhos também era a única travesti, até onde eu sei, que usava sempre o nome masculino. O nome feminino – Gabriela – ela só utilizava com os clientes, quando se prostituía nas suas horas vagas. Carlinhos tinha cinco litros de silicone nas partes inferiores do corpo, além de grandes implantes de mama. Sua aparência quase não deixava transparecer, a um observador casual, que ela era um homem. No entanto, o hospital exigia que, em horário de expediente e nas dependências do trabalho, ela vestisse roupas masculinas. No uniforme usado por

Carlinhos constava uma identificação onde se lia o nome masculino. E no ambiente do hospital todos a chamavam de Carlinhos Boneca. Ela estava tão acostumada a isso que mantinha o nome masculino mesmo em outros contextos.

34 Uma bombadeira que "quebra o copo" costuma encher o copo de silicone antes que ele tenha se esvaziado por completo. Com isso ela pode dizer que utilizou a quantidade de copos acertada com a cliente, mas na verdade acabou economizando uma boa parte, que poderá ser vendida a outra pessoa em outra ocasião.

35 Outra famosa resposta de Jô: "A que me fez [isto é, a bombadeira que "fez" o corpo de Jô], a que botou o dedo em mim, não bota mais em nenhuma, querida. Se corte de gilete, meu bem. Quem me fez, não faz mais. Não vai ter uma outra Mamãe".

36 Muitas travestis disseram, com segurança, terem escutado que Roberta Close (transexual mais famoso do Brasil) havia se arrependido da operação de mudança de sexo "porque ela não tem mais o gozo que ela precisa".

37 Essa idéia tem correspondência (e provavelmente dela se origina) com a crença muito comum no Brasil segundo a qual a tensão sexual acumulada "sobe para a cabeça", podendo resultar em comportamentos irracionais. Exatamente 'o quê' sobe para a cabeça não é algo claro e não parece ser tematizado pelas pessoas que costumam usar tal argumento.

38 Descobri nos arquivos do GGB uma longa entrevista retirada de uma revista, sem fonte e sem data. Nela, uma travesti paulista de 26 anos chamada Isa falava sobre operação de mudança de sexo em termos muito semelhantes aos que escutei em Salvador. Perguntada pelo repórter sobre o que achava de travestis quererem fazer operação, Isa respondeu: "São bichas doentes, não dou mais de três anos para elas ficarem completamente loucas, porque não vão mais ter por onde gozar. Elas vão tirar o pênis e as bolas fora, elas vão usar só o saco pra virar dentro e fazer a boceta. É uma pessoa castrada, que não vai mais ter prazer pra nada... O buraco... fede demais, porque é o saco onde o esperma é gerado, e aquilo aberto é horrível".

39 Magdala era também uma das 'duas' travestis de Salvador ativamente envolvidas com o candomblé. Participava e auxiliava nos candomblés desde os 7 anos de idade e foi confirmada ritualmente como abicu. Por causa de sua longa experiência e profundo conhecimento sobre o candomblé, Magdala era paga por outras travestis para receber o santo (isto é, ter o corpo habitado temporariamente por divindades menores do candomblé chamadas pombas-gira e padilhas, consideradas do sexo feminino e muitas vezes associadas a prostitutas) e prever se elas conseguiriam conquistar o homem desejado.

Desde que a antropóloga americana Ruth Landes publicou sua notável etnografia sobre candomblés da Bahia (*A Cidade das Mulheres*, 1947), há debates – muitas vezes acalorados –

sobre a predominância e o lugar da homossexualidade e dos homossexuais no candomblé.

A síntese mais recente e estimulante é de Birman, 1995; ver também Fry, 1995 e Murray, 2000. Nem Landes, nem Peter Fry, nem Patrícia Birman e Jim Wafer (1991), ou qualquer outro antropólogo que escreveu sobre a participação de homossexuais em terreiros de candomblé, registraram a participação ativa de travestis nesses espaços (as discussões focalizaram sempre os homossexuais afeminados, mas 'não' as travestis). Apesar disso, parece haver um mito, compartilhado tanto pelos estudiosos brasileiros quanto pelos estrangeiros, de que travestis são majoritariamente ligadas ao candomblé. A versão mais recente desse mito aparece no artigo de Andrea Cornwall (1994) sobre as travestis de Salvador. Conforme já observei (Introdução, nota 9), o trabalho de Cornwall não parece apoiar-se em pesquisa de campo específica com travestis. Cornwall afirma que 90% das travestis são adeptas do candomblé (p. 111) e cita o Grupo Gay da Bahia como fonte de informação. Não sei como alguém do GGB pode ter fornecido tais números. Eles são totalmente incorretos.

Um dos motivos da confusão pode ser o fato de que muitas palavras do jargão travesti – tais como "mona" (que significa travesti), "ocó" (homem), "edi" (ânus) – são derivadas do iorubá, língua africana utilizada em muitas *performances* e cantos rituais do candomblé. As bases históricas e a importância simbólica desse vocabulário merecem investigações mais detidas, conforme bem observou Browning (1996). Porém, eu gostaria de enfatizar que a origem iorubá na gíria das travestis não é muito clara para muitas delas. Além disso, um dicionário recente do vocabulário de travestis do Rio de Janeiro (Astral, 1996) contém uma quantidade muito maior de termos iorubá do que a que se utiliza em Salvador (cerca de dois terços das palavras desse dicionário de 16 páginas não são utilizados ou mesmo conhecidos pelas travestis da cidade baiana). O que sugere, inclusive, que tais palavras não tenham surgido na Bahia, mas em outras partes do país, como o Rio de Janeiro.

Em todo o caso, considerando que o mito (a maioria das travestis de Salvador pertence ao candomblé) corre o risco de se perpetuar e se difundir como se fosse um fato, quero deixar bem claro aqui que a maioria das travestis de Salvador 'não' mantém qualquer envolvimento importante com terreiros de candomblé e tampouco pode ser considerada praticante do candomblé (exceto num sentido muito atenuado).

Da mesma forma que uma grande percentagem dos habitantes de Salvador, a maioria das travestis acredita nos poderes das divindades do candomblé e nos poderes dos pais e mães-de-santo. Além disso, elas podem fazer um uso instrumental do candomblé – fazem perguntas a uma determinada pessoa supostamente capaz de dizer o que é necessário para terem mais sorte e mais ganhos nas ruas ou para fisgarem homens e namorados. Muitas travestis farão tudo o que lhes for aconselhado e executarão pequenos rituais sempre que lhes for sugerido – tais como aspergir o corpo com misturas de ervas, acender velas para alguns santos, oferecer pratinhos de comida aos santos em esquinas ou em pequenos altares domésticos, limpar ritualmente os aposentos com incenso ou pedra de sal. Porém, poucas sabem o 'porquê' de tais práticas (só sabem que devem realizá-las para obter os efeitos desejados). E nenhuma travesti, incluindo-se Magdala e outras que foram iniciadas no candomblé, freqüenta regularmente terreiros, tal como afirmou Cornwall (1994), sem fornecer qualquer evidência. Na realidade, muitas travestis de Salvador 'nunca' participaram de uma cerimônia de candomblé depois de adultas.

40 Lida fora de contexto, a expressão "se sentir mulher" pode dar a impressão errônea que as travestis desejam ou pensam 'ser' mulher. Como argumentei anteriormente e continuarei a fazê-lo ao longo do livro, as travestis não se sentem mulheres. Em todos os contextos de uso, a expressão "se sentir mulher" significava que as travestis sentiam-se 'como se fossem' mulheres (mesmo não sendo). O oposto contrastivo é a expressão "ser mulher". Nenhuma travesti de Salvador jamais disse ser mulher, a não ser em tom de pilhéria. Sempre que escutavam ou liam sobre transexuais que afirmavam ser mulher, elas consideravam tratar-se de uma psicose.

41 Não seria preciso dizer que esse sentimento de feminilidade conferido pelo relacionamento com os homens não é exclusivo das travestis. Muitas mulheres biológicas também se sentem realizadas e completas desse modo. Tome-se, por exemplo, um trecho extraído das entrevistas de Mirian Goldemberg com mulheres de classe média que mantêm relações com homens casados (1990: 39): "Pela primeira vez eu me senti realmente mulher, tratada como mulher". Frase que poderia perfeitamente ter sido dita por uma travesti.

42 Utilizo o pronome feminino para enfatizar que a literatura por mim discutida trata exclusivamente da prostituição feminina e não aborda a prostituição masculina. Com efeito, uma das diferenças mais marcantes nos dois casos é que a prostituição masculina normalmente é vista como mera atividade profissional (veja-se, por exemplo, West, 1993; McNamara, 1994; Davies & Feldman, 1997), ao passo que a prostituição feminina é tratada como uma identidade (veja-se também Marlowe, 1997 para outra reflexão sobre as diferentes representações das prostituições masculina e feminina). Embora travestis sejam, evidentemente, seres masculinos do ponto de vista biológico, este capítulo e o seguinte baseiam-se em comparações com a literatura sobre prostituição feminina. Há duas principais razões. A primeira é que as travestis identificam-se com o universo feminino e vivem como homossexuais feminizados, e portanto diferem dos casos de prostituição masculina abordados pela literatura,

em que a maioria dos homens identifica-se como heterossexuais masculinos. A segunda razão é que é na literatura sobre prostituição feminina que encontramos referências aos parceiros e namorados das prostitutas e à relação entre o trabalho da prostituta e seu prazer sexual.

43 Não estou sugerindo que pesquisadores como Barry, Høigård e Finstad tenham antipatia pelas prostitutas como pessoas, embora seus trabalhos possam guardar analogias com a retórica "Deus ama os homossexuais, mas odeia a homossexualidade" expressa por certos grupos cristãos de direita. O que quero observar é que a oposição política vocalizada por esses autores contra a prostituição tem, seguramente, influência na maneira como compreendem a vida privada das prostitutas e, conseqüentemente, influência na sua visão sobre os namorados delas, classificados quase que por definição como cafetões. A tipologia sobre o cafetão proposta por Høigård e Finstad (1986: 215), por exemplo, vai de "namorado-cafetão" (*boyfriend-pimp*) a "cafetão de sex-club" (*sex club-pimp*), e não abre espaço à possibilidade de que um namorado 'não seja' um cafetão.

44 Quando conheceu Marília, Tiane trabalhava como segurança de um estacionamento. Marília pediu que ele deixasse o emprego e daí em diante ele nunca mais trabalhou. Maurílio, o namorado indolente de Michelle, também havia abandonado um emprego de segurança a pedido de uma antiga namorada travesti, e desde então também nunca mais trabalhou.

45 A implicação incontestável da frase "Deus fez a mulher para o homem e fez o homem para a mulher" – a saber, que toda homossexualidade, e não apenas o lesbianismo, é contrária à natureza – sempre se torna elusiva no discurso das travestis por meio da observação segundo a qual a homossexualidade masculina não é problemática porque os homens possuem o equipamento biológico necessário para dar prazer uns aos outros. Assim, Tina notou certa vez em uma entrevista: "Entendeu como é? Que Deus fez a mulher pro homem e o homem pra mulher. Como aí tem a mulher sa/ a mulher sapatão e o homemsexual (*sic*), entendeu como é? Mas o homemsexual tudo bem – um tem o negócio pra botar no outro, né? E a mulher? Fica aquela nojeira. Uma esfregando a buceta na outra... acho uma decepção". As idéias e opiniões das travestis sobre lesbianismo foram abordadas por mim com detalhes em outro trabalho (Kulick, 1998).

46 Monografia recente sobre prostitutas do Rio de Janeiro mostra que o estereótipo do cafetão violento que obriga as pessoas a se prostituírem já quase não existe mais, pelo menos na região em que a pesquisa foi realizada (Moraes, 1995: 149-156). Veja-se, no entanto, Leite (1992) para um relato de homens que vivem de acordo com o modelo do cafetão típico no Rio de Janeiro.

47 Esse tipo de argumento aparece reproduzido no discurso de algumas mulheres brasileiras sobre seu relacionamento com os homens. Uma mulher entrevistada por Mirian Goldenberg, por exemplo, fez o seguinte comentário: "Eu acho que homem foi feito para ser servido pelas mulheres. Eu adoro servir meus homens" (1990: 48). Outra mulher, comentando sobre seu amante, usou esta linguagem: "Me dá prazer fazer as coisas para ele e eu juro que ele gosta. Eu quero fazer coisas do que ele gosta porque estou investindo na relação. Gosto de cozinhar para ele, fazer o café, o almoço. É diferente você fazer as coisas porque tem prazer em fazer do que fazer por obrigação, porque está estabelecido pela sociedade. Ele não exige nada de mim" (1990: 39).

48 O termo 'viado' deve ser entendido aqui no sentido mais amplo de homossexual, e não apenas travesti. É possível que o sistema que Edílson menciona seja comum em todo o Brasil. O livro de Teresa Adada Sell (Identidade Homossexual e Normas Sociais, 1987) traz uma série de entrevistas como homens homossexuais residentes em Florianópolis (SC). Muitos entrevistados diziam que homens "machos" sempre esperavam ser remunerados (e efetivamente o eram) ao fazer sexo com um "viado" (p. 35, 51-52, 155). Remuneração financeira paga por homossexuais afeminados a "machos" também é uma prática conhecida no Equador (Streicker, 1993), no México (Prieur, 1996a) e em Honduras (Fernandez, 1996).

49 As fontes desse tipo de informação são muitas vezes inesperadas. Na rua São Francisco vivia um menino de cerca de 8 anos a quem muitas travestis gostavam de provocar, chamando-o de "gostoso" e convidando-o para beijar. Ele sempre demonstrava aborrecimento diante das investidas (e era precisamente isso que divertia as travestis) e gritava para elas: "Eu não gosto de viados". Um dia, ele descia a rua com sua mãe, quando ouviu uma travesti chamá-lo de "um tesão". Ele reclamou com a mãe que os viados sempre o provocavam e que ele não gostava de viados. A mãe do menino, que vendia drogas nas redondezas e conhecia bem todas as travestis, parou no meio da rua e respondeu bem alto, para deleite das travestis que assistiam à cena em frente ao portão de casa: "Mas você tem que gostar de viado mesmo. Porque você gosta muito de comer e dormir, e eu não vou lhe sustentar pelo resto da sua vida".

50 Duas travestis vivendo juntas como um casal são chamadas de "casal lésbico". E uma das expressões utilizadas para descrever o tipo de ato sexual que elas supostamente fariam é "roça-roça", a mesma utilizada para descrever o ato sexual entre lésbicas. Ver também Fry (1995: 204).

51 Ver Murray (1995b: 59) para considerações similares em sociedades da América Latina e do Mediterrâneo, onde se nota a idéia de que a penetração anal pode levar facilmente ao vício e a um desejo insaciável.

52 Ao menos alguns namorados têm consciência disso. Quando perguntei se algum dia ele permitiria que uma travesti o penetrasse, Edílson respondeu: "A gente gosta de travesti, né? Então, a gente quer fazer a pessoa feliz e também quer que a pessoa tenha prazer. Mas ao mesmo tempo, a gente se segura, porque se eu fizer [isto é, dar para uma travesti], a pessoa vai discriminar a gente, achar que a gente é viado também. E então a gente fica mal visto por elas mesmas". Nesse ponto, Edílson começou a repetir as agressões verbais que ouviu as travestis lançarem contra os namorados no curso da separação: "Ah, quem você pensa que é? Você me deu o cu! Comi seu cu, você chupou minha pica! Porque você é muito bom, mas um dia desses você estava na minha pica! Deu a noite toda!".

53 Fazendo uma escolha de palavras interessante, Edílson explicou que esse era um sinal de que a travesti queria ser "mais do que uma mulher". Com isso ele queria dizer que enquanto as mulheres aceitam a infidelidade e a vida social de seus homens (ou, quem sabe, são forçadas a aceitar), as travestis não aceitam. Aqui eu creio que Edílson chegou bem perto, curiosamente (e talvez, para ele, perigosamente), dos meus próprios argumentos de que os namorados são feminizados na relação com as travestis.

54 Stephen Murray observou corretamente que este argumento reduz prazer sexual a ejaculação, e com isso deixaria de contemplar outras possibilidades de prazer abertas às travestis durante o ato de penetração anal, independentemente de ejacularem ou não. Entretanto, minha discussão do prazer sexual está baseada no discurso das travestis sobre sexo, e não em minhas considerações pessoais acerca do que configura um bom sexo. Embora algumas travestis certamente alcancem prazer sexual quando são penetradas (mesmo sem ejacular), quando fazem menção a um sexo excelente, isto se refere a situações em que elas penetram seus parceiros, e nesses casos elas sempre dão informações detalhadas sobre o número de vezes que ejacularam.

55 Estou ciente dos debates que se travam entre as prostitutas dos Estados Unidos, da Europa e da Austrália em torno das implicações políticas de termos como *prostitute*, *harlot*, *whore*, *sex worker* [equivalentes a prostituta, vagabunda, meretriz, puta, trabalhadora do sexo] etc. (Bell, 1995; Nagle, 1997). O uso que faço dos termos 'prostituta' e 'prostituição' neste livro não tenciona fornecer contribuições a esses debates. A escolha dos termos justifica-se unicamente pelo fato de serem de uso habitual das travestis.

56 Nunca escutei qualquer travesti explorar as possibilidades humorísticas ou de ironia contidas nesses topônimos.

57 Isso também pode acontecer eventualmente em outros locais. Djanine contou ter feito um programa em uma viela. Enquanto o cliente a penetrava, ela se apoiava em um muro. A saia

e a calcinha estavam abaixadas na altura dos tornozelos. Assim que ejaculou, o cliente tirou o pênis e sem aviso saiu correndo pela rua o mais rápido possível. "O que eu podia fazer?", Djanine riu, "Com a calcinha ali arriada, eu me fudi, mulé". Literal e figurativamente.

58 As travestis previnem-se contra os cheques sem fundos anotando no verso de cada cheque a placa do carro do cliente, o número do documento de identidade e qualquer número de telefone ou endereço encontrado na carteira. Avisam aos clientes que se não conseguirem descontar o cheque, eles tornarão a vê-las muito em breve – com o nome dele nos lábios e o humor péssimo – na porta do trabalho ou da residência dele.

59 Ver Kulick (1996) para uma discussão sobre os escândalos em relação à teoria da resistência.

60 Em Salvador há sempre muitos turistas estrangeiros vindos de países como Alemanha, Israel, Argentina, Estados Unidos etc., especialmente na temporada que culmina no Carnaval (janeiro e fevereiro). Mas é extremamente raro que eles procurem os serviços das travestis. Elas, por sua vez, mesmo cogitando a possibilidade de afanar um gringo cheio de dinheiro, não são particularmente afeitas a fazer programas com eles, já que roubar um turista pode ter conseqüências desagradáveis. As travestis sabem perfeitamente que a maioria dos brasileiros que elas roubam não dá queixa na polícia para evitar que a situação se torne pública e chegue aos ouvidos dos familiares. Mas os turistas não têm esse problema – a família e os conhecidos estão a quilômetros de distância. Além disso, as travestis sabem que a polícia trata os crimes contra turistas com mais seriedade.

61 Quando discuti esta parte do capítulo com Keila, ela sugeriu uma quarta razão para o fato de as travestis afirmarem que em sua maioria os clientes querem ser penetrados embora isto não se verifique empiricamente. Ela disse: "Mesmo quando a gente não come, 80% ou 87% dos clientes procuram pegar nosso pênis. A gente chupa e o pênis dele continua flácido. Quando eles percebem que nosso pênis está duro, imediatamente o deles fica duro. O que é isso? É tesão por pica". Uma vez que as travestis equacionam o "tesão por pica" com o desejo de ser penetrado, elas concluem que os clientes desejam ser penetrados, mesmo quando isso não fica explícito.

62 A grafia das palavras em italiano reflete a pronúncia de quem estava falando.

63 A importância da casa para as travestis é um exemplo de uma questão muito mais geral no Brasil. Os brasileiros almejam a casa própria, e muitos conseguem adquiri-la. Em um estudo sobre a economia brasileira, Ronaldo Schneider observa que "os brasileiros têm a marcada tendência de adquirir a casa própria. Em 1987, cerca de 20,6 milhões de famílias brasileiras possuíam casa própria, ao passo que 6,7 milhões de famílias viviam em domicílios alugados (...) Um grande número de famílias de baixa renda vive em residências consideradas abaixo

do padrão ideal de habitação, mas que são próprias (Schneider, 1996: 173; ver também Sarti, 1996: 41-50). As travestis dão prioridade à compra da casa própria para a mãe, e isto reflete um conjunto de fatores relacionados, incluindo-se a importância das mães e o vínculo da mãe com a casa na cultura brasileira (Aragão, 1983; DaMatta, 1991b). Há também o desejo da travesti de provar à família que conseguiu ser alguém na vida, além do fato de que as mães, em geral, não rejeitam os filhos travestis de maneira tão definitiva como os pais e outros membros da família costumam fazer. É importante observar, porém, que a vontade de presentear a mãe com a casa própria não é um fenômeno restrito ao universo das travestis, e sim um fenômeno muito mais amplo. Um exemplo ilustrativo desse fenômeno podia ser visto na novela *Salsa e Merengue*, veiculada pela Rede Globo em 1996-97. Logo no começo da novela, uma das personagens principais recebia inesperadamente uma alta quantia de dinheiro da parte de seu pai (que não era conhecido da personagem, mas depois ficava-se sabendo, à medida que a trama avançava, que ele era chefe de uma máfia brasileira em Miami). A primeira coisa que a personagem fez com o dinheiro foi pagar a hipoteca da casa em que sua mãe e a família moravam, que assim passou a ser oficialmente de sua propriedade.

64 A industrialização brasileira caracterizou-se pela crescente concentração de riqueza e pela enorme disparidade entre ricos e pobres (uma das maiores do mundo). As estatísticas são conflitantes, mas pode-se perceber a disparidade com base em números publicados na imprensa no início dos anos 1990. Segundo os dados, 70% da população trabalhadora têm renda mensal de 250 dólares ou menos, e os 50% mais pobres detêm apenas 2,5% de toda a riqueza produzida no país (Simpson, 1993: 8). Schneider estima que os 10% mais ricos da população concentram aproximadamente 50% da renda do país. Por outro lado, os 10% mais pobres ficam com menos de 1% da riqueza. Estatísticas oficiais do governo posicionam 20% da população (cerca de 32 milhões de pessoas) abaixo da linha de pobreza. Na região Nordeste, onde se localiza Salvador e de onde se origina a maioria das travestis da cidade, 54% da população ganham 'menos' que um salário mínimo por mês (Schneider, 1996: 172, 174).

65 Encontramos referência ao prazer sexual de prostitutas durante sua atividade profissional nos seguintes trabalhos: Savitz & Rosen, 1988; Moraes, 1995: 173-174; McLeod, 1982: 39-40; Järvinen, 1993; Scambler, 1996: 115; Nelson, 1987; Leite, 1992: 18, 57, 76, 169. Ver também entrevistas em Bell, 1995 e artigos de Nagle, 1997.

66 O comentário faz menção à crença muito difundida no Brasil de que elogios em excesso podem atrair olho grande ao objeto admirado, fazendo com que ele "seque". Para desviar o olho grande, qualquer elogio ao cabelo, corpo, feições, bunda etc. é sempre seguido pela fórmula verbal "Benza-o Deus" (Que Deus abençoe).

67 De modo não convencional, Keila refere-se ao jovem rapaz usando o pronome masculino 'ele' (normalmente o pronome feminino seria utilizado para descrever um homem que deseja ser penetrado). Uma das razões que podem explicar a escolha de pronomes feita por Keila talvez seja sua vontade de dar ênfase ao fato de que o rapaz tinha aparência tipicamente masculina (os dois brinquinhos são um pouco ambíguos, mas muitos homens que freqüentam ou moram nas áreas onde as travestis vivem e trabalham usam brincos – às vezes brincos grandes, ou vários brincos – para marcar que estão na moda, que são valentes ou durões. Eu mesmo tive oportunidade de verificar que o rapaz mencionado tinha uma aparência tipicamente masculina, em outra ocasião, quando Keila o identificou na rua para mim). Apesar de ter feito uso do pronome masculino, Keila explicitamente rejeitou a possibilidade de querer o rapaz como namorado, mesmo tendo gostado muito do encontro que tiveram em um quarto de hotel. A razão da falta de interesse, ela explicou, era que a disposição daquele rapaz em ser penetrado demonstrava que "ela era um viado".

68 O comentário é muito semelhante ao que foi feito por Vanessa em uma entrevista à revista *Manchete* (16 mar. 1996). Vanessa observa que as mulheres prostitutas "parecem um bando de empregadas domésticas. Os homens dizem que elas não se cuidam, não se produzem, ficam desleixadas. Os homens gostam de mulher bonita. Travestis não têm esse problema. Nós estamos sempre arrumadas da melhor maneira possível".

69 Por todos esses fatores, foi muito difícil para mim estabelecer relações com os namorados das travestis. O único que vim a conhecer e com quem pude conversar regularmente foi Edílson, ex-namorado de Keila mencionado em capítulos anteriores. Mantivemos relações amistosas mesmo depois do fim do namoro com Keila, e ele concordou em me conceder uma entrevista pouco antes de se mudar definitivamente da rua São Francisco. Trechos dessa entrevista foram discutidos no capítulo 3.

70 Citado de um texto de Márcia Denser encontrado nos arquivos do GGB e intitulado "Claudia Wonder: não sou homem, nem mulher. Sou bicha". Sem data e sem indicação de fonte.

71 Além disso, essas análises acabam reforçando idéias que são prejudiciais às travestis. Na medida em que o componente homossexual da identidade travesti é esvaziado ou negado, as travestis correm o risco de serem marginalizadas e tratadas como bodes expiatórios por ativistas *gays* e outros atores sociais que buscam melhorar a situação dos homossexuais na sociedade. Recentemente, esse risco foi exemplificado com dura clareza pelo então prefeito da cidade do Rio de Janeiro, Luiz Paulo Conde, em entrevista à revista *gay Sui Generis* (n. 23, 1997). Em meio a comentários positivos e simpáticos em relação à homossexualidade, Conde de repente afirmou que achava os travestis "ofensivos": "O que agride é o travesti".

O motivo? Ele prosseguiu: "O travesti não assume ser *gay*. Ele se veste de mulher para ser aceito pela sociedade. Já que a sociedade não aceita a homossexualidade, ele inventa uma mulher para que possa ser aceito". Alguém poderia perguntar, é claro, qual o fundamento dessa curiosa convicção do então prefeito de que os brasileiros estariam mais dispostos a aceitar homens de saia do que homossexuais. Mas deixando de lado a origem dessa idéia, o fato é que o surto de preconceito da parte do então prefeito demonstra uma profunda incompreensão do que seja a subjetividade travesti. Além disso, ele contribui para formar um certo ambiente público no qual as travestis são conceituadas e consideradas politicamente diferentes dos homossexuais e, portanto, excluídas dos direitos e da proteção do Estado que os legisladores e administradores, como o prefeito, eventualmente pretenderiam garantir a *gays* e lésbicas.

72 Normalmente os homens denominados "bicha machuda" acham a expressão ofensiva. Muitos clientes, por exemplo, não se consideram homossexuais. E nem mesmo os homossexuais assumidos usam o termo para se referirem a si mesmos, preferindo empregar as palavras 'homossexual' ou gay.

73 Veja-se, por exemplo, Nanda (1993) sobre os *hijras* da Índia, Roscoe (1993) sobre o povo dos "dois espíritos" entre os nativos norte-americanos, e Herdt (1993) para um tratamento teórico geral do "terceiro gênero".

74 Em artigo recente sobre a socialização da masculinidade no Brasil, Roberto DaMatta (1997a: 48) observa fenômeno semelhante: "Mais importante do que ter o aparato masculino", ele explica, "era saber relacionar-se".

75 O mesmo vale, nem precisaria ser dito, para os clientes. Todo cliente que peça para ser comido é considerado pelas travestis "um viado", e não um homem. E não importa se ele é casado, se tem muitas mulheres ou muitos filhos.

76 Ver Almaguer, 1991; Carrier, 1995; Fry, 1986, 1995; Guttman, 1996; Lancaster, 1992; Leiner, 1994; Mirandé, 1997; Parker, 1991; Prieur, 1998, 1994a; Streicker, 1993; Trevisan, 1986, além de artigos em Murray, 1987 e 1995a.

77 *Stealing Femininity* teria sido o título original em inglês da monografia de Annick Prieur, de 1998, sobre os homossexuais efeminados no México (Prieur, 1996a: 105). O título foi alterado por algum motivo antes da publicação do livro, mas mantido em um artigo no qual a autora sintetizava os principais argumentos do trabalho (1996b), e mantido também em um dos capítulos do livro publicado. Todos os trabalhos de Prieur sobre os *jotas* mexicanos são extremamente simpáticos e originais, e tratam os sujeitos da pesquisa em termos dignos e respeitosos (1998, 1996a, 1996b, 1994a, 1994b). Quero deixar claro que quando atento

para a expressão *stealing femininity* (roubando feminilidade) e a chamo de "repreensiva", estou me reportando ao modo como essas palavras invocam e reforçam todo um imaginário, prestando-se a serem interpretadas por parte do público em seu sentido negativo, crítico e condenatório. Não estou dizendo, em absoluto, que Prieur compartilha desse imaginário e condena, ela própria, as pessoas sobre quem escreveu. Muito pelo contrário. Qualquer leitor de Prieur não tem como não se impressionar profundamente com a sensibilidade e o cuidado escrupuloso da autora.

A recorrência da expressão *stealing femininity* em textos que sintetizam o trabalho de Prieur trai uma vinculação consistente que não deixa de ser um tanto intrigante, já que a autora nunca afirmou explicitamente que os jotas roubam feminilidade. Mesmo assim, fiz questão de destacar a expressão por entender que ela é bastante útil para demarcar as diferenças entre o meu tratamento do transgenderismo e o de Prieur (e além disso, seu livro é a única outra publicação em língua inglesa que aborda o fenômeno em países da América Latina).

A idéia de que os *jotas* roubam a feminilidade só pode surgir dentro de uma certa concepção que vê a feminilidade como algo que pode ser possuído como uma coisa, sendo como que uma propriedade das mulheres. E esse me parece ser, inequivocamente, o pressuposto de Prieur. À parte toda a atenção ao contexto, aos detalhes e o cuidado em transmitir a perspectiva de seus amigos e informantes da Cidade do México, sua análise demonstra uma grande dificuldade em aceitar as práticas transgêneras. Os termos *game* (jogo), *play* (teatro/encenação) e *pretense* (fingimento/simulação) figuram de maneira constante e proeminente ao longo dos textos. Ela conclui, por exemplo, ao mencionar a relação dos *jotas* com os namorados, que "um parceiro finge [*pretends*] não ser homem, e o outro parceiro finge [*pretends*] não ser homossexual" (1998: 252). Essa interpretação só faz sentido porque Prieur acredita possuir, de algum modo, a idéia 'verdadeira' sobre o que os *jotas* e seus namorados 'realmente' são.

O mesmo problema aparece em suas conclusões a respeito do projeto transgênero dos *jotas*. Segundo Prieur, tal projeto é vão e só pode ser vão, na medida em que os *jotas* não têm biologia feminina. "O sexo biológico também é uma realidade social", ela afirma na página final do livro, colocando à parte toda uma geração de estudos feministas (citados por ela, inclusive) que sustentam que o sexo biológico, de fato, 'não' tem realidade social própria, sendo sempre interpretado com base em um esquema cultural e no contexto de determinadas relações sociais. Ver o sexo como realidade objetiva, porém, faz com que Prieur conclua que "o gênero é uma questão de discursos, signos, representações, gestos, falas, adereços e roupas, mas também é uma questão de corpos nus. E quando duas pessoas do mesmo sexo e com os mesmos órgãos sexuais ficam nuas uma diante da outra, é difícil sustentar a construção de um dos parceiros como homem não homossexual, por exemplo, e do outro como pessoa não masculina".

Se as travestis brasileiras me ensinaram algo durante a pesquisa, foi que esse tipo de visão do senso comum sobre gênero e nudez precisa passar por uma crítica vigorosa. Mesmo sem considerar os problemas em pressupor que a nudez implica necessariamente uma ênfase sobre os órgãos sexuais – Bernard Bouriscot e Shi Peipu, cuja longa relação inspirou a ópera *Madame Butterfly*, provavelmente discordariam (Garber, 1992b) –, poderíamos questionar a perspectiva analítica (ou subjetiva) que vê a nudez corporal como critério decisivo de gênero. Aliás, poderíamos perguntar em que sentido exatamente os "órgãos sexuais masculinos" dos *jotas* e de seus namorados são "os mesmos". Os leitores de Prieur podem refletir sobre sua descrição à luz dessas questões que levanto aqui. Isso não impede, evidentemente, que eles possam lançar mão dos argumentos dela para refletir criticamente sobre a análise das travestis que faço neste livro.

78 Judith Shapiro (1991: 260) tece considerações semelhantes para o caso dos transexuais euro-americanos: "Aos que se sentem tentados a diagnosticar a ênfase dos transexuais na genitália como obsessão ou fetiche, deve-se responder que os transexuais estão, de fato, apenas conformando-se aos critérios da sua cultura no que diz respeito à designação de gênero". Se substituirmos, nessa passagem, a palavra 'transexual' por 'travesti', e 'genitália' por 'penetração', temos aí uma descrição sintética do meu próprio argumento sobre travestis e gênero no Brasil.

79 Pode-se observar também que muitas mulheres prostitutas, na América Latina, cruzam a importante fronteira que divide a 'casa' e a 'rua' (e com isso, embaralham e desafiam essa fronteira) e podem vir a ser classificadas em termos 'masculinos'. Joel Streicker, por exemplo, escrevendo sobre a Colômbia, afirma que "mulheres sexualmente assertivas são vistas como menos femininas e mais masculinas... As pessoas respeitáveis, aquelas da vizinhança onde Streicker trabalhou, repreendem e desaprovam a licenciosidade sexual dessas mulheres 'masculinas' chamando-as de *callejeras* (mulheres de rua), ou seja, mulheres que operam em um espaço eminentemente masculino. A expressão é muitas vezes um eufemismo para 'puta'" (1993: 367). Ver também Parker (1991: 51-52) sobre a puta no Brasil.

80 A falta de dados não se restringe ao Brasil. Marti Melhuus e Kristi Anne Stølen comentam, em artigo recente (1996: 13-14), que as pesquisas de gênero na América Latina têm sido tão amplamente dominadas por um "viés econômico" que as representações culturais e os modos pelos quais tais representações são vivenciadas subjetivamente e realizadas na prática são questões que receberam pouca atenção até há bem pouco tempo.

81 O livro reitera a afirmação de que a sexualidade feminina "parece menos centrada nos órgãos genitais do que a sexualidade masculina" (Muraro, 1983: 13-14; ver também p. 320, 328, 329). Mas não fica claro para o leitor quais são as bases que sustentam a afirmação. No

estudo, cem mulheres e 44 homens foram entrevistados, mas nenhuma pergunta dirigida a eles mencionava especificamente a penetração ou qualquer outra prática sexual. A meu ver, as conclusões da autora sobre a suposta sexualidade "difusa" das mulheres (p. 320, 328) são fruto da combinação de uma visão freudiana do desenvolvimento sexual (p. 319-320) com os seguintes fatos: a) os homens entrevistados mostraram-se claramente mais enfáticos do que as mulheres, ao responder às perguntas "Você mantém relações sexuais?", "Você goza?" (veja-se, por exemplo, comentários da autora à p. 127); b) as mulheres mostraram-se mais preocupadas do que os homens com as conseqüências da sexualidade – sem surpresa, elas expressaram mais receio de que a relação sexual pudesse resultar em gravidez (p. 328-329). Em todo o caso, à parte o fato de que as mulheres brasileiras possam ou não experimentar a sexualidade de maneira mais "difusa", resta a questão de saber qual o papel da penetração na percepção subjetiva que um indivíduo tem de si e dos outros como pessoas generizadas.

82 Há um artigo que discute brevemente o tema travesti na Espanha (Haller, 1992). Recorde-se que, não por acaso, os países europeus mais receptivos à prostituição travesti são países mediterrâneos, como França e Itália. Isso pode significar que a configuração de gênero analisada neste livro pode, quem sabe, ter uma validade ainda mais abrangente, indo além das fronteiras da América Latina. Ela pode ser, talvez, uma inflexão particular de uma constelação de corpos, sexualidades e subjetividades de distante origem mediterrânea (ver Lancaster, 1988: 121; ver também os trabalhos de Stephen Murray, 1995a e 1995b: 57, em que o autor discute substantivamente a homossexualidade latino-americana como parte de um complexo cultural mediterrâneo).

Referências

ALBUQUERQUE, F. F. de & JANELLI, M. *A Princesa: depoimentos de um travesti brasileiro a um líder das Brigadas Vermelhas*. Rio de Janeiro: Nova Fronteira, 1995.

ALMAGUER, T. Chicano men: a cartography of homosexual identity and behavior. *Differences*, 3: 75-100, 1991.

AMNESTY INTERNATIONAL. *Breaking the Silence: human rights violations based on sexual orientation*. London: Amnesty International, United Kingdom, 1997.

ANGELL, M. Evaluating the health risks of breast implants: the interplay of medical science, the law, and public opinion. *The New England Journal of Medicine*, 334(23): 1.513-1.518, 1996.

ARAGÃO, L. T. de. Em nome da mãe: posição estrutural e disposições sociais que envolvem a categoria mãe na civilização mediterrânea e na sociedade brasileira. *Perspectivas Antropológicas da Mulher*, 3: 109-145, 1983.

ASTRAL – Associação de Travestis e Liberados. *Diálogo de Bonecas*. Rio de Janeiro: Astral, 1996.

ÁVILA, M. B. & GOUVEIA, T. Notas sobre direitos reprodutivos e direitos sexuais. In: PARKER, R. & BARBOSA, R. M. (Orgs.) *Sexualidades Brasileiras*. Rio de Janeiro: Relume Dumará, 1996.

BACELAR, J. A. *A Família da Prostituta*. São Paulo: Ática, 1982.

BARRY, K. *Female Sexual Slavery*. Englewood Cliffs: Prentice-Hall, 1979.

BARRY, K. *The Prostitution of Sexuality*. New York: New York University Press, 1995.

BEHAR, T. A. et al. Sclerosing lipogranulomatosis: a case report of scrotal injection of automobile transmission fluid and literature review of subcutaneous injection of oils. *Plastic and Reconstructive Surgery*, 91(2): 352-361, 1993.

BELL, S. *Whore Carnival*. Brooklyn: Automedia, 1995.

BIRMAN, P. *Fazer Estilo Criando Gêneros: possessão e diferenças de gênero em terreiros de umbanda e candomblé no Rio de Janeiro*. Rio de Janeiro: Relume Dumará, 1995.

BJERNO, T. et al. Injektion af hojviskose vaesker: akut eller sen excision? *Ugeskrift for Laeger*, 155(24): 1.876-1.878, 1993.

BOLIN, A. *In Search of Eve: transsexual rites of passage*. South Hadley: Bergin and Garvey, 1988.

BORNSTEIN, K. *Gender Outlaw: on men, women, and the rest of us*. New York, London: Routledge, 1994.

BROWNING, B. The closed body. *Women & Performance: a journal of feminist theory*, 8(2): 1-18, 1996.

BROWNING, B. *Infectious Rhythm: African diasporic culture and epidemiology*. New York, London: Routledge, 1998.

BUTLER, J. *Gender Trouble, Feminism and the Subversion of Identity*. New York, London: Routledge, 1990.

BUTLER, J. *Bodies that Matter, on the Discursive Limits of 'Sex'*. New York, London: Routledge, 1993.

CARRIER, J. *De los Otros: intimacy and homosexuality among Mexican men*. New York: Columbia University Press, 1995.

CEI/CONDER – Centro de Estatística e Informações/Companhia de Desenvolvimento da Região Metropolitana de Salvador. *Informações Básicas dos Municípios Baianos, Região Metropolitana de Salvador*. Salvador: CEI/ Conder, 1994.

CERQUEIRA, N. (Ed.) *Pelourinho, Historic Center of Salvador, Bahia: the restored grandeur*. 2. ed. Salvador: Fundação Cultural do Estado da Bahia, 1994.

CHASTRE, J. et al. Acute and latent pneuumonitis after subcutaneous injections of silicone in transsexual men. *American Review of Respiratory Disease*, 135(1): 236-240, 1987.

CHAUNCEY, G. *Gay New York: gender, urban culture, and the making of the gay male world, 1890-1940*. New York: Basic Books, 1994.

CORNWALL, A. Gendered identities and gender ambiguity among travestis in Salvador, Brazil. In: CORNWALL, A. & LINDISFARNE, N. (Eds.) *Dislocating Masculinity Comparative Ethnographies*. London: Routledge, 1994.

DAMATTA, R. On carnival, informality, and magic: a point of view from Brazil. In: BRUNER, E. M. (Ed.) *Text, Play, and Story: the construction and reconstruction of self and society*. Washington: American Ethnological Society, 1984.

DAMATTA, R. *Carnival, Rogues, and Heroes: an interpretation of the Brazilian dilemma*. Notre Dame: University of Notre Dame Press, 1991a.

DAMATTA, R. *A Casa e a Rua: espaço, cidadania, mulher e morte no Brasil*. Rio de Janeiro: Guanabara Koogan, 1991b.

DAMATTA, R. Tem pente aí? Reflexões sobre a identidade masculina. In: CALDAS, D. *Homens*. São Paulo: Editora Senac, 1997a.

DAMATTA, R. *O Que Faz o brasil, Brasil?* [1984] Rio de Janeiro: Rocco, 1997b.

DAVIES, P. & FELDMAN, R. Prostitute men now. In: SCAMBLER, G. & SCAMBLER, A. (Eds.) *Rethinking Prostitution: purchasing sex in the 1990s*. London: Routledge, 1997.

DAVIS, K. Prostitution. In: MARTON, R. K & NISBET, R. A. (Eds.) *Contemporary Social Problems*. New York: Harcourt, Brace and World, 1961.

DAY, S. Prostitute women and the ideology of work in London. In: FELDMAN, D. A. (Ed.) *Culture and Aids*. New York: Praeger, 1990.

DYNES, W. Portugayese. In: MURRAY, S. O. (Ed.) *Male Homosexuality in Central and Southern America*. San Francisco: Instituto Obregón, 1987.

ESPINHEIRA, C. G. d'A. *Comunidade do Maciel*. Salvador: FPACBA, 1971.

FAUGIER, J. & SARGEANT, M. Boyfriends, 'pimps' and clients. In: SCAMBLER, G. & SCAMBLER, A. (Eds.) *Rethinking Prostitution: purchasing sex in the 1990s*. London: Routledge, 1997.

FÉLIX, A. & NERY, M. *Bahia, Carnaval*. Salvador: Published by Authors, 1993.

FERNANDEZ, M. Charging for sex: commoditization of desire and the representations of gender and sexuality in urban Honduras. Paper presented at the ninety-eighth annual American Anthropological Association Meeting, San Francisco, 1996.

FINSTAD, L. & HØIGÅRD, C. Norway. In: DAVIS, N. (Ed.) *Prostitution: an international handdbook on trends, problems, and policies*. Westport, London: Greenwood Press, 1993.

FPACBA – Fundação do Patrimônio Artístico e Cultural da Bahia. *Levantamento Sócio-econômico do Pelourinho*. Salvador: FPACBA, 1969.

FRY, P. Male homosexuality and spirit possession in Brazil. In: BLACKWOOD, E. (Ed.) *The Many Faces of Homosexuality: anthropological approaches to homosexual behavior*. New York: Harrington Park Press, 1986.

FRY, P. Male homosexuality and Afro-Brazilian possession cults. In: MURRAY, S. O. (Ed.) *Latin American Male Homosexualities*. Albuquerque: University of New Mexico Press, 1995.

GARBER, M. *Vested Interests, Cross-dressing and Cultural Anxiety*. New York: Routledge, Chapman and Hall, 1992a.

GARBER, M. The occidental tourist: *M. Butterfly* and the scandal of transvestism. In: PARKER, A. et al. (Eds.) *Nationalisms and Sexualities*. New York, London: Routledge, 1992b.

GARFINKEL, H. *Studies in Ethnomethodology*. Englewood Cliffs: Prentice-Hall, 1967.

GASPAR, M. D. *Garotas de Programa, Prostituição em Copacabana e Identidade Social*. Rio de Janeiro: Jorge Zahar, 1985.

GATTARI, P, D. et al. Syphilis serology among transvestite prostitutes attending an HIV unit in Rome, Italy. *European Journal of Epidemiology*, 10: 683-686, 1994.

GOLDENBERG, M. *A Outra: um estudo antropológico sobre a identidade da amante do homem casado*. Rio de Janeiro: Revan, 1990.

GOLDSTEIN, D. M. Aids and women in Brazil: the emerging problem. *Social Science Medicine*, 39(7): 919-929, 1994.

GUTTMAN, M. C. *The Meanings of Macho: being a man in Mexico City*. Berkeley, Los Angeles: University of California Press, 1996.

HALLER, D. Homosexuality in Seville. *Society of Lesbian and Gay Newsletter*, 14(3): 27-35, 1992.

HAUSMAN, B. L. *Changing Sex: transsexualism, technology, and the idea of gender*. Durham, London: Duke University Press, 1995.

HENLEY, N. M.; MILLER, M. & BEAZELY, J. A. Syntax, semantics, and sexual violence: agency and the passive voice. *Journal of Language and Social Psychology*, 14(1-2): 60-84, 1995.

HERDT, G. Introduction: Third sexes and third genders. In: HERDT, G. (Ed.) *Third Sex, Third Gender: beyond sexual dimorphism in culture and history*. New York: Zone, 1993.

HØIGÅRD, C. & FINSTAD, L. *Bakgater: om prostitusjon, penger og kjaerlighet*. Oslo: Pax, 1986.

IBGE – Instituto Brasileiro de Geografia e Estatística. *Anuário Estatístico do Brasil*. Rio de Janeiro: IBGE, 1982.

IPAC – Instituto do Patrimônio Artístico e Cultural da Bahia. *Bahia, Centro Histórico de Salvador, Programa de Recuperação*. Salvador: Corrupio, 1995.

JABOR, A. *Os Canibais Estão na Sala de Jantar*. São Paulo: Siciliano, 1993.

JÄRVINEN, M. Prostitution in Helsinki: a disappearing social problem? *Journal of the History of Sexuality*, 3(4): 608-630, 1993.

JEFFREY, S. Heterosexuality and the desire for gender. In: RICHARDSON, D. (Ed.) *Theorising Heterosexuality*. Buckingham, Philadelphia: Open University Press, 1996.

KESSLER, S. J. & MCKENNA, W. *Gender: an ethnomethodological approach*. [1978] Chicago: University of Chicago Press, 1985.

KOTTAK, C. P. *Prime Time Society: an anthropological analysis of television and culture*. Belmont: Wadsworth, 1990.

KULICK, D. *Language Shift and Cultural Reproduction: socialization, self, and syncretism in a Papua New Guinean village*. New York: Cambridge University Press, 1992.

KULICK, D. Causing a commotion: scandal as resistance among Brazilian travesti prostitutes. *Anthropology Today*, 12(6): 3-7, 1996.

KULICK, D. Fe/male trouble: the unsettling place of lesbians in the self images of Brazilian transgendered prostitutes. *Sexualities*, 1(3): 301-314, 1998.

LANCASTER, R. N. Subject honor and object shame: the construction of male homosexuality and stigma in Nicaragua. *Ethnology*, 27(2): 111-125, 1988.

LANCASTER, R. N. *Life is Hard: machismo, danger, and the intimacy of power in Nicaragua.* Berkeley, Los Angeles: University of California Press, 1992.

LANDES, R. *The City of Women.* [1947] Albuquerque: University of New Mexico Press, 1994.

LAQUEUR, T. *Making Sex: body and gender from the Greeks to Freud.* Cambridge: Harvard University Press, 1990.

LAURETIS, T. de. *Technologies of Gender: essays on theory film, and fiction.* Bloomington: Indiana University Press, 1987.

LEINER, M. *Sexual Politics in Cuba: machismo, homosexuality, and Aids.* Boulder: Westview Press, 1994.

LEITE, G. S. *Eu, Mulher da Vida.* Rio de Janeiro: Rosa dos Tempos, 1992.

LINGER, D. T. *Dangerous Encounters: meanings of violence in a Brazilian city.* Stanford.: Stanford University Press, 1992.

MARLOWE, J. It's different for boys. In: NAGLE, J. *Whores and other Feminists.* London, New York: Routledge, 1997.

MCCALLUM, C. Resisting Brazil: perspectives on local nationalisms in Salvador da Bahia. *Ethnos*, 61(3-4): 207-229, 1996.

MCKEGANEY, N. & BARNARD, M. *Sex Work on the Streets: prostitutes and their clients.* Buckingham, Philadelphia: Open University Press, 1996.

MCLEOD, E. *Women Working: prostitution now.* London, Canberra: Croon Helm, 1982.

MCNAMARA, R. P. *The Times Square Hustler: male prostitution in New York City.* Westport, London: Praeger, 1994.

MELHUUS, M. Power, value, and the ambiguous meanings of gender. In: MELHUUS, M. & STOLEN, K. A. (Eds.) *Machos, Mistresses, Madonnas: contesting the power of Latin American gender imagery.* London, New York: Verso, 1996.

MELHUUS, M. The power of penetration/the value of virginity: male and female in Mexican heterosexual and homosexual relations. In: MELHUUS, M. (Ed.) *Sexe Relatif ou Sexe Absolu?* Paris: Éditions de la Maison des Sciences de l'Homme, 2001.

MELHUUS, M. & STOLEN, K. A. Introduction. In: MELHUUS, M. & STOLEN, K. A. (Eds.) *Machos, Mistresses, Madonnas: contesting the power of Latin American gender imagery.* London, New York: Verso, 1996.

MIRANDÉ, A. *Hombres y Machos: masculinity and Latino culture.* Boulder: Westview Press, 1997.

MORAES, A. F. *Mulheres da Vila: prostituição, identidade social e movimento associativo.* Petrópolis: Vozes, 1995.

MORRIS, J. *Conundrum.* [1974] Middlesex: Penguin Books, 1987.

MOTT, L. *Epidemic of Hate: violations of the human rights of gay men, lesbians, and transvestites in Brazil.* San Francisco: Grupo Gay da Bahia, The International Gay and Lesbian Human Rights Commission, 1996.

MOTT, L. & ASSUNÇÃO, A. Gilete na carne: etnografia das automutilações dos travestis da Bahia. *Revista do Instituto de Medicina Social de São Paulo,* 4(1): 41-57, 1987.

MOTT, L. & CERQUEIRA, M. F. de. *Os Travestis da Bahia & Aids: prostituição, silicone e drogas.* Salvador: Grupo Gay da Bahia, 1997.

Ms, 1996. Beauty and the breast: silicone implants. March/April, 45-63.

MURARO, R. M. *Sexualidade da Mulher Brasileira: corpo e classe social no Brasil.* Petrópolis: Vozes, 1983.

MURRAY, S. O. (Ed.) *Male Homosexuality in Central and South America.* San Francisco: Instituto Obregón, 1987.

MURRAY, S. O. (Ed.) *Latin American Male Homosexualities.* Albuquerque: University of New Mexico Press, 1995a.

MURRAY, S. O. Machismo, male homosexuality, and Latino culture. In: MURRAY, S. O. (Ed.) *Latin American Male Homosexualities.* Albuquerque: University of New Mexico Press, 1995b.

MURRAY, S. O. *Homosexualities.* Chicago: University of Chicago Press, 2000.

MURRAY, S. O. & DYNES, W. Hispanic homosexuals: Spanish lexicon. In: MURRAY. S. O. (Ed.) *Male Hhomosexuality in Central and South America.* San Francisco: Instituto Obregón, 1987.

NAGLE, J. (Ed.) *Whores and Other Feminists.* London, New York: Routledge, 1997.

NANDA, S. *Neither Man nor Woman: the hijras of India.* Belmont: Wadsworth 1990.

NANDA, S. Hijras: an alternative sex and gender role in India. In: HERDT, G. (Ed.) *Third Sex, Third Gender: beyond sexual dimorphism in culture and history.* New York: Zone, 1993.

NELSON, N. 'Selling her kiosk': Kikuyu notions of sexuality and sex for sale in Mathare Valley, Kenya. In: CAPLAN, P. (Ed.) *The Cultural Construction of Sexuality.* London: Tavistock, 1987.

NEMECEK, J. A. & YOUNG, V. L. How safe are silicone breast implants? *Southern Medical Journal,* 86(8): 932-944, 1993.

NEWTON, E. *Mother Camp: female impersonators in America.* Chicago: University of Chicago Press, 1972.

O'CONNELL DAVIDSON, J. Prostitution and the contours of control. In: WEEKS, J. & HOLLAND, J. (Eds.) *Sexual Cultures, Communities, Values, and Intimacy.* New York: St. Martin's Press, 1996.

OLIVEIRA, N. M. de. *Damas de Paus: o jogo aberto dos travestis no espelho da mulher.* Salvador: Universidade Federal da Bahia, 1994.

PARK, A. J.; BLACK, R. J.& WATSON, A. C. H. Silicone gel breast implants, breast cancer, and connective tissue disorders. *British Journal of Surgery*, 80(9): 1.097-1.099, 1993.

PARKER, R. C. *Bodies, Pleasures, and Passions: sexual culture in contemporary Brazil*. Boston: Beacon Press, 1991.

PARKER, R. C. Changing Brazilian constructions of homosexuality. In: MURRAY, S. O. (Ed.) *Latin American Male Homosexualities*. Albuquerque: University of New Mexico Press, 1995.

PATEMAN, C. *The Sexual Contract*. Cambridge: Polity Press, 1988.

PERKINS, R. The 'drag queen scene': transsexuals in Kings Cross. In: EDINS, R. & KING, D. (Eds.) *Blendding Genders, Social Aspects of Cross-dressing and Sex-changing*. London, New York: Routledge, 1996.

PERLONGHER, N. O *Negócio do Michê: prostituição viril em São Paulo*. São Paulo: Brasiliense, 1987.

PHETERSON, G. (Ed.) *A Vindication of the Rights of Whores*. Seattle: The Seal Press, 1989.

PHETERSON, G. *The Prostitution Prism*. Amsterdam: Amsterdam University Press, 1996.

PRIEUR, A. *Iscensetleleser av Kjønn: transvestitter og machomenn i Mexico by*. Oslo: Pax, 1994a.

PRIEUR, A. 'I am my own special creation': Mexican homosexual transvestites' construction of femininity. *Young*, 2(3): 3-17, 1994b.

PRIEUR, A. Domination and desire: male homosexuality and the construction of masculinity in Mexico. In: MELHUUS, M. & STOLEN, K. A. (Eds.) *Machos, Mistresses, Madonnas: contesting the power of Latin American gender imagery*. New York: Verso, 1996a.

PRIEUR, A. Stealing femininity: on bodily and symbolic constructions among homosexual men in Mexico. Paper presented at the ninety-eighth annual American Anthropological Association Meeting, San Francisco, 1996b.

PRIEUR, A. *Mema's House, Mexico City: on transvestites, queens, and machos*. Chicago: University of Chicago Press, 1998.

RAYMOND, J. *The Transsexual Empire*. London: The Women's Press, 1979.

ROHRICH, R. J. & CLARK, C. P. Controversy over the silicone gel breast implant: current status and clinical implications. *Texas Medicine*, 89(9): 52-58, 1993.

ROSCOE, W. How to become a berdache: towards a unified analysis of gender diversity. In: HERDT, G. (Ed.) *Third Sex, Third Gender: beyond sexual dimorphism in culture and history*. New York: Zone, 1993.

SARTI, C. A. Morality and transgression among Brazilian poor families: ambiguities. In: HESS, D. & DAMATTA, R. (Eds.) *The Brazilian Puzzle*. New York: Columbia University Press, 1995.

SARTI, C. A. *A Família como Espelho: um estudo sobre a moral dos pobres.* Campinas: Autores Associados, 1996.

SAVITZ, L. & ROSEN, L. The sexuality of prostitutes: sexual enjoyment reported by 'streetwalkers'. *The Journal of Sex Research*, 24: 200-208, 1988.

SCAMBLER, G. Conspicuous and inconspicuous sex work: the neglect of the ordinary and the mundane. In: SCAMBLER, C. & SCAMBLER, A. (Eds.) *Rethinking Prostitution: purchasing sex in the 1990s.* London: Routledge, 1996.

SCHEPER-HUGHES, N. *Death without Weeping: the violence of everyday life in Brazil.* Berkeley, Los Angeles: University of California Press, 1992.

SCHNEIDER, R. M. Brazil. *Culture and Politics in a New Industrial Powerhouse.* Boullder: Westview Press, 1996.

SELL, T. A. *Identidade Homossexual e Normas Sociais: histórias de vida.* Florianópolis: Editora da Universidade Federal de Santa Catarina, 1987.

SHAPIRO, J. Transsexualism: reflections on the persistence of gender and the mutability of sex. In: EPSTEIN, J. & STRAUB, K. (Eds.) *Body Guards: the cultural politics of gender ambiguity.* New York, London: Routledge, 1991.

SHOAIB, B. O.; PATTEN, B. M. & CALKINS, D. S. Adjuvant breast disease: an evaluation of one hundred symptomatic women with breast implants or silicone fluid injections. *The Keio Journal of Medicine*, 43(2): 70-87, 1994.

SIEMSSEN, P.; BASSE, P. N. & BJERNO, T. Injection of commercially available silicone in body sculpturing. *Plastic and Reconstructive Surgery*, 89(6): 1.185, 1992.

SILVA, H. R. S. *Travesti, a Invenção do Feminino.* Rio de Janeiro: Relume Dumará, 1993.

SILVA, H. R. S. *Certas Cariocas: travestis e vida de rua no Rio de Janeiro.* Rio de Janeiro: Relume Dumará, 1996.

SILVA, H. R. S. & FLORENTINO, C. de O. A sociedade dos travestis: espelhos, papéis e interpretações. In: PARKER, R. & BARBOSA, R. M. (Ed.). Rio de Janeiro: Relume Dumará, 1996.

SIMMEL, G. *The Philosophy of Money.* [1907] Edited by David Frisby and translated by Tom Bottomore and David Frisby. London, New York: Routledge, 1990.

SIMPSON, A. *Xuxa: the megamarketing of gender, race, and modernity.* Philadelphia: Temple University Press, 1993.

SOARES, L. E. et al. Criminalidade urbana e violência: o Rio de Janeiro no contexto internacional. In: SOARES, L. E. (Org.) *Violência e Política no Rio de Janeiro.* Rio de Janeiro: Relume Dumará, Iser, 1996.

SÔNIA, interviewed by Gail Pheterson. 'Despite everything, we are men.' In: PETHERSON, G. (Ed.) *A Vindication of the Rights of Whores.* Seattle: The Seal Press, 1989.

STONE, S. The Empire strikes back: a posttranssexual manifesto. In: EPSTEIN, J. & STRAUB, K. (Eds.) *Body Guards: the cultural politics of gender ambiguity.* New York, London: Routledge, 1991.

STREICKER, J. Sexuality, power, and social order in Cartagena, Colombia. *Ethhnology*, 32(4): 359-374, 1993.

TREVISAN, J. S. *Perverts in Paradise*. London: Gay Men's Press, 1986.

VERAS, R. P. & ALVES, M. I. C. A população idosa no Brasil: considerações acerca do uso de indicadores de saúde. In: MINAYO, M. C. S. (Org.) *Os Muitos Brasis: saúde e população na década de 80*. São Paulo, Rio de Janeiro: Hucitec, Abrasco, 1995.

WAFER, J. *The Taste of Blood: spirit possession in Brazilian candomblé*. Philadelphia: University of Pennsylvania Press, 1991.

WEST, D. J., in association with Buz de Villiers. *Male Prostitution*. London: Duckworth, 1993.

WHITAM, F. L. Os entendidos: gay life in São Paulo in the late 1970s. In: MURRAY, S. O. (Ed.) *Latin American Male Homosexualities*. Albuquerque: University of New Mexico Press, 1995.

WINICK, C. & KINSIE, P. *The Lively Commerce: prostitution in the United States*. Chicago: Quadrangle Books, 1971.

YOSHIDA, S. H. et al. Silicone breast implants: immunotoxic and epidemiologic issues. *Life Sciences*, 56(16): 1.299-1.310, 1995.

Formato: 16 x 23 cm
Tipologia: Arial e Weiss
Papel: Pólen Bold 70g/m² (miolo)
Cartão Supremo 250g/m² (capa)
Reimpressão e acabamento: Imos Gráfica e Editora Ltda.
Rio de Janeiro, novembro de 2018

Não encontrando nossos títulos em livrarias,
contactar a EDITORA FIOCRUZ:
Av. Brasil, 4036 – 1º andar – sala 112 – Manguinhos
21040-361 – Rio de Janeiro – RJ
Tel.: (21) 3882-9007 / Telefax: (21) 3882-9006
editora@fiocruz.br
www.fiocruz.br/editora